警官高等职业教育"十二五"规划教材

法理学

FA LI XUE

主　编◎印　荣
副主编◎闻小明
撰稿人◎印　荣　闻小明　胡艳梅
　　　　谢毓焕　胡文斌

中国政法大学出版社

2014·北京

警官高等职业教育"十二五"规划教材
编审委员会

主　任　胡来龙　李传敢

副主任　徐　伟　彭　晔

委　员　周善来　刘传兰　阚明旗　姚亚辉

主编简介

印　荣　男，安徽合肥人，1985 年毕业于安徽大学法律系，2000 年复旦大学法学院硕士研究生毕业。现任安徽警官职业学院副教授，兼职律师，安徽省省级精品课程《法理学》课程负责人，安徽省民盟法律专家组成人员，曾任安徽省法学会法理学会副总干事长。曾主编警官高等职业教育系列教材《法理学》(中国政法大学出版社 2008 年版)、副主编警官高等职业教育系列教材《法理学》（中国政法大学出版社 2005 年版)，发表论文多篇。

❖❖ 编写说明

　　作为高等职业教育的重要组成部分，警官类高等职业教育正随着经济社会的快速发展和一线政法工作对专门人才的迫切需求而与时俱进。近年来，全国警法类高职院校都积极探索高职教育教学规律、改革专业人才培养模式，以适应经济社会发展对警法类专门人才的客观需求，改革内容涉及各个方面，包括专业建设、课程建设、师资队伍建设等，当然也少不了至关重要的教材建设。编写一套以就业为导向、以能力培养为核心、以服务学生职业生涯发展为目标、突出当前警官高等职业教育教学特点的系列规划教材就显得尤为重要。

　　为适应警法类专业人才培养的需要，安徽警官职业学院决定遴选理论功底扎实、教学能力突出、实践经验丰富的优秀教师组成编写组，对警官类高等职业教育原有的系列教材进行重新编写。本次编写工作按照"就业导向、能力本位、任务驱动"等职业教育新理念的要求，遵循高职学生自身的认知规律，紧密联系司法工作实务、相关专业人才培养模式以及课程教学模式改革实践，对教材结构和内容进行了革故鼎新的整合，力求符合教育部提出的"注重基础、突出适用"的要求，在强调基本知识和专业技能的同时，强化社会能力（含职业道德）和方法能力的培养，把基础知识、基本技能和职业素养三者有机融合起来。

　　本系列教材的主要特点是：

　　1. 创新编写思路，培养职业能力。"以就业为导向，注重培养学生的职业能力"是高等职业教育课程改革的方向，也是职业教育的本质要求。本系列教材针对警法类高职院校学生的特点，在教材编写过程中突出实用性和职业性，以我国现行的法律、法规和司法解释为依据，使学生既掌握法学原理，又明晓现行法律制度，提高学生运用法律知识解决实际问题的能力。同时，在教材内容编排上，本系列教材遵循由浅入深和工作过程系统化的编写思路，为学生搭建合理的知识结构，以充分体现高职的办学要求。

2. 体例设计新颖，表现形式丰富。为了突出实践技能培养，践行以能力为本位的职业教育理念，本系列教材改变以往教材以理论讲述为主的教学模式，采用新颖的编写体例。除基本理论外，本系列教材在体例上设置了学习目标、工作任务、导入案例、案例评析、实务训练、延伸阅读等相关教学项目，并在每章结束时通过思考题的形式，启发学生巩固本章教学内容。该编写体例为学生课后复习和检验学习效果提供便利，对提高学生的学习兴趣、促进学以致用、丰富教学形式、拓宽学生视野、提升职业素养具有积极的推动作用。

3. 课程针对性强，职业特色明显。高等职业教育教材突出相关职业或岗位群所需实务能力的教育和培养，并针对专业职业能力构成来组织教材内容。而法律实务类专业在社会活动中具有与各方面接触频繁、涉及面广的特点，要求学生具有较高的综合素质和良好的应变能力。因此，本系列教材采用案例教学法，通过大量的案例导入，并辅以简洁的案例分析，提供规范的实务操作范例，使学生能够更为直观地体会法律的适用，体验工作的情境和流程，增强学生的综合能力。

4. 文字表述简洁，方便学生使用。本系列教材在概念等内容编写中，尽量采用简洁明了的语言表述，使学生明确概念的要点即可，从而避免教材"一个概念多个观点"、"理论争论较多"的现象。

本系列教材共 14 本，在其编写过程中借鉴吸收了相关教材、论著的成果和资料；中国政法大学出版社也给予作者们大力支持和指导，责任编辑在审读校阅过程中更是付出了辛勤的劳动，在此我们深表谢忱。同时，由于时间紧、任务重，教材中难免出现不足和疏漏，恳请广大师生和读者给予批评指教，以便我们再版时进一步改进和提高教材质量，更好地服务于警官类高等职业教育事业。

警官高等职业教育"十二五"规划教材编审委员会
2013 年 12 月

·**∴** 前　言

　　《法理学》是高等职业院校法律类专业的专业基础课程。该课程主要是学习所有法和法律现象中具有一般性、普遍性意义的问题，即所有法和法律现象的基本概念、原理、原则。学好《法理学》可以为学习其他课程奠定良好的理论基础，也是培养法律职业者理论素质的需要。同时，学习《法理学》也是培养和训练人们的法律思维方式和能力的需要，它可以训练人们的法律推理能力和理论抽象能力，能够对一般的法律原理和法律规则进行正确理解，并准确运用于具体的法律事件。

　　高等法律职业教育无论是在教育观念上还是在人才培养模式上都要突破传统的概念化的理论灌输型教学模式，培养职业岗位的核心技能和操作技能。本教材遵循高职课程理论教学在内容上以"必需"、"够用"为原则，突出、强化实践教学，改变法理学传统教学理论性、体系性强，而实践性、探索性弱的情况，选取法律职业典型工作岗位（群），以典型工作任务为线索，以岗位工作能力为依据，针对职业岗位要求，组织模块教学、项目教学，切实把实际应用能力提到重要地位。具体就是以法律职业工作岗位（群）和工作能力为主线，改革教材体例；根据法律职业工作流程设置项目，以项目为驱动，设置教材模块；以法律职业工作项目包含的工作任务为导向，设置教材内容；以能力培养和技能训练为中心，确定教学方法和手段。从而有效体现知识与工作职位一体化，即工学结合的特色。

　　以培养学生法律思维能力和法律应用能力为目标，以各种法律职业岗位运用法律思维解决法律问题的工作过程为主线，本教材分为五大模块，分别是认识法律（一）（包括法的基本特征、法的本质、法的概念、法的作用）、发现（寻找）法律（包括法律体系与法律部门、法的渊源与效力、法的结构）、辨别分析法律问题（包括法律行为、法律关系、法律责任）、解决法律问题（包括法律职业与法律思维、执法与司法、法律解释、法律推理）、认识法律（二）（包括法的演进、法与社会、法治基本知识）。

本教材的一个显著特色是设置了大量的教学案例，而且以不同形式予以体现，既有导入式案例、穿插式案例、综合性案例等，又有以案析理、以案说法、以案讨论、案例延伸思考等，力图将基础理论课程所固有的传统的学科中心范型转变为学科中心、问题中心、项目中心等多种模式、多种范型相结合，使学生对原本枯燥、抽象的理论产生兴趣，变"灌鸭式"的"要我学"为"我要学"，并取得良好的学习效果。本教材可适用于高职法律类专业教学，也可适用于有志于法律工作或初涉法律职业者入门学习。

参加本教材编写的，均是长期从事法理学教学，并具有法律实务工作经历或律师从业经历的教师。在本教材的编写过程中，参考了大量名家著述，引用了大量网络资源，在此一并感谢。

本教材的分工如下：

印荣：负责撰写模块四单元一、二，模块五单元三，全书提纲的拟定和统稿审定；

闻小明：负责撰写模块一单元一、二、三，模块四单元三、四；

胡艳梅：负责撰写模块一单元四，模块三单元二、三；

谢毓焕：负责撰写模块二；

胡文斌：负责撰写模块三单元一，模块五单元一、二。

由于能力和水平有限，虽然编者尽了最大努力，书中不可避免地还会有错误和不完善的地方，敬请读者提供宝贵意见。

编　者

2014 年 4 月

∴❖目 录

模块一：认识法律（一）

学习和运用法律，首先应该理解法的概念。作为一种复杂的社会现象，法的概念应从不同方面加以理解。马克思主义关于法的定义，包含了法的本质、法的基本特征和法的作用等诸多要素。通过本模块的学习，使学生理解法的基本特征，能准确把握法与各种社会规范的不同；理解关于法的本质的不同观点，学会运用不同观点从不同视角看待法律问题；重点理解马克思主义关于法的本质的基本理论；理解和掌握关于法的作用尤其是法的规范作用的具体表现，正确认识法的作用的局限性。

单元一　法的基本特征

导入事例

"常回家看看"入法

2012 年 12 月 28 日，第十一届全国人民代表大会常务委员会第三十次会议通过了修改后的《老年人权益保障法》，于 2013 年 7 月 1 日起正式实施。新《老年人权益保障法》第 18 条明确规定，家庭成员应当关心老年人的精神需求，不得忽视、冷落老年人，与老年人分开居住的家庭成员，应当经常看望或者问候老年人；如赡养人在单位工作的，用人单位应当按照国家有关规定保障赡养人探亲休假。这一规定被网民称作"常回家看看入法"，并引起了广泛的争论。有人认为，"常回家看看"更多的是一个"精神慰藉"的问题，实际上，在我国的《老年人权益保障法》第 14 条中规定有"赡养人应当履行对老年人经济上供养、生活上照料和精神上慰藉的义务"。"常回家看看"是作为"精神慰藉"的法律细化，还是作为原有的"精神慰藉"条款的解释还有待于进一步商榷。不过，全国 1.67 亿老人中一半过着"空巢"生活的社会现实应当引起立法者和社会的普遍关注。

也有人认为，道德和法律都属"规范文化"，两者的区别在于道德是一种"内省"的规范文化，它是通过社会舆论、群体信念、社会习惯等来维系的，法律则是一种通过国家强制力来维系的规范文化。用法律的形式规范"常回家看看"也未尝不可，因为法律的本质是弘扬一种社会价值，在道德伦理弱化或混乱的状态下，法律具有弘扬社会主流价值的作用。还有人认为，"常回家看看"是中国传统道德中子女对老人尽孝的具体内容，若将这一道德规范纳入法律调整，尚需要许多条件。至少在目前的大环境下，将会受到各种条件的制约，其实施可能达不到立法者的良好意愿。

问：1. 从法的特征来看，为什么要将"常回家看看"入法？
　　2. "常回家看看"的实现需要哪些条件保障？

法的特征是法的本质的外化，是区别于其他事物和现象的征象和标志所在。了解法的特征是为了更好地把握法的性能、作用、自身规律，以便在运用法律时我们能够得心应手。由于法的特征是法律固有的、确定的东西，人们无法主观想象，任意编造，只能科学地予以认识和分析。在前人对法律特征进行探索和认识的基础上，我们把法的一般特征归纳为四个基本方面，即：调整行为关系的规范；由国家专门机关制定、认可和解释；以权利义务双向规定为调整机制；通过国家强制力保证实施。

一、法是调整行为关系的规范

（一）行为关系是法律的调整对象

法律通过对行为的作用来调整社会关系。法律的调整对象是社会关系还是行为？通常我们认为法律调整社会关系，即调整社会利益资源在各社会主体间的分配。但法律是通过什么中介进而作用到社会关系呢？这是需要认真思考的问题。法律不是通过对人们思想的调整来调整社会关系的。我们知道，是因为人的行为才使人与人之间的关系得以建立和存在，这种"社会关系"是以行为为条件的，并形成"行为关系"。行为关系是社会关系中的一种，它是一种表现于外部的通过人们行为而发生的社会关系。达成社会控制的有效途径是通过对人们行为的调整进而对社会关系进行调整。另外，在法律上，行为是极为重要的。马克思说过："对于法律来说，除了我的行为以外，我是根本不存在的，我根本不是法律的对象。"这就是说法律一般不以主体作为区分标准，而是以行为作为区分标准。法是针对行为而设立的，因而它首先对行为起作用，首先调整人的行为。对于法律来说，不通过行为控制就无法调整和控制社会关系。这是法律区别于其他社会规范的重要特征之一。比如道德规范是通过思想控制来调整和控制社会关系的，政治规范是通过组织控制或舆论控制来完成社会调整的。

概而言之，法律是以行为关系为调整对象的规范。

（二）法律的规范性

法律是一种行为规范。之所以说它具有规范性，是因为：一是法律具有概括性。它是一般的、概括的规则，不针对具体的人和事，可以被反复适用。这一点又使法律同非规范性法律文件区别开来。二是法律的构成要素中以法律规范为主。这不仅表现在法律规范在量方面占主导地位，而且法律概念、法律原则等要素是为法律规范服务的。三是法律规范的逻辑结构中包括行为模式、条件假设和法律后果。这是法律的规范性最明显的标志。这同其他社会规范有着显著的区别，一般的规范都不具有这种严密的逻辑结构。法律的规范性决定了它的效率性。法律是抽象的、概括的，它无需像个别指引那样对具体的人和事作出具体的指引，只要通过规范的安排和指引，即规范性调整，它就能对一切同类主体和同类行为起到作用，每个人只需根据法律而行为，因此，其作用是高效率的。

二、法是由国家专门机关制定、认可和解释并具有普遍约束力

（一）制定、认可、解释是法律创制的三种主要方式

制定是指国家机关通过立法活动产生新规范。认可是国家对既存的行为规则予以承认，赋予法律效力。"认可"通常有三种情况：一是对社会上早已存在的某些一般社会规则，如习惯、经验、道德、宗教、习俗、礼仪，在法律上予以承认，使之具有法律效力；二是通过加入国际组织、承认或签订国际条约等方式，认可国际法规范；三是特定国家机关对具体案件的裁决作出概括产生规则或原则，并赋予这种规则或原则以法律效力。其中最常见的是第一种情况。法律的创制不是仅仅通过认可和制定，法律被认可或被制定以后还有一个再度创造的过程，这就是解释。所谓法律解释是指有权的国家专门机关依照法定权限和法定程序，根据一定的标准和原则对法律所进行的阐释。如果把法律仅仅理解为立法机关认可或制定的规范，容易造成多种误解，并会导致法官轻视法律的适用阶段。

（二）法律的国家性

法律出自国家，具有国家性，因为：一是它是以国家的名义创制的。尽管它是统治阶级意志的体现，但它不能只是以统治阶级的名义创制。法律代表的是一种表面上凌驾于社会之上的力量，法律需要在全国范围内实施，就要求以国家名义来制定和颁布。二是法律的适用范围是以国家主权为界域的，这是区别于以血缘关系为范围的原始习惯的重要特征。三是法律是由国家强制力为保证的。所有这些是它区别于其他社会规范的重要特征。法律的内容从本质上说是统治阶级意志，从形式上说是国家意志。只有经过国家制定或认可的统治阶

级意志才是国家意志。

（三）法律的普遍性

由于法律是国家制定或认可的，所以它派生出普遍性的特征。一般来说，法律在一国全部地域范围内对一切人或组织发生效力。但是我们应当看到不同法律的"普遍性"的程度是不一样的。因为不同的法律在空间、时间和对人的效力上是不一样的。法律在空间上的效力的区别取决于这个规范是在全国范围内普遍生效，还是只在某一确切规定的地区内生效，或是预先规定在国外生效。

三、法是以权利义务双向规定为调整机制

（一）法律以权利和义务为内容

这是因为：一是法律的要素以法律规范为主，而法律规范中的行为模式是以授权、禁止和命令的形式规定了权利和义务，法律规范中的法律后果则是对权利义务的再分配。二是法律对人们行为的调整主要是通过权利义务的设定和运行来实现的，因而法律的内容主要表现为权利和义务。三是权利义务是主体法律地位的体现，不管是怎样的法律，不管这种法律以权利为本位还是以义务为本位，权利和义务总是被立法者充分重视，也受社会各成员关注。法律上的权利和义务规定具有确定性和可预测性的特点，它明确地告诉人们该怎样行为、不该怎样行为以及必须怎样行为；人们根据法律来预先估计自己与他人之间该怎样行为，并预见到行为的后果以及法律的态度。

（二）法律的利导性

这是从法律是社会各利益关系的调整机制而派生的特征。法律通过规定人们的权利和义务来分配利益，影响人们的动机和行为，进而影响社会关系。法律的利导性取决于法律上的权利和义务规定是双向的。具体表现为：权利和义务是两个截然不同的事物，一个表征利益，一个表征负担，一个是主动的，一个是被动的，它们是两个互相排斥的对立面；义务是权利的范围和界限，权利是义务的范围和界限；法律上只要规定了权利就必须规定或意味着相应的义务。权利以其特有的利益导向和激励机制作用于人的行为，而义务也具有利导性，因为许多义务本质上意味着利益负担以及责任后果，所以它能促使人们不做法律禁止并且最终不利于自己的事，履行法律规定的积极义务。义务以其特有的约束机制和强制机制作用于人的行为，使人们从有利于自身利益出发来选择行为。通过义务对行为和社会关系进行调整的规范很早以前就出现，如道德、宗教规范，但它们都不采用利导的机制，不承认利益，只提倡对社会、对他人的责任和义务。对人们行为的任何规范性调整如果只与禁止和义务相联系，就不可能是有效的，它会侵犯个人的自我决定性，也就不可能存在把社会有机体联结在一起的社会相互作用。在众多的社会规范中，只有法律是具有利导性的，

只有法律是通过权利和义务的双向规定来影响人们的意识并调节有意识的活动。所以只有法律才最能适应商品经济的价值规律，最能适应商品经济社会的生产、分配和交换行为。

四、法是通过国家强制力保证实施

法律的实施由国家强制力保证，如果没有国家强制力作后盾，那么法律在许多方面就变得毫无意义，违反法律的行为得不到惩罚，法律所体现的意志也就得不到贯彻和保障。国家强制力是指国家的军队、警察、法庭、监狱等有组织的国家暴力。尽管许多社会规范也有强制力，但是其他社会规范的强制力不具有国家性。国家强制力是法律与其他社会规范的重要区别，比如道德规范就不具有国家强制的性能。由于法律是国家创制并以国家强制力保证法律在整个国家范围内实施，因而使法律具有了统一性、普遍性和权威性。法律在全国范围内形成统一的体系，并统一地、普遍地实施，对一切人和事都有约束力，具有极高的尊严和权威。法律的权威有两种，一种是通过强制力来建立和维护的，它是任何社会类型的法律的共性，但它在古代社会被变成淫威；另一种是靠法律自身的优良品格如公正、科学、民主、效率等来建立和维护的。

关于法律的强制力或强制性有三点要作说明：一是法律的强制力具有潜在性和间接性；这种强制性只在人们违反法律时才会降临行为人身上。法律的强制力并不意味着法律实施过程的任何时刻都需要直接运用强制手段，当人们自觉遵守法律时，法律的强制力并不显露出来，而只是间接地起作用。二是法律的强制力不等于纯粹的暴力。法律的强制力是以法定的强制措施和制裁措施为依据并由专门的机关依照法定程序执行的。法律的强制如果等于简单的暴力，那么统治阶级也就无需采用法律的形式来进行治理，只要有刑场和行刑队这种暴力工具就行了。法律的强制是通过缜密的程序进行的。三是国家强制不是法律实施的唯一保证力量，法律的实施还依靠诸如道德、人性、经济、文化等方面的因素。

延伸阅读

辽宁首例"常回家看看"诉讼宣判

修订后的《中华人民共和国老年人权益保障法》于 2013 年 7 月 1 日起正式施行，该法首次将"常回家看看"精神赡养写入条文。同月，辽宁省阜新市新邱区人民法院审理并宣判了一起赡养纠纷案，这也是辽宁省首例公开的精神赡养费案。

62 岁的老李向法院提起诉讼，称唯一的儿子小军（化名）长年在外地工作，很长时间没回家看他，导致他的生活很拮据，孤苦伶仃。法院支持了老李的诉求，规定老李的儿子小军至少要保证每季度看望老人一次，端午节、重阳节、中秋节、国庆节、元旦等节日，也应当至少安排两个节日期间看望老人，并支付每月200元的赡养费。

另外，法官还建议小军平时可通过电话、短信以及视频等形式慰问老人。"我身体不好，我已经两年没有看见过儿子了，也没接过一个电话，我一个人生活很孤独。"老李提起晚年的生活不禁掉下眼泪。老李在很多年前因公致伤残，现在每月退休金才800元。"我不想把儿子告上法庭呀！可是，我没有办法呀！"老李无奈地说。

宣判幕后：

法官与企业领导沟通得到支持。

该市新邱区人民法院民一庭庭长徐晓风于5月受理此案后，立即通过电话与小军联系，并与小军的单位领导沟通替小军请假回家。小军回来后，徐晓风法官与小军进行了一次3个小时的长谈。

徐晓风说："当时接这个案子时，还没有施行《中华人民共和国老年人权益保障法》，等到调解时，已经施行了。但是，由于小军在某大型国企工作，经常奔波于全国各地，他不能尽孝也是身不由己。"

经过徐晓风法官多次细致的工作，7月15日法庭经过调解，小军为父亲老李买了一处52平方米的房子。徐晓风又与小军单位领导沟通，得到了该单位领导的支持，使小军能够定期回家看望老人。

网友声音：

网友"天堂有梦"：我也是常年在外工作的人，每年只有春节才回家，工作非常忙，不能经常回家，法律也应该视情况而定。

网友"小城故事"：老李的遭遇我非常同情，他的儿子两年不回家也应该打电话问候一下父亲，父亲养了你这么多年，让老人寒心，如果有时间有条件的话还是应该经常看望老人，让他们安度晚年，不要让他们太伤心。

判决：

1. 老李的儿子小军至少要保证每季度看望一次老人。

2. 端午节、重阳节、中秋节、国庆节、元旦等这些节日，也应当至少安排两个节日期间对老人予以看望。

3. 每月支付200元的赡养费。

法官说法：

如子女不履行"探望"法院可量刑。

徐晓风法官认为，虽然"常回家看看"入法了，但对于如何监管执行并没有作出规定。

"而且，即便判决了，但如何考核子女看望老人的质量和效果也是个问题。"徐晓风说，那么，在"常回家看看"案件中，多久算"常"，怎样算"看"？在目前的条文中，并没有明确规定多长时间看望老人、每次看望多久等具体情况，因此很难进行量化。

此外，当前不少单位并没有真正落实探亲假、公休假的待遇，客观上也存在一定的困难。但法官也认为，常回家看望并不局限于面对面看望，也可以是电话或视频等其他表达感情的方式，在视频和电波中"回家"，主要是强调给老人精神上的慰藉。

对于目前热议的"法院难判，判了也难执行"一说，《中华人民共和国老年人权益保障法》在法律责任部分的第75条规定，对老年人负有赡养、扶养义务而拒绝赡养、扶养的，由有关单位给予批评教育。此外，一旦法院判决子女承担赡养及看望等义务，子女拒不履行法院判决义务，法院可依据拒不履行法院判决罪，对子女量刑。

引例解析

1. "常回家看看"是中国传统道德中子女对老人尽孝的具体内容，将这一道德规范纳入法律调整，使其成为明确的法律权利义务，取得法的国家性、普遍性和国家强制性，从而更有利于这一传统道德在社会生活中的实现。

2. 从阜新市新邱区人民法院对该案的审理和判决可以看出，国家强制不是法律实施的唯一保证力量，法律的实施还依靠诸如道德、人性、经济、文化等方面的因素。

单元二   法的市质

导入案例

法理学 "永恒的洞穴" （节选）[1]

本文要说的案例是美国著名法学家富勒在 1949 年《哈佛法律评论》中所虚构的洞穴探险者案（Lon Fuller, "The Case of the Speluncean Explorers", 62 Harvard Law Review 616, 1949）。事实上，即便在多次读过这则案例后，笔者在叙述这一案例事实之时仍旧有一种心悸。这种心悸不仅来自于案件情节的起承转合与跌宕起伏，更来自于案件当事人在身处绝境时的残酷但或许是合理的选择行为。在为读者展现了这个法律、道德与人情相交错的案例后，富勒更以当时最具代表性的五种法律解释理论撰写了五篇判词。阅读这五篇判词，我们如同穿行在法哲学历史的长河中，最终到达了法律的幽微要渺之处。笔者希望读者带着下面的问题来阅读本文，"如果你是负责审理此案的法官，你将作出何种判决？"

案件发生在两千多年以后 4299 年春末夏初的纽卡斯国。那年 5 月上旬，该国洞穴探险者协会的维特莫尔等五位成员进入位于联邦中央高原的石灰岩洞探险。但当他们深入洞内时发生了山崩，岩石挡住了石灰岩洞的唯一出口。5 位探险者发现受困后就在洞口附近等待救援。由于探险者未按时回家，他们的家属通知探险者协会，一个营救队伍火速赶往出事地点。

由于洞穴地点地处偏远，山崩仍在继续，营救工作的困难大大超出了事前的预计，而在营救过程中的一次山崩更是夺去了 10 名营救人员的生命。与此同时，洞穴内 5 位探险者的情况也不容乐观。他们随身所带的食物有限，洞内也没有可以维持生命的动物或植物，探险者很可能会在出口打通前饿死。就在被困的第 20 天，营救人员获知探险者随身携带了一个可以收发信息的无线设备。洞外人员迅速通过通讯设施与受困的探险者取得了联络。

当探险者问到还要多久才能获救时，工程师们的回答是至少需要 10 天。受困者于是向营救人员中的医生描述了各自的身体状况，然后询问医生，在没有

---

[1]   本文作者田雷，载《博览群书》2006 年第 9 期。

食物的情况下，他们是否有可能再活 10 天。当医生给出否定的回答后，洞内的通讯设备沉寂了。8 小时后，通讯恢复，探险者要求再次与医生通话。维特莫尔代表本人以及 4 位同伴询问，如果吃掉其中一个成员的血肉，能否再活 10 天。纵然很不情愿，医生还是给予了肯定的答复。维特莫尔又问，通过抓阄决定吃掉他们中的哪一个是否可行。这当然是个医生无法回答的问题。当政府官员和牧师都不愿意回答这一问题时，洞内就没有再传来任何消息。在探险者被困洞穴的第 32 天，营救终获成功。但当营救人员进入洞穴后，人们才得知，就在受困的第 23 天，维特莫尔已经被他的同伴杀掉吃了。

根据四位生还者的证词，在他们吃完随身携带的食物后，是维特莫尔首先提议吃掉一位同伴的血肉来保全其他 4 位，也是维特莫尔首先提议通过抓阄来决定吃掉谁，因为他身上刚好带了一副骰子。4 位生还者本来不同意如此残酷的提议，但在探险者们获得外界的信息后，他们接受了这一建议，并反复讨论了保证抓阄公平性的数学问题，最终选定了一种掷骰子的方法来决定他们的命运。掷骰子的结果把需要牺牲的对象指向维特莫尔，于是，他被同伴吃掉了。

4 位探险者获救后因营养失调而住院治疗。出院后，4 位获救者被指控谋杀维特莫尔。初审法庭经过特别裁决确认上面所述的事实，根据纽卡斯国刑法的规定，法官判定 4 位被告谋杀维特莫尔的罪名成立，判处绞刑。4 位被告向纽卡斯国最高法院提出上诉。

问题：如果你是负责审理此案的法官，你将作出何种判决？

研究法的概念，首先应注意法的本质与现象之间的辩证关系。马克思主义哲学认为，本质与现象是一对范畴。任何事物都有本质和现象两个方面，本质是事物的内部联系，现象是事物的外部联系。这两个方面是密不可分的，本质总要通过一定的现象表现出来，而现象总是本质的显现。把这一辩证法的原理运用于法学研究，可以说“法的本质”与“法的现象”是一对范畴，它们分别从法的内部依据和法的外部显现两个方面把握法律现象。法的现象是法的外部联系和表面特征，是外露的、多变的，通过经验的、感性的认识就能了解到。而法的本质则深藏于法的现象背后，是法存在的基础和变化的决定性力量，是深刻的、稳定的，不可能通过感官直接把握，需要通过思维抽象才能把握。剥削阶级法学家和思想家或者有意掩饰或者看不到这一点，习惯于停留在表面现象就法论法，或者把法的现象等同于法的本质，或者是到虚无飘渺的“宇宙精神”、“自然命令”或人的心灵世界寻找法的本质，所以，他们从未真正发现法的本质。马克思主义创始人对法学的主要贡献在于：依据唯物史观科学地揭示了法的本质及其发展规律。

一、关于法的本质的不同学说

法律本身是纷繁复杂的，人们对于法律本质的认识也是多样的。在历史上，许多学者分别从不同的维度、层次认识和解释法律，提出了许多不同的法律理论和学说，形成了迥然不同的法律理念。这些学说主要有：①规则说。这种理论主要由分析实证法学家所提出的。他们认为法律是一种规则，国家创制的规则。如哈特说，法律是主要规则和次要规则的结合。奇普曼说，法律是法院为了确定合法权利和义务而定下的规则。商鞅说，法者，国之权衡也。规则说注重法律的实在性、规定性。②命令说。这一理论也主要由分析实证法学家所主张。他们认为法律是主权者的命令。如霍布斯说，法律是一种命令而不是一种建议，是国家对臣民的命令。边沁说，法律是主权者自己的命令或为主权者采纳的命令的总和。还说，法律是国家行使权力处罚犯罪的威吓性命令。奥斯汀说，法律是掌握主权的人向下面的人发出的命令。命令说注重法律的国家性、命令性。③判决说。这一理论是由社会法学家、现实主义法学家所主张的。他们认为，法律是法官的判决。判决说比较注重法律的具体运作，重视活法。④神意说。这一主张是由神学家们所提出和坚持的。神意说认为，法律是上帝理性的表现，是神的意志，是神创造出来规范人的生活和行为的。神意说诉诸超人间的力量来说明法律的来源和本质，突出了法律的宗教性。⑤理性说。这一理论是由自然法学所倡导的。理性说认为，法律是人的理性的创造物，是理性的（最高）体现和表达。如西塞罗、格老秀斯、洛克、康德等思想家都极为重视法律的理性根源和特征。理性说注重法律的合理性、价值性。⑥意志说。这一理论认为，法律体现的是意志。而意志又有主体的差异，与此相应，意志说又分为个人（统治者）意志说、阶级意志说、共同意志说（如卢梭的公意说）。前述的神意说亦可归入意志说。意志说注重法律的意志性。⑦社会利益说。这一理论认为，法律是社会利益的体现和表达。许多社会学法学家，如耶林、庞德，是社会利益说的代表。社会利益说突出的是法律与人的利益，特别是与社会整体利益的关系。⑧社会控制说。一些社会法学家认为，法律是社会控制的工具、手段。如布莱克说，法律是政府的社会控制。庞德说，法律是一种社会工程或社会控制工具，从 16 世纪以来，法律已成为社会控制的首要工具。社会控制说强调的是法律在社会中的角色、功能、效应。⑨正义论。历史上许多思想家认为，法律是正义的化身、体现。如柏拉图、亚里士多德、西塞罗等。正义论着眼于法律的道德性，强调法律的合法性是奠定于正义、价值的基础上。

这些理论、学说对于人们进一步认识、解释法律现象和本质都产生了一定的影响，既有其合理的一面，也有其不足的一面。这些理论有的注重法律的价值，有的注重法律的形式，有的强调法律的事实，有的突出法律的工具性和功能性，有的重视法律的目的性、理想性，有的从法律的人为性、人定性出发，有的从法律的神创性着眼，有的强调法律的经验性质，有的侧重法律的意志或理性根基，显然在揭示法律的意蕴方面都分别作出了有益的贡献，但难免偏差，忽视了法律的整体性、统一性，割裂了法律各种元素之间的内在关联，反而使法律的本质被遮蔽了。法律本质笼罩在一片迷雾之中。

二、马克思主义关于法的本质的学说

马克思主义创始人在研究法律问题时，形成了系统的法的本质理论，马克思和恩格斯在《共产党宣言》中指出：资产阶级法不过是被奉为法律的资产阶级意志，而这种意志的内容是由资产阶级的物质生活条件决定的。这一论述不仅深化了对法律的认识，而且推动了法理学，乃至整个法律科学的发展。马克思和恩格斯深刻揭示了法的阶级意志性和物质制约性的本质层次，因此，研究法的本质必须进行层次分析。

（一）法律是统治阶级的国家意志的集中体现，这是法的初级本质

法律是统治阶级的国家意志的集中体现和反映，这一命题和思想包含着丰富而深刻的内容。

1. 法律是意志的体现和反映。法律是人类有意识、有目的地活动的产物，是人的意志的结果，而非神的意志，或其他物种的意志的结果。不论反映、体现的意志是一个人的、集团的、阶层的、阶级的或全体人民的，也不论其内容如何，形式如何，法律总是人类意志的产物，与人类意志息息相关。因此法律带有很强的意志性色彩。那么，意志是什么？意志是指为达到某种目的（如满足一种要求、获得某种利益）而产生的自觉的心理状态和心理过程，是支配人的思想和行为并影响他人思想和行为的精神力量，它对人类所有的活动，对所有的文化创造都具有极其重要、极其重大的影响。所有人的行为、活动，所有文化创造都与意志有关，不可分离。法律作为人的行为及其产物与意志同样不可分离，密切相关，是意志的反映、体现和外化。当然，意志本身不是法，只有经过规范化、制度化、法律化、一般化、统一化以后，把非理性的东西或以非理性为主的东西转变为理性的东西，具体体现为国家权力机关所制定的法律、法规等规范性法律文件，才是法律。也就是说，意志这种以非理性为主的东西经过规范化、制度化、法律化、理性化以后，上升为理性，才是法律。

2. 法律是统治阶级意志的集中体现和反映。一是法律是统治阶级的阶级意志，是统治阶级的一般意志、整体意志、普遍意志、共同意志，它不是统治者个人的意志，也不是统治者个人意志的简单相加，更不是统治者的任性和随意。这种阶级意志是通过规范化、制度化、系统化、一般化而成为法律的。法律正

是通过规范化、制度化、系统化、一般化，把个别性的东西转变为普遍性的东西，把局部性的东西转变为整体性的东西，把集团性的东西转变为社会共同性的东西。这种经过升华了的意志，就真正变成社会的规范规则。二是法律所体现的统治阶级意志，不是其意志的全部，而是经过国家中介的，上升为国家意志的那部分意志，也就是马克思所说的"被奉为法律的那部分阶级意志"。意志是多种多样的，并非也不需要所有的阶级意志都上升为法律，转化为法律。只有经过法律程序认可、确定、处理的那一部分意志，只有经过国家中介的那一部分意志，才是法律。就此而言，法律只不过是社会的掌权集团或统治阶级根据自身整体意志、共同意志而以国家名义制定、认可、解释的，并由他们通过国家力量强加于全社会，要求一体遵行。法律必须体现国家意志，国家意志性是法律的本质属性之一。三是法律只能体现统治阶级的意志，而不可能体现被统治阶级的意志。这是阶级对立社会法的阶级性的集中体现，法律的阶级（国家）意志的基础是利益，是统治阶级的根本利益、整体利益、普遍利益。马克思说："法律应该是社会共同的、由一定物质生产方式所产生的利益和需要的表现，而不是单个的个人恣意横行。"统治阶级所创立的任何法律法规都与他们的利益、需要有关，是为了满足、实现他们的利益、需要和欲望的。所以，法律只能体现统治阶级的意志，维护统治阶级的利益。

（二）社会物质生活条件是统治阶级意志的决定性因素，这是法的深层本质

社会物质生活条件是法的本源性存在基础。物质生活条件是包括地理环境、人口、社会生产方式诸因素在内的综合体。任何一个民族、国家、社会都不能脱离它的具体的地理环境、人口、生产方式诸条件而生存，任何一个民族、国家、社会也不能无视具体的地理环境、人口、生产方式而从事自己的文化、思想、制度、历史和社会生活等各方面的活动。因此社会物质生活条件构成了人类社会生活的基石。

马克思说："法的关系正像国家的形式一样，既不能从它本身来理解，也不能从所谓人类精神的一般发展来理解，相反，它们根源于物质的生活关系。"在社会物质生活条件各要素中，生产方式具有决定性的意义。马克思主义基本理论告诉我们，政治、法律、国家等制度性的社会组织和结构，哲学、文学、历史、宗教、道德、法律思想等思想性的社会要素，以及从事这些制度性、思想性社会要素的建设都是在一定的社会生产方式基础上进行的，受制于一定社会的生产力、生产关系，受制于一定社会的经济基础。法律作为一种独特的社会现象，与其他社会现象一样，依存于一定的生产力、生产关系，依存于一定的经济基础，它的存在、发展、运作、实施都受制于生产方式，社会生产方式决定法律的产生和发展。有什么样的生产方式，就有什么样的法律；离开了一定

的生产方式，法就失去了存在的根据和基础，也就无从产生、存在和发展。法的关系、权利和义务的关系都是一定的物质生产关系所表现的法权关系。法律不是独立自主的，它是由经济基础决定的，法律是经济的集中体现和反映，一切法律问题归根到底都是经济关系、经济状况、经济机制的反映和要求，任何一条法律、任何一种法律规范、任何法律体系无不体现经济方面的基本规律、基本原则、基本要求。因此，一切法律现象都可以还原为经济现象，一切法律问题都可以归结为经济问题。

（三）经济以外的因素对法的影响

除了物质生活条件外，政治、思想、道德、文化、历史传统、民族、科技等因素也对统治阶级的意志和法律制度产生不同程度的影响。恩格斯在其晚年阐述唯物史观的基本原理时曾指出："政治、法律、哲学、宗教、文学、艺术等的发展是以经济发展为基础的。但是，它们又都互相影响并对经济基础发生影响。并不是只有经济状况才是原因，才是积极的，而其余一切都不过是消极的结果。这是在归根到底不断为自己开辟道路的经济必然性的基础上的互相作用。"如果不考虑这些因素，也就不能解释为什么受同样的或相似的社会物质生活条件所决定的法律制度之间会有很多差别，为什么几个国家或一个国家在不同地区、不同时期，虽然就经济制度或经济发展水平来说是同样的，但它们的法律却可能存在着千差万别的情况，也就不能完全解释为什么我国社会主义法会具有中国特色。

在法的阶级性与社会物质生活条件制约性的关系上，我们强调社会物质生活条件是法的更深层次本质、统治阶级的意志是较浅层次的初级本质，不是要把二者截然对立起来，更不是要用社会物质生活条件的制约性去否定阶级性。因为在马克思主义的理论体系中，法的阶级性与社会物质生活条件制约性是统一的：一是社会物质生活条件都是由一定的阶级即统治阶级来代表的；二是社会物质生活条件只有通过统治阶级及其国家的意志这个必不可少的中介才能体现在法律中；三是马克思主义关于阶级和阶级斗争的学说正是从社会物质生活条件的分析中得出的。所以，认识法的本质，我们需要注意，法律与生产方式的关系是非常复杂的，法律并不总是与经济条件、经济规律、经济状况完全相符合，完全同步，而是有一定的不一致性、不同步性，法律具有相对独立性，有其自身的发生、发展过程和规律。

引例解析

法院意见与判决

纽卡斯国最高法院由五位法官组成，他们分别是特鲁派尼、福斯特、基恩、汉迪和唐丁。现在他们的判决将决定四位被告的命运。

特鲁派尼首席法官在富勒笔下基本上扮演了案情叙述者的角色，这让他所阐释的维持初审原判的理由非常简单。特鲁派尼认为，作为民主国家的法官，他的职责就在于根据法律条文的平常含义来作出自己的判决，而不能在立法机构所制定的法律条文加入自己的价值偏好。刑法规定："任何故意剥夺他人生命的人都必须被判处死刑。"虽然同情心会促使法官体谅被告当时身处的悲惨境地，但法律条文不允许有任何例外。在作出这一宣判后，特鲁派尼提议通过行政长官的赦免来限制法律在本案中的严苛性。从其简明扼要的判词来看，特鲁派尼显然是法律形式主义和法律实证主义的代言人。

第二位法官福斯特主张推翻初审法院的判决，并为此提出了两项各自独立的理由说明。首先，福斯特认为纽卡斯国的刑法并不适用于这些受困于洞穴绝境中的探险者。根据社会契约理论，自然状态下的人们正是为了在文明社会里的和平共存才成立了政治国家，这一契约也构成了国家法律的强制力基础。但在五位探险者受困于洞穴时，现实的困境决定了他们并非处于"文明社会的状态"，而是处在社会契约论所说的"自然状态"。在这种自然状态下，维特莫尔所提出并经所有人同意的生死协定就构成了他们的社会契约，也是在本案中应该适用的有效法律。"我们各个法律分支……的共同目标都在于促进与改善人们的共存状态，调节共存状态下相互间关系的公正和平等。当人们可以共存的这一前提不复存在，就像案例中极端的情景下，生存只有通过剥夺他人的生命才成为可能时，支撑我们整个法律秩序的基本前提也失去了它的意义和作用。"其次，福斯特承认被告的行为违反了法律的字面含义。但法律的古老谚语就是"一个人可以违反法律的表面规定而不违反法律本身"。任何法律规定都应该根据它的明确目的来获得合理解释。刑事立法的主要目的在于阻止人们犯罪，福斯特运用正当防卫的先例来类推被告人行为的正当性。福斯特的判词集中体现了目的论的解释方法：法官在解释法律时必须考虑法律的合理目的，这与特鲁派尼法官的立场形成了鲜明的对比。站在特鲁派尼的立场，或许可以说福斯特的法律解释理论可能造成司法僭权。我们看看福斯特是如何回应这一潜在挑战的，"我前面运用的推理绝没影响对实定法的忠诚，尽管它提出了合理忠诚和不合理忠诚的问题。没有任何领导会要一个不能领会言外之意的仆人。再笨的女佣都知道，当她被告知'削掉汤羹的皮，撇去马铃薯的油脂'时，她的女主人只是口误而已……纠正明显的立法错误和疏漏不会取代立法者的意志，只是使其意志得到实现"。

第三位法官基恩投下了维持初审法院判决的第二票。作为一个法律形式主义者，基恩法官一开始就说："我不想讨论的问题是关于这些人所作所为的对错善恶。这同样是个无关法院职责的问题，因为法官宣誓适用的是法律，而不是个人的道德观念。"基恩接下来讲道："本案的所有困难从何而来？那就是未能区分本案的法律问题和道德因素。坦率地说，我的同事不愿意接受法律要求判决被告有罪的事实，我也同样如此。但与我同事不同的是，我尊重我的岗位职责，它要求我在解释和适用联邦法律的时候，把我个人的偏好抛在脑后。"在成功挑战目的解释论后，基恩法官提出了民主政治中立法至上的原则。"从这个原则中引申出来的是法院有义务忠实适用制定法，根据法律的平实含义来解释法律，不能参考个人的意愿或正义观念。"在这一基础上，基恩法官得出了自己的结论，被告确实"故意剥夺了维特莫尔的生命"。

第四位出场的汉迪法官主张撤销本案初审的有罪判决，这让双方在前四轮的较量中打成了平手。汉迪法官是最高法院内的法律现实主义与实用主义者，其指出，"这是一个实用智慧的问题，它无关乎抽象的理论，而关系到人类的现实"，"政府是一种人类事务，人们不是被报纸上的言词或抽象的理论所统治，而是被其他人所统治。如果统治者理解民众的感情和观念就会带来仁政。但如果统治者缺乏这种理解，民众感受到的只能是暴政。在所有的政府分支中，司法部门最容易失去与普通民众的联系"。那么民众的常识和意志是什么？汉迪提出了主流媒体的一个民意调查，"你认为最高法院应该如何处理洞穴探险者？"大约90%的受访者认为应该宽恕被告或仅给予象征性的处罚。民众的态度显而易见。因为"法庭应该考虑民情"，被告的被控罪名不成立。

鉴于4位法官的表决形成2：2的平手，最后出场的唐丁法官的态度就决定了被告的最终命运。唐丁法官的判词首先把靶子指向福斯特法官：如果说本案应该适用"自然法"，那么我们这些并非处于自然状态的法官又从何处取得了解释自然法的权力呢？而针对福斯特的目的解释理论，唐丁法官认为法律的目的有时是难以确定的，有时是多重的，目的与目的之间有时也会出现冲突。在批判了福斯特的立场后，唐丁法官或许可以按照法律的文本作出被告有罪的判决。但唐丁还是在最后道出了自己身处的两难困境：一方面无法接受福斯特的意见；另一方面，"当我倾向于维持初审判决，我又显得多么荒谬，这些将被处死的人是以10名英雄的生命为代价换来的"。唐丁法官最终作出最高法院历史上没有先例的裁决：宣布退出对本案的判决。

　　由于唐丁法官的弃权，最高法院 5 位法官的立场出现了戏剧性的平局，而这意味着初审法院的判决得到维持。4300 年 4 月 2 日上午 6 时，4 名被告人被执行死刑。

法理学 "永恒的洞穴"（节选）[1]

　　在《洞穴探险者案》一文中，富勒用 5 位法官的判词给我们勾勒出他那个时代的法哲学图景。构成这幅图景之中轴的是自然法学与实证法学的争论，在文章中则表现为福斯特法官与基恩法官之间的冲突。而在本文中，富勒教授也像基恩法官要求的那样褪去了自己在学术论争中的理论偏好。如果读者事先并不了解富勒教授的学说理论，读完此文后或许仍然无法给富勒教授作出定位。从实体立场上讲，富勒或许更接近文中的福斯特法官，但富勒仍然借用唐丁法官之口说出了自己理论的缺陷所在。本文更为匠心独具的地方在于富勒设计了一个 2∶2 的平局，这一设计让读者们能够更加独立地作出自己的判断。

　　从《洞穴探险者案》一文发表以后，西方世界的法理学和法律解释理论也发生了深刻的变化，这些变化促使后世的学者竞相续写富勒教授的案例。1980 年，达玛窦教授在《斯坦福法律评论》的论文中将德沃金的权利理论适用至洞穴探险者案。因为富勒笔下的 5 位法官都是男性白人，埃斯克里奇教授在 1993 年组织了 7 位持女权主义或批判种族理论的学者写作了 7 篇新的法官意见。在《洞穴探险者案》发表半个世纪之时，《哈佛法律评论》邀请 6 位学者续写了 6 篇法官意见。有意思的是，六位新法官再次就被告是否有罪的问题打成 3 比 3 的平手。这 6 位作者中不乏中国法学界耳熟能详的人物。芝加哥大学的桑斯坦教授根据自己的类推推理理论作出了被告有罪的判决，而哈佛法学院的德肖维茨教授则以德伯克大法官的名义写作了被告无罪的意见。德肖维茨甚至在判词中假设人类在第三个千禧年的一场宗教战争导致了自然法观念的遗失，从而在自己法律实证主义的立场内根据 "法不禁止即自由" 的原则作出了被告无罪的宣判。而在香港地区新近出版的《洞穴奇案的十四种判决》一书中，萨伯教授又为本案添设了一个情节：当年的洞穴中还存在着一个与 4 位被告共谋犯罪的第六人。围绕着对第六人的审判，萨伯教授根据法理学在半个世纪内的新发展撰写了 9 篇判词。

　　富勒教授的洞穴探险者案在法理学的历史上挖下了一个 "永恒的洞穴"。他在文中探讨了充满分歧的法律和政治哲学问题：从法律解释的理论，法官司法的过程，再到民主体制下的权力分立，如同绘制了一幅关于法理学历史长河的

---

　　〔1〕　本文作者田雷，载《博览群书》2006 年第 9 期。

知识地图，虽然这幅地图无法引领我们走出法律的迷宫，但至少可以帮助我们确定自己法理学中的位置。这篇文章的重要性或许可以用耶鲁法学院教授埃斯克里奇1993年发表的一篇论文标题来表明——《"洞穴探险者案"：20世纪法律解释精要》。

单元三　法的概念

一、关于法的不同定义

关于法的定义可以分为两大类，一是非马克思主义的，一是马克思主义的。从总体上看，虽然非马克思主义法学关于法的本质的理论也包含着富有启迪性的见解，但它们都不是真正科学的和比较完备的法学理论。非马克思主义者对法所作的定义大致有三个角度，即法的本体、法的本源以及法的作用。

1. 从法的本体下定义。着重以简化或抽象化的形式揭示法是什么，认为法律产生、发展、变化的根源在于法本身。在这方面比较有代表性的定义有：①规则说，认为法即规则。例如我国古代思想家管仲说："法律政令者，吏民规矩绳墨也。"我国清末法学家沈家本说："法者，天下之程式，万事之仪表。"现代西方法学中的法律实证主义者更明确地把法定义为一个社会为决定什么行动应受公共权力加以惩罚或强制执行而直接或间接地使用的一批特殊规则。②命令说，认为法是国家的命令、主权者的命令。③判决说，认为法即判决。例如美国法学家格雷说，法是指法院在其判决中所规定的东西，法规、判例、专家意见、习惯和道德只是法的渊源。当法院作出判决时，真正的法才被创造出来。

2. 从法的本源下定义。着重说明法的基础或法自何处源出，直接或间接地把法的根源归结为精神和意志。在这方面，比较有代表性的定义有：①神意论，认为法即神意。古代社会的"君权神授"理论所包含的法观念几乎都主张法自神出，法是神为人类规定的行为标准。现代社会的神学自然法学派仍然主张法是上帝的意志。②理性论，认为法是理性。例如古罗马思想家西塞罗说："法就是最高的理性，并且它固植于支配应该做的行为和禁止不应该做的行为的自然之中。当这种最高的理性，在人类理智中稳固地确定和充分地发展了的时候，就是法。"③公意论，认为法是公共意志或共同意志。例如法国思想家卢梭说："法是公意的宣告。"④权力说，认为法即权力的表现或派生物。例如中国古代商鞅说："法者，宪令著于官府，刑罚必于民心，赏存乎慎法，而罚加乎奸令者也。"

3. 从法的作用下定义。着重说明法的工具性，即从社会现象的相互作用中理解法的定义。在这方面较有代表性的有：①正义论，认为法是正义的工具。例如亚里士多德说："要使事物合于正义，须有毫无偏私的权衡，法恰恰是这样一个中道的权衡。"古罗马法学家赛尔苏斯说："法是善良公正之术。"②社会控制说，认为法是社会控制的手段。例如美国法学家庞德说："我把法理解为发达的政治上组织起来的社会高度专门化的社会控制形式——一种通过有系统有秩序地适用社会强力的社会控制。在这种意义上，它是一种统治方式，我称之为法秩序的统治方式。"③事业说，这是美国新自然法学派的代表人物福勒给法下的定义，其概括的表述是："法是使人们的行为服从规则治理的事业。"

从以上所引述的非马克思主义的法的定义可以看出：唯心主义的和形而上学的法的定义具有形式主义或神秘主义的特点，它们最大的缺陷是没有揭示或故意掩盖法的阶级本质，所以说，这些法的定义都是不完善的。法的阶级本质是法的核心内涵，只有揭示出这一层次的本质，法的定义才能具有科学性。

二、马克思主义关于法的定义

马克思主义创始人用历史唯物主义和辩证唯物主义的观点，从分析社会的生产方式内部矛盾这一角度来解释法的现象，对法的概念作了科学而精确的表述，深刻地揭示了法的本质和基本特征。

马克思和恩格斯在《德意志意识形态》一文中指出，在一定的物质生产关系中"占统治地位的个人除了必须以国家的形式组织自己的力量外，他们还必须给予他们自己的由这些特定关系所决定的意志以国家意志即法律的一般表现形式"。"由他们的共同利益所决定的这种意志的表现，就是法律。"1848 年马克思和恩格斯在《共产党宣言》中指出：资产阶级法不过是被奉为法律的资产阶级意志，而这种意志的内容是由资产阶级的物质生活条件决定的。马克思、恩格斯的这些关于法的论述，虽然不是给法下学理上的定义。但是，它们揭示了法的概念的核心内涵，指明了给法下科学定义的基本要素，也为研究法的本质和基本特征提供了科学的立场、观点和方法。

根据马克思主义关于法的一般理论，吸收国内外法学研究的成果，可以把法定义为由国家制定或认可并由国家强制力保证实施、反映统治阶级意志的规范系统，这一意志的内容是由统治阶级的物质生活条件决定的，它通过规定人们在相互关系中的权利和义务，确认、保护和发展对统治阶级有利的社会关系和社会秩序。

马克思主义关于法的定义与非马克思主义关于法的定义相比较，具有如下科学性：一是揭示了法与统治阶级的内在联系。深刻地阐明了法的内容是以统治阶级的利益为出发点和归宿的，法是从统治阶级的立场，根据统治阶级的利益标准和价值观念来调整社会关系的。二是揭示了法与国家之间的必然联系。直接指明了国家在统治阶级的意志客观化为法的过程中有着必然的作用，没有这个联系，任何阶级意志都不能成为社会的共同规则，都不能具有统一性、权威性和普遍约束力。三是揭示了法与社会物质生活条件的因果联系。它不是从精神世界或权力意志中寻找法的本源，而是深入到法的物质基础即经济基础中来理解法的本源。四是揭示了法的主要目的、作用和价值。法是统治阶级有意识地创造出来的行为规范体系，它确认、保护和发展一定的社会关系和社会秩序，具有一定的目的性，而这种社会关系和社会秩序是统治阶级所期望的，即对统治阶级来说是有意义和价值的，所以法又具有价值取向。

拓展知识

法和法律的词义

一、法和法律的词义

在了解法的概念之前，我们首先要了解法的词源和词义。关于"法"字的来源，在中国古代曾有神兽决狱的传说：上古时代舜帝委任皋陶为司法官。皋陶正直无私，执法公正，他在处理案件时，若有疑难，就令人牵出一头神兽，该神兽名廌，又名獬豸。它的头上长着一支独角，锋利无比，故又俗称独角兽。獬豸有分别罪与非罪的本能，有罪则触，无罪则不触。见人争斗时，用它的一只角向无理、有罪的一方触去，是非曲直，立见分晓。这就是中国古代的神明裁判。所以，最初在西周金文中写作的"灋"字，是一个意象丰富的象形文字。汉代许慎《说文解字》说："灋，刑也。平之如水，故从水；廌，所以触不直者去之，从去。"

古文"灋"字由三部分组成：氵、廌、去。氵，平坦之如水，喻示着法像水一样平，是为公平、公正；廌，神兽。《说文解字》说："解廌，兽也。似山羊一角。古者决讼，令触不直。"《后汉书》说："獬豸神羊，能别曲直。"在这里，廌为图腾动物，一角之神兽，代表正直、正义，具有审判功能，能为人分清是非曲直。去，即对不公正行为的惩罚。判决把人驱逐出去，从原来的部落、氏族中驱逐出去，或交由神明判决，由神兽"触不直者去之。"由此可见"法"字在古文中的含义，首先，法是一种判断是非曲直、惩治邪恶的行为规范，是正义的、公平的。其次，法律是一种活动，是当人们相互间发生争执无法解决时，由廌公平裁判的一种审判活动；是当人们的行为不端、不公正时，由神兽行使处罚的惩罚活动。最后，法律的产生、实施离不开廌这一神兽，它是社会权威力量的代名词，是社会强制力的代表。

在古代文献中，称法为刑，法与刑通用。如夏朝之禹刑、商朝之汤刑、周朝之吕刑，春秋战国时期有刑书、刑鼎、竹刑。魏相李悝集诸国刑典，造《法经》六篇，改刑为法。"刑，常也，法也。"古代中国"法"又往往与"律"通用，《唐律疏义》说："律之与法，文虽有殊，其义一也。"据史籍记载，商鞅变法，改法为律。从此"律"字广泛使用，我国古代法典大都称为律，如秦律、汉律、魏律、晋律、隋律、唐律、明律、清律，只有宋代称刑统，元朝称典章。《说文解字》说："律，均布也。"段玉裁注疏说："律者，所以范天下之不一而归于一，故曰均布。"最早把"法"、"律"二字连在一起使用的是春秋时期的管仲，他说："法律政令者，吏民规矩绳墨也。"但总的说来，在中国法制历史发展中，"法"和"律"两字是分开使用的，直到清末民初"法律"两字合成一词，由日本法律学者传入，并被广泛使用。

除了"刑"、"律"与"法"字有关外，古代作为社会规范的"礼"，也是法律，与法有一定的联系。当然，礼不是诉诸刑罚的。古代汉语中的法的含义是复杂多样的，其中最为主要的意义是：法象征着公正、普遍、统一，是一种规范、习惯、秩序；法具有公平的意义，是公平断讼的标准和基础；法是刑，具有惩罚性，以刑罚为后盾。

二、现代汉语中法律的词义

在我国当代法学理论上，法律有广义和狭义两层含义：广义的法律是指法的整体，包括法律、有法律效力的解释及其行政机关为执行法律而制定的规范性文件，如"法律面前人人平等"，这里的法律就是指广义的法律；而狭义的法律则是指法律的具体表现形式，主要是拥有立法权的国家机关依照立法程序制定的具体规范性文件，如普法教育中学习《婚姻法》、《劳动法》等法律、法院判案和行政执法过程中援引各种法律条文，这里的法律就是从狭义的角度去理解和运用的。

单元四　法的作用

　　大学生赵刚毕业后，在一场招聘会上找到了一份办公室文员的工作。报到当日，赵刚提出公司应当和自己签订一份书面的劳动合同，并在合同上写明工作岗位、劳动报酬等事项。工作月余后的一天恰逢女友的生日，女友提议让赵刚翘班五天一起出去旅行，赵刚因惧怕被除名而未答应。两年后，因工作情况不理想赵刚办理了辞职手续。公司扣发了其两个月的工资和当年的年终奖金，并扣押其人事档案。赵刚向劳动争议仲裁委员会提起了申诉。仲裁委作出裁决，责令公司向赵刚道歉，立即发放所欠报酬，办理好档案交接，并承担因此造成的损失 2000 元。

　　请从法理的角度分析，案例中的当事人赵刚如何能够将自己的行为规划得清晰、明确、合理？试着分析该案的法理问题。

　　法的作用是法理学中十分重要的理论问题。正确理解法律的作用，有利于更好地解决法学理论和法律实践中许多复杂疑难的问题。

一、法的作用的概念

　　"作用"从现代汉语的角度而言，主要是指：①对事物产生影响；②对事物产生某种影响的活动；③对事物产生的影响。由此可见，"作用"既能用来指称某一事物对其他事物产生的影响及其效果，也可以用来表示产生影响的具体过程。法是人类社会所创造的、用以规制人的行为和社会生活的规范，是社会关系的调整器，因而，所谓法的作用，也就是法作为一种行为规范，对人们行为及社会生活产生的影响及其效果。法首先对人的行为发生作用，而社会关系是人与人的关系，它是经由人的活动才产生的，没有人的活动则无从产生社会关系。法是通过对人的行为的调整作用于社会关系的，人的行为和社会关系是法的作用的对象。

　　法的作用与法的概念、本质、价值和目的等问题密切联系。法的概念本身就包含法有什么作用的问题。法的作用与法的本质也有密切联系。法的作用是国家权力运行和国家意志实现的具体表现，法对人的行为以及社会关系的影响实质上就是国家把自己的意志通过国家权力加以推行与实现。法的作用也是社会经济状况的具体表现，法的作用取决于经济基础，又服务于社会经济关系。

在一定的社会中，法的作用的效果能够显示该社会经济条件和经济状况。而从法对人的行为和社会的影响能满足社会主体的需要的角度看，法的作用又是法的价值和目的实现所必需的。

综上所述，法的作用是指法对人的行为以及最终对社会关系所产生的影响，其实质是统治阶级（或人民）以自己的意志通过国家权力对社会关系和社会生活的影响，是社会经济关系的体现。

法伴随着阶级社会的产生而出现。在法律发展的早期，法的作用就不断为人们所探讨。法有何种作用及如何发挥这些作用，成为历代法学家们研究的重要课题。古希腊的伊壁鸠鲁认为，法作为一种约定的规则，应该发挥保证人们之间平等互利的作用。中国古代思想家管仲曾讲道："法者所以兴功惧暴也，律者所以定分止争也"，"法律政令者，吏民规矩绳墨也"。这里管仲指出了法的"定分止争"、"实现社会控制"等作用。近现代社会中，法的作用经常被概括为实现社会控制、建立社会秩序、保护和扩大自由、促进社会正义。这些论述在一定程度上揭示了法律的某些作用，但又不全面。只有马克思主义法学才对法的作用作了全面、科学的解释。

中国法学家普遍认为，在不同社会、不同时代，法的作用的范围、大小、目的和实现方式是不同的。在古代社会，法律依附于皇权、君权，是专制、人治的工具，并且随着皇帝（君主）的好恶而变化，其作用是维护君权、特权所需要的社会秩序，是一种以义务为本位的法。因此，法的作用方式常常表现为限制、禁止、约束、惩罚。在近代社会，法律的作用范围发生了巨大变化，不再像古代社会的法律，近代社会的法律开始以权利为本位，作用范围扩大了，不仅涉及阶级统治方面的事务，还更多地涉及社会公共事务的管理，法的作用往往表现为引导、教育、管理等方式，目的在于保护人权、平等和自由，保障经济效益和秩序等。

拓展知识

"法的作用"与"法的功能"

目前中国法学界对"法的作用"与"法的功能"这两种表述是否存在概念上的差异持有不同的观点。

有学者并不将法的"作用"与"功能"作严格区别，认为虽然"作用"与"功能"在严格的语义上确有某些细微差别——功能比较强调活动本身，作用则强调活动的效用，但由于其基本意义是无差别的，所以二者可通用。他们还指出，"法的作用泛指法对人的行为及社会关系和社会生活发生的影响"，即认为法的作用涵盖法作用于社会关系和社会生活的活动本身和它的效用。

有的学者则认为，"法的作用"和"法的功能"这两个概念既有联系，又有区别。他们指出，"法的作用指法对社会生活的影响，法在社会生活中扮演的'角色'。法的功能指法发挥作用的活动。二者都是法的本质在运作中的表现。'功能'、'作用'，两个术语非常接近，不过功能比较强调活动本身，而作用则强调活动的效用、效应，是职能的外在表现。法对社会生活的作用（影响）是通过其功能来实现的，功能是体现作用的活动或活动方向。讲法的作用实际上讲的也是法的功能，讲法的功能实际上也是讲法的作用。如果说有些差别的话，法的作用侧重讲的是法对人的行为或社会生活的影响，而法的功能侧重讲的是法发挥这种影响的活动方向"。

二、法的作用的分类

为了具体、深入地了解法的作用，有必要对法的作用进行分类或解析，从不同的角度对法的作用可以进行不同的分类和解析。

1. 根据法的系统与法的子系统或要素各自的作用范围的不同，可分为法的整体作用与局部作用。整体作用是指法作为统一的法律体系所产生的作用；局部作用是指法律体系中的某一子系统或构成要素所起的作用。虽然法的局部作用从属于整体作用，但每个法律部门或法律规范的特殊作用显然是不同的。例如，刑法的惩治作用明显不同于民法的保护作用。

2. 根据对法的作用的价值评价不同，可分为积极作用与消极作用。法的积极作用是指法的作用与预期的目标相吻合并达到良好的实效；消极作用是指法的作用与预期的目标不相吻合，法律实效差，甚至与立法目的相违背。

3. 根据法与所要达到的社会效果的不同联系来看，可分为直接作用与间接作用。与所达到的社会效果有直接联系的是直接作用，有间接联系的是间接作用。例如，交通法规的直接作用是维护交通运输的安全和正常运行，而交通运输的安全和正常运行有助于经济秩序的建立和经济的发展。后面的作用就是法的间接作用。

4. 从人们的法律期待与法的实际效果之间的差别来看，法的作用可分为预期作用与实际作用。立法者在立法时设想法应当或可能发挥的作用称为预期作用；法在现实生活中所达到的实际影响是法的实际作用。实际作用与预期作用一致，说明书面的法律规定转变为生活的现实，法律是富有实效的。否则，表明法律缺乏实效。

5. 根据法的作用的对象和方式的不同，还可以分为规范作用和社会作用。即将法的作用概括为两大方面：一是法对于人的行为的作用；二是法对于社会关系的作用。具体而言，法的规范作用指法作为行为规则，直接作用于人的行为所产生的影响；法的社会作用指法作为社会关系调整器对社会所产生的影响。这是最常用的一种分类，也是学术界最通行的一种分类。本章主要根据这一分类来阐述法的作用。

法的规范作用和社会作用的主要区别在于：①考察基点不同。法的规范作用是基于法的规范性（法的主体部分是法律规范）进行考察的，即根据法是一种调整人的行为的规范这一基本事实。法的社会作用是基于法的本质、目的和实效进行考察的。②作用的对象不同。法的规范作用的对象是人的行为，这里的"人"是指一切社会关系的参加者，包括自然人和社会组织。法的社会作用的对象是社会关系，即人与人的关系及社会化了的人与自然的关系（技术法规所调整的对象）。③存在的方式不同。法的规范作用是一切法所共同具有的，不管是哪一种类型的法都具有的规范作用；而法的社会作用则依不同的类型、不同的国家、同一国家的不同时期而有差别。④所处的层面不同。规范作用是社会作用的手段，社会作用则是规范作用的目的，规范作用具有形式性和表象性，而社会作用则具有内容性和本质性。⑤发挥作用的前提不同。实现规范作用的前提是颁布法律，即把法律告诉人们，法就能发挥规范作用；而实现社会作用的前提是法律被运用、被实施，它要通过人们的法律行为产生一定的法律关系。前者是在静态中发生的，后者是在动态中发生的。

这两种作用是相辅相成、不可分割的，它们之间具有手段和目的的关系。我们可以说，法通过调整人们行为这种规范作用（作为手段）来实现维护经济基础和发展生产力的社会作用（作为目的）。这种分类一方面通过法的规范性特征将法与其他相近事物区别开来，使人们清楚地认识到法的作用与上层建筑其他组成部分的作用的各自特点，进而了解法律；另一方面，又能通过法的本质和目的，使人们充分认识到不同历史类型的法的作用的区别。

三、法的规范作用

法的规范作用是指法作为一种特殊的社会规范本身所固有的性能和功用。法作为一种由国家制定的社会规范，具有指引、评价、预测、教育和强制等规范作用。这些作用是基于法的属性、内部要素及其结构所决定的某些潜在的能力。这方面的作用可以说是法本身的作用或是法的专门作用。只要是法，无论其性质如何，也无论其是否发生了实际作用，法的规范作用都是存在的。当然，在不同社会制度和不同历史时期，这几种作用的性质、目的、范围和方式等方面都有很大的差别。

（一）指引作用

法的指引作用是指法作为社会规范对本人的行为起到引导、指向的作用，指引人们选择行为的内容及其方式。其对象是每个人自己的行为。指引作用是法的作用中最重要的部分，人们之所以需要法律的指引，就在于找寻到法对特定行为的肯定与禁止的态度，从而决定行为的取舍。更为重要的是，法的目的并不在于制裁违法，关键是引导人们正确地行为和从事社会活动，保证社会秩序的正常运转。

对人的行为的指引可以分为两种：一种是个别指引，即通过一个具体的指示就具体的人和情况的指引；另一种是规范性指引，即通过一般的规则就同类的人或情况的指引。法律是一种社会规范，它的指引作用就是规范性指引，人们要按照法律的指引由自己来决定怎样行为或不怎样行为。个别指引在很多情况下是必不可少的，它本身具有一定的优点，如比较具体、针对性强，但只有在一种关系很单纯、人数比较少的群体中，才可能仅依靠个别指引。在一种关系复杂、人数很多的社会中，仅靠个别指引是不可能建立持久、稳定的社会秩序的。因为这种指引偶然性、个别性因素太大，缺乏统一性。规范性指引虽然也有其局限性，如比较抽象、缺乏针对性，但它具有连续性、稳定性、高效率的优点，是建立社会秩序必不可少的条件和手段。

法的指引作用主要是通过法律规范对人们的权利和义务的规定来实现的。它为人们提供了两种模式：一种是有选择性的指引，这是以授权性规范为代表的，即法律规定人们可以这样行为，通过授予法律权利，给人们创造一种选择的机会，人们对法律规范所指引的行为有选择余地，法律允许人们自行决定是否这样行为。如《宪法》第 35 条规定："中华人民共和国公民有言论、出版、集会、结社、游行、示威的自由。"也就是说，公民有言论、出版、集会、结社、游行、示威的权利，公民可以选择是否行使这些权利。另一种是确定的指引，这是以义务性规范为代表的。即法律明确规定应该这样行为或禁止这样行为以及行为可能的法律后果，通过规定法律义务，要求人们作出或抑制一定的行为。如《宪法》第 49 条第 2 款规定："夫妻双方有实行计划生育的义务。"即是说，夫妻双方不能违反计划生育这一宪法规定。从立法的意图来看，这两种指引包含的两种法律后果都是促使人们行为时所考虑的因素，但不同的是，就确定的指引来说，法律的目的是防止人们作出违反法律指引的行为，而就有选择的指引来说，法律的目的一般是鼓励人们，至少是容许人们从事所指引的行为。

（二）评价作用

法的评价作用是指法律作为一种规范，具有能够衡量、评价他人的行为是否合法或有效的作用。法律的制定，严格来说就是将社会上公认的价值准则纳入法律的内容之中，因而人们可以据此对他人的行为进行评价。前面介绍的指引作用的对象是每个人本人的行为。这里讲的评价作用的对象是指他人的行为，例如，一个人对他人行为的合法性进行评价，或者一个法官对每一诉讼参加人的行为的评价，等等。在法治社会中，任何人的行为都必须接受法律的约束，因此，任何人所进行的具有法律意义的行为都应当是法律评价的对象。

在评价他人行为时，总要有一定的、客观的评价标准。法是一个重要的普遍的评价准则，即根据法来判断某种行为是否合法。当一个行为合乎法律规定时，我们就称之为"合法行为"；反之，当一个行为违反了法律规定时，我们就称之为"违法行为"。在特定的场合，如果人们没有按照法律进行应当作出的行为，也被视为"违法"而给予负面的评价，例如行政机关不按法律规定发给人们许可证和执照。当然，这一评价标准能否完全实现，又取决于法律规定的完善程度。有时，为了弥补合法性评价的不足，法律的评价还可以通过"合理性"来进行。与合法性评价的基础不同，合理性评价主要是指对行为的正当性进行分析。例如司法机关所作出的有罪判决，虽然在法律规定的幅度范围内进行，但是涉及处罚的轻重，就必须使用合理性评价标准。

当然，仅根据法来判断人们的行为，往往是不够的，这是因为法只能或主要作为判断是合法还是违法或有无法律效力的准则。人们的很多行为并不由法律来调整，而由其他社会规范调整；也有很多行为仅靠法律来判断是不全面、不深入的，而必须还要依据其他社会规范。因此，在现实生活中，行为的评价标准除了法律以外，还有道德、纪律等其他社会规范。在一定情况下，它们与法律可以同时使用，例如民法上规定的"诚实信用"、"善良风俗"等，既可以视为法律评价，也可以视为道德评价。但应当注意的是，不能将它们互换使用，既不能用法律评价来取代道德等社会规范的评价，也不能用道德评价等来代替法律评价，两者之间是有差别的，它们的评价标准和评价重点不同。法的评价是通过法的规范性、普遍性、强制性的标准来评价人的行为，评价重点在于行为人的外部行为和实际效果；道德等社会评价的标准不具有统一性和强制性，评价的重点往往在于行为人的思想动机和情感状态等。

（三）预测作用

预测作用是指依靠作为社会规范的法律，人们可以预先估计到他们相互间将如何行为以及行为的后果，从而对自己的行为作出合理的安排。预测作用的对象是人们的相互行为，包括国家机关的行为。这种预测一般包括对某种行为在法律上能否成立的预测、关于对方可能会作出什么反应的预测以及对国家机关可能会作出何种反应的预测等。预测作用的一个简单例子是交通法规。一般的人都会认为，虽然道路上车辆很多，但自己在道路上行走时只要遵守交通法规，还是相当安全的。这种认识就表明了法律的预测作用。也就是说，人们预测，在通常情况下，驾驶车辆的人会遵守交通法规，他们不会危害自己的安全，如果他们违反交通法规，就会受到警察的处罚。

法之所以具有预测作用，是因为法具有规范性、明确性的特点。在社会生活中，每个人的行为都可能对他人的行为发生影响，同时也可能受他人行为的影响。在这种复杂的互动关系中，如果没有一定的公认规则，据以预测自己行为的后果，社会生活就会陷入无序状态。法律规范以授权式、命令式、禁止式三类行为模式告知人们如何行为，从而使人们可以进行相互行为的预测。法是明确而又相对稳定的规范，它的内容是明确的并在一定时期内保持连续性，这给人们进行预测提供了可能的前提。

法的这种预测作用的存在是有着重要意义的。首先，它有利于法的遵守。根据法律规定，人们可以预先知道法律对待自己已经作出和即将作出的行为的态度以及所必然导致的法律后果，这样，人们就可以自觉、自主地调整自己的行为，从而获得满意的法律后果。通过法的预测作用，人们还可以判断他人的行为，对他人合法的行为可以予以道义上的支持、帮助，对他人的违法行为自觉予以抵制、抗争，从而提高全社会的法律意识水平。其次，它对于法律的适用来说也是必不可少的。司法官员或执法官员可以根据自己的预测，对相应的案件采取必要的、分别的法律措施。法律适用中的预测作用既是工作的需要，也是法律本身的要求。最后，预测作用在法律服务中也有极其重要的作用。作为法律服务者经常要为当事人提供法律上的预测服务，对法律关系的发展变化作出明智的判断，正确处理问题，解决纠纷，及时、合法、有效地维护当事人的权益。这正如人们常言道的，一个高明的律师也就是一个能合理预测法官将作出何种判决的律师。

拓展知识

霍姆斯论法的预测作用

1897 年，美国奥利弗·温德尔·霍姆斯大法官在他著名的演讲《法律的道路》中说道：

"人们之所以付费给律师为其提供辩护或法律咨询，乃是因为在某些情形下，我们的社会把公共权力的行使托付给法官，且如果必要，国家的全部力量都被用来执行他们的判决。人们总想知道：在何种情形并在何种程度上，他们要冒风险去得罪这种比他们自身强大得多的权力。因此，弄清楚这种风险在什么时候应使人望而却步变成了一种职业。我们研究法律的目的就是预测——预测借助于法院所实现的公共权力发生作用的几率。""如果你们仅想知道法律而不是别的，那么你们就必须从一个坏人而不是好人的角度来看法律；坏人只关心法律知识允许他预测的物质后果，而好人却从更为模糊的良知命令去寻找其行为的理由——不论在法律之内或之外。""我所指的法律，就是对法院实际会做什么的预测，而不是任何更为做作的东西。"

100 年以后，一位学者评论霍姆斯的上述言论时指出，如果从一个坏人的角度去预测法院实际会怎样处理他的案件，就是去预测一个忠于职守的、善意的法官会怎样运用各种法律渊源来裁决案件，因此一个"坏人"的视角隐含着一个"好法官"的视角。"不是从一个'坏人'的视角而是从一个'好法官'的视角来看什么是法律，他面临一个待决的法律问题，那么声称'法律'就是对他（她）自己实际上将怎样解决案件的预测，是无法让他（她）满意的。"

（四）教育作用

法的教育作用是指法通过其本身的存在以及运作而产生广泛的社会影响，从而对一般人的行为发生积极的影响。教育作用的对象是一般人今后的行为。从这个意义上说，法律实施的过程，也就是法律发挥教育作用的过程。这种教育不仅影响到行为人本身，同时也对其他的社会成员产生相应的示范作用。

法的教育作用的实现主要有三种形式：一是通过人们对法律的学习和了解，发挥法的教育作用；二是通过对各种违法犯罪行为的制裁，既可以教育违法者本人，同时又对那些企图违法的人起到威慑和警示作用，使其引以为戒，遵守法律，依法办事；三是通过对合法行为及其法律后果的确认和保护，对人们的行为起着示范与鼓励的作用。如对正当防卫行为的保护，可以教育和鼓励人们积极同犯罪分子做斗争；又如对符合法律规定的民事行为的确认和保护，可以促使人们进行仿效，从而促进经济的繁荣，实现社会的稳定。

当然，法的教育作用必须通过影响人们的思想而得以实现。也就是说，法从调整对象而言，是以人们的行为作为基础的，而教育作用的发挥，则在于通过立法、执法活动，使法所倡导的主流价值能够深入人心，从而引导人们积极向善。一部法律能否真正起到教育作用或这种作用的程度，并不是源于国家的强制力所产生的威慑效应，关键的是取决于法律本身的规定能否真正属于"良法"的范畴。当法律规定本身就是违反人性的时候，它不仅不会产生相应的教育作用，更有可能成为人们反抗暴政的导火线。一个法律能否真正发挥教育作用以及程度如何，关键取决于法律规定本身能否真正体现绝大多数社会成员的利益和意志。

（五）强制作用

法具有国家意志性和国家强制性的特征，因而自然地具有强制作用，即制裁、惩罚违法行为。这种作用的对象是违法者的行为。任何社会的法都由国家强制力保障实施，对违法者以国家的名义加以制裁是必要的。正如我们前面所言，法律的实施在很大程度上依赖于人们的自觉遵守。并且可以合理地设想，如果法律体现了广大人民的意志，那么法律也是可以为人民所自愿服从的。但是问题在于，社会上总有一部分人不会自觉地依照法律的规定办事，因而，法律就必须保留有强制作用，对违法犯罪者施以惩戒，以使被破坏的社会秩序得以恢复。因此，法的强制作用是法律不可缺少的重要作用，也是法的其他作用的保障。没有强制作用，指引作用就会降低，评价作用就会在很大程度上失去意义，预测作用就会被怀疑，教育作用的效力也会受到严重影响。

法律的强制手段是国家强制力的运用，这包括责令行为人进行某种行为或者对其施以法律上的惩罚。法律强制的内容在于保障法律权利的充分享有和法律义务的正确履行。法律强制的目的在于实现法律权利与法律义务，确保法律应有的权威，维护社会正义和良好的社会秩序。还必须注意的是，法律的强制作用不仅在于制裁违法犯罪行为，还在于预防违法犯罪行为，从而增进社会成员的安全感。

【案例】

人民网：2014 年 3 月 10 日，西安市枫韵幼儿园被曝在未告知家长的情况下，长期给园内幼儿集体服用抗病毒药物"病毒灵"。不少孩子被发现存在头晕、腿疼、肚子疼等相同症状，引发众多家长的强烈不满。当地政府立即组成工作组，连夜进驻涉事幼儿园迅速展开调查和处置工作。工作组认真听取了幼儿家长的诉求，责成相关部门根据职责分工迅速采取多种措施，依法对现场药品进行封存送检，组织专家分析评估，指定专业医院部署幼儿体检工作，公安部门也介入调查。12 日，鸿基新城幼儿园也发生了服用该药造成家长聚集的情况。经查，这两所幼儿园为同一法人，系民办。3 月 12 日，公安部门根据调查结果，以涉嫌非法行医对两所幼儿园的法人孙某、枫韵幼儿园园长赵某、保健医生黄某立案侦查，现 3 人已被刑事拘留。

上述新闻给我们的启示是：强制性是法的作用的重要表现，即法律正是通过对违法行为的否定和制裁来达到定分止争、实现良好社会秩序的目的。

四、法的社会作用

法的社会作用是指法对人们的行为和社会生活的影响和实效。在一定意义上说，法的社会作用是法的规范作用的外化和现实化。法的目的在于通过权利与义务的规定来调整有利于统治阶级的社会关系和社会秩序，巩固政治权力，维护现存社会制度和保障经济文化发展。为了实现这个目的，就必须使法的内在功能外化，直接或间接地对社会生活的各个方面发生有效的影响。与法的规范作用相比，法的社会作用是一个更为复杂的问题。因为规范作用是从法作为一种社会规范的外部影响力出发来分析的，这种外部显现的东西相对来说是比较容易认识的现象。法的社会作用则是从法的比较隐蔽的本质和目的出发来分析的，加之不同类型的法的社会作用显然是不同的，这就增加了认识的难度。但是，相对于规范作用，法的社会作用问题更为重要。在很多场合，人们讲到法的作用实际指的就是法的社会作用，所以应当着重进行考察、分析和评论。

（一）阶级对立社会中法的社会作用

1. 维护阶级统治。法作为上层建筑的重要组成部分，在调整社会关系方面发挥着重要的作用。在阶级对立社会中，基本的社会关系是对立阶级之间的关系，社会的基本矛盾是对立阶级之间的冲突和斗争。法的目的是维护对统治阶级有利的社会关系和社会秩序，也就是维护统治阶级的阶级统治，这是阶级对立社会中法的社会作用的核心。阶级统治的含义非常广泛，包括经济、政治、思想等领域。因而维护阶级统治就是维护统治阶级对社会生产资料的占有以及在组织生产、分配和消费等方面的优越地位，维护统治阶级在政治上的支配地位以及保障统治阶级在意识形态领域的垄断地位。而这些作用主要是通过调整不同的阶级关系来实现的。

（1）调整对立阶级的关系。作为经济上最强大、政治上掌握国家政权的统治阶级，可以通过国家的权力系统和法律规则体系，把本阶级对被统治阶级的统治和压迫合法化、制度化，把阶级冲突和阶级斗争保持在统治阶级的根本利益和社会存在所允许的范围之内，即建立起有利于统治阶级的社会关系和社会秩序。在阶级对立的社会中，由于被统治阶级的斗争，统治阶级也可能被迫作出某种让步，在自己的法律中规定一些保护被统治阶级利益的条款。这种条款既是被统治阶级斗争的成果，也是统治阶级为了维护自己的长治久安而暂时缓和阶级矛盾的一种手段。

（2）调整统治阶级的内部关系。一般来说，共同占有生产资料这一事实，决定着统治阶级内部在根本利益和整体利益上的一致性。但统治阶级并非在一切方面都完全一致。由于统治阶级内部由不同的阶层、集团和成员组成，他们之间也存在着矛盾和纠纷。如果不加以调整和解决，势必影响统治阶级内部的团结，影响社会安定，危及其阶级统治，也影响统治阶级整体利益的实现。因此，统治阶级需要用法来调整其内部的关系，防止统治阶级内部个别成员或某些集团影响其整体利益的实现。例如，现代西方国家有关政党竞选、公共权力制衡、反垄断法等，实质上都是从资产阶级的整体利益出发，对资产阶级内部政治经济利益矛盾和冲突的调整。

（3）调整统治阶级和同盟者之间的关系。统治阶级在革命成功前要号召、动员同盟者参加革命，取得政权以后，统治阶级为了维护其阶级统治，仍需要争取中间阶层即同盟者的支持。统治阶级与其同盟者之间既有共同的利益，也存在一些矛盾。统治阶级为了照顾同盟者，需要运用法的形式，适当照顾和满足同盟者在政治、经济上的某些权利，缓和自己与同盟者之间的矛盾，壮大力量，孤立敌人。

2. 执行社会公共事务。在阶级对立的社会中，法的作用除了体现为维护统治阶级的阶级统治外，还表现为对社会公共事务的管理。所谓社会公共事务，是指由一切社会的性质所决定的具有普遍社会意义的事务。法的社会公共事务作用，是法律基于其社会性或共同性，而对社会公共事务所具有的管理能力。要维持一个稳定的国家和社会，必须充分发挥法律在调整公共事务方面的作用。

法律执行社会公共事务的作用主要表现在以下几个方面：

（1）维护人类社会基本生活需要。所谓基本生活需要，指符合一定标准和要求的社会治安、食品卫生、交通安全、资源开发、生态平衡和环境保护等。法作为一种国家意志，反映全体社会成员的一般要求。通过法的规范性和强制性达到调整上述事项的目的，以维护人们生存和生活的基本需要。

【案例】

各国应对食品安全事件

近些年，食品安全问题频发，已经成为全球关注的焦点。各国都在运用法律手段积极应对所发生的食品安全事件，以维护人们最基本的生活需要。

美国——鸡蛋召回将致新法出台

2010 年 8 月，美国发生因沙门氏菌污染而召回 5.5 亿枚鸡蛋的事件，国会法律委员会因此一致同意，必须加大处罚力度，特别是对明知故犯者的惩罚。新法将加强对食品的强制性检验，强调对问题食品召回的力度和速度，加大政府部门对违反食品安全法厂家的整顿力度以及实行对因食品引发疾病案例的及时观察和长期追踪等。对犯罪者的指控将包括对生产者、上一级母公司和销售商的全面执法，无论哪一个环节导致食品、宠物食品和添加剂的污染、掺假和恶意误用，都将在惩罚之列。新法的具体细则目前正在美国国会研讨，国会通过后，将在全美实施。

德国——刑事诉讼外加巨额赔偿

2010 年底，德国西部北威州的养鸡场首次发现饲料遭致癌物质二恶英污染，其他州相继发现受污染饲料。2011 年 1 月 6 日，德国警方开始调查位于石荷州的饲料制造商"哈勒斯和延奇"公司。同年 7 日，德国农业部宣布临时关闭4700 多家农场，禁止受污染农场生产的肉类和蛋类产品出售。二恶英污染事件曝光后，为遏制污染扩散，德国政府关闭的农场数量约占全国农场总数的 1%。德国农业部声明指出，即使农场的禽畜产品初步检测结果正常，为了公共健康也必须关闭。事态发生后追溯机制的启动，让违法企业很快浮出水面。按照欧盟及其成员国法律，企业和行业自律依然是维护食品安全的第一环，但法律的惩戒和威慑必不可少。对于这次二恶英事件中的肇事者，德国检察部门提起刑事诉讼，同时受损农场则拟提出民事赔偿，数额可能高达每周 4000 万～6000 万欧元，完全可能让肇事者破产。

巴西——屡犯企业直接被起诉

2009 年 2 月中旬，巴西国家卫生监督局宣布，因为在食用红花籽油中查出被禁用的亚麻油酸成分，将对 4 家经营这种食品的进出口公司施以行政处罚，罚金最高的达到 150 万雷亚尔（1 美元约合 1.8 雷亚尔）。

奶制品是巴西食品监管的一个重要领域。2007 年 8 月，巴西东南部米纳斯吉拉斯州的两家牛奶生产厂在部分批次的牛奶中掺入一种溶液，以延长保质期。消费者饮用这种牛奶后出现腹痛、腹泻等现象。在接到投诉后，巴西有关方面拆除了工厂的生产设备，查封了库存牛奶，并在市场上收缴这两家工厂生产的牛奶。

韩国——造毒食品 10 年内禁营业

2004 年 6 月，韩国曝出了"垃圾饺子"风波。几家不法食品原料企业将本应作为垃圾丢弃的萝卜下脚料制成"垃圾馅"，交由 11 家知名食品企业大量生产和销售速冻饺子和包子。其中一家不法企业的饺子馅产量占韩国全国市场的70%。经食品检测部门检测，"垃圾馅"中大肠杆菌等细菌含量严重超标。事件曝光后，韩国《食品卫生法》随之修改，规定故意制造、销售劣质食品的人员将被处以 1 年以上有期徒刑；对国民健康产生严重影响的，有关责任人将被处以 3 年以上有期徒刑。而一旦因制造或销售有害食品被判刑者，10 年内将被禁止在《食品卫生法》所管辖的领域从事经营活动。另外，还附以高额罚款。

……

（2）维护生产和交易秩序。其中包括确定生产管理的一般规则、制定各种交易行为的基本规范、规定基本劳动条件等。所谓交易秩序，是指在商品和劳务的交换活动中以及其他的财产流转中所应具有的稳定性和规则性。在市场经济条件下，只有交易有序进行，交易当事人才能最大限度地实现其交易利益；

才能提高交易的经济效率，减少社会资源的浪费。即通过立法和实施法律来维护生产管理，保障基本劳动条件，调节各种交易行为等，目的在于减少生产和交换过程中因偶然性或任意性而带来的交易风险和成本。如作为市场经济基本法律之一的合同法，就是以保障交易活动顺利进行、维护市场交易秩序为目的。从合同法的规定来看，合同法的整个规则都是为市场交易而精心设计的，是为维护市场交易秩序而服务的。

（3）促进公共设施建设，组织社会化大生产。即通过一系列法律来规划、组织诸如兴修水利、修筑道路桥梁、开办工业以及组织农业生产等活动，对这些活动实行管理。

（4）确认和执行技术规范。其中包括执行工艺和使用机器设备的标准，规定产品、服务的质量和标准，对高度危险品（如易燃易爆品、枪支弹药等）和危险作业（如高空作业、高压作业或机动作业等）的控制和管理。

（5）促进教育、科学和文化事业的发展。教育、科学和文化事业的发展状况对社会有着极为重要的意义，甚至可能决定一个民族的生死存亡。所以，自古以来，特别是近现代，各国都通过立法来保障和推进教育、科学和文化事业。如制定专利法、商标法、科技进步法、教育法、教师法、义务教育法等。国家通过立法，促进全体社会成员接受教育，不断提高文化水平；帮助全体社会成员了解科学知识，认识社会发展的规律，保护其获得的知识产权；保障全体社会成员能够享受卫生保健和其他卫生服务，进一步提高国民素质。

随着社会生产的发展和社会制度的变革，特别是知识经济时代的到来，法律执行社会公共事务的作用将会日益增强。科技的进步推进了法律公共功能的广泛性、新颖性和全球性。首先，随着科学技术的进步，人类的生存空间不断扩大，法律调整的空间也随之膨胀。高技术成果已使人类生存空间从地球表面进入茫茫的宇宙。法律新部门不断涌现，目前已有的空间技术法就包括了外层空间法、航天法、太空法、宇宙法等方面的内容。这些新法律问题关乎人类共同的利益，无不体现着法律公共功能的发挥。其次，科技革命使许多传统法律部门受到冲击，并产生了一些新的法律部门。与此同时，现代科技的发展使得许多社会问题成为全球性的问题，使得一个国家内的社会公共事务超出了国界而成为人类的共同事务。因此，法的作用直接地表现为全球保护功能，体现了法律公共功能的公益性。

需要说明的是，法律维护阶级统治的作用和法律执行社会公共事务的作用既有区别，也有联系。区别主要表现为：首先，前一种作用的对象是阶级统治的事务，后一种作用的对象是阶级统治以外的事务，这两种法律都调整社会关系，即人与人之间的关系，但其直接对象是不同的。其次，维护阶级统治部分的法律当然有利于统治阶级，而执行社会公共事务的法律，至少从客观上说，是有利于全社会而不是仅仅有利于统治部阶级本身。最后，执行社会公共事务部分的法律，即使在不同社会制度下，也往往是相似的，是可以相互借鉴的。恩格斯曾指出，政治统治"到处都是以执行某种社会职能为基础，而且政治统治只有在它执行了它的这种社会职能时才能持续下去"。由此可以看出，在阶级对立的社会中，法的阶级统治作用与社会管理作用并非截然分开，它们在很多方面是相互结合、相互作用的，其目的存在一致性。

（二）当代中国法的社会作用

社会主义法是建立在社会主义经济基础之上的上层建筑。由于各个国家走上社会主义道路的起点和途径不同，社会生产力的发展阶段和水平不同，它们的经济基础会存在某些差异，有时甚至是明显的差异。但有些方面是相同的，即都是以生产资料公有制为主体，以按劳分配为主导，都消灭了剥削阶级，阶级对立的情况已经不复存在。与这种经济基础和社会结构相适应，社会主义法必然是工人阶级及其领导下的广大人民普遍意志和根本利益的体现。这是社会主义法与阶级对立社会法的本质区别。与这一本质区别相适应，社会主义法的社会作用也根本不同于阶级对立社会法的社会作用。

就我国当代社会而言，法的作用范围是相当广泛的，作用力度也是十分强大的。对我国社会主义法的作用曾经有过各种不同的概括和表述。例如法在处理人民内部矛盾方面的作用，法在处理敌我矛盾方面的作用；法的对内作用，法的对外作用；法在经济生活中的作用，法在政治生活中的作用，法在社会生活中的作用；法在物质文明建设中的作用，法在精神文明建设中的作用等。这些概括和表述曾经在一定时期、某些方面帮助人们认识了法的作用。但是，由于这些方式未能比较全面地反映当代中国社会对法的实际需要和法应有的社会作用，因此，需要采用一些新的方式来阐述我国法的作用。这些新的方式必须以邓小平建设中国特色社会主义的理论为指导，必须贴近我国改革开放的实践，必须突破在以阶级斗争为纲的年代和计划经济体制下形成的某些传统观念的束缚与限制。

基于以上认识，我们认为，在我国现阶段即改革开放的新时期，法的总体作用就是为建设中国特色社会主义服务。中国特色社会主义的基本特征可以概括为经济上实行社会主义市场经济，政治上实行社会主义民主政治，文化生活中实行社会主义先进文化，对外关系上实行开放、和平与合作。与此相适应，我国法的基本作用或主要作用就是保障、引导和推进社会主义市场经济；保障、引导和推进社会主义民主政治；保障、引导和推进社会主义先进文化；保障、引导和推进对外开放，维护国际和平与发展。

五、法的作用的局限性

法在社会生活中发挥着深刻的影响，是经济、政治、文化发展和社会全面发展所必不可少的因素。我们必须充分认识和重视法的作用，坚决克服轻视甚至否定法的作用的人治观念，大力推进我国社会的法治化进程。但同时我们也应该认识到，像任何事物一样，法的作用也是有局限性的。美国法学家博登海默说："尽管法律是一种必不可少的具有高度助益的社会生活制度，它像其他大多数人定制度一样也存在一些弊端。如果我们对这些弊端不给予足够的重视或者完全视而不见，那么它们就会发展成严重的操作困难。"我们也同样不能陷入"法律万能论"的误区，要看到法的作用在其范围、方式、效果以及实施等方面存在的局限性。

（一）法不是调整社会关系的唯一手段

调整社会关系的规范很多，法是其中的一种重要手段，却不是唯一的手段。除法外，还有经济、政治、文化、教育、习惯、传统、舆论、宗教等手段，它们与法一样调整着社会关系。虽然在当代社会，就建立和维护整个社会秩序而言，法是最主要的方法，但在某些社会关系和社会生活领域，法不是主要的手段。一般地说，在以国家名义规定社会生活的基本规则时应主要适用法律，如宪法、刑法等。在这个层面上，对社会生活的调整，法律具有主导地位。但大部分社会关系是由法律和其他手段配合进行调整的，甚至对于有些社会关系的调整，法律只能起辅助的作用，而主要应依靠其他手段。例如，在学校内部有许多管理关系，如对学生作息时间的安排、对学生主修课科目及数量的安排等，对这些关系进行调整的是学校的内部规定，法律是难以对各不同学校做统一要求的。

（二）法调整的社会关系的范围有限

在现代社会，法的作用范围是极为广泛的，涉及经济、政治、文化、社会生活的方方面面。但是，应该看到，法仅能调整一定范围内的社会关系。在有些社会生活领域中，对有些社会关系或社会问题，法律是不适宜介入的。例如，涉及人们思想、信仰或私生活方面的问题，在其不触犯法律的情况下，法律是不应当对其进行调整的，如果强制地使用外在力量去解决内在问题，不仅无效，而且会产生副作用。因为法是以国家意志的形式出现的，是由国家强制力保证实施的。对人们的思想、认识、信仰或私生活方面的问题采用法律强制手段进行干预、限制或禁止，不仅不可能起到应有的效果，而且往往导致有害的结果。正因如此，对于某些行为，虽然其本身具有一定的社会危害性，但考虑亲情、感情和隐私等因素，法律仍然不予干预。例如刑法中就虐待、遗弃等行为规定的"告诉才处理"即是如此。

（三）法的作用受法自身性质的制约

法作为一种行为规范，其内容是抽象的、概括的，而且在法制定出来后不能随意变动，更不能朝令夕改，要保持一定的稳定性，否则就会失去其权威和尊严。也就是说，法自身具有抽象性、稳定性的特点。但是法所要处理的现实生活中的问题却是具体的、多变的、千态万状的。因此，要制定一个包罗万象、预先包含全部社会生活事实、并且永久适用的法律只是一个幻想。此外，法是由人来制定的，必然受到人们认识水平的限制，法往往因落后于形势的发展而具有滞后性。法律自身的性质使得法本身就存在着一定的缺陷、漏洞或空隙，这些都使得法不可能不存在规则真空和一定的不适应性。特别是在经济迅猛发展、科技不断进步的现代社会，社会生活和社会关系更日益呈现出复杂性和丰富性特点。因此，法在调整社会关系、规范人们行为等方面必然表现出局限性和不全面性。

【案例】

死刑未决犯的生育权案

　　浙江省青年妇女郑雪梨的新婚丈夫罗峰供职于舟山海口港城贸易有限公司。2001 年 5 月 29 日，他因琐事与公司副经理王莹（女）发生争执，将王莹杀死。检察院对罗提起公诉后，8 月 7 日，舟山市中级人民法院以故意杀人罪判处罗某死刑。一审宣判后，罗峰不服，向浙江省高级人民法院提起上诉。其间，郑雪梨则向舟山市中级人民法院提出了人工授精的请求。一审法院告诉郑雪梨，对此没有相关的法律规定，而且舟山市也没有人工授精的条件，于是拒绝了罗妻的请求。同年 11 月 11 日，罗雪梨向省高级人民法院提出人工授精的书面申请。为慎重起见，高级法院召开审判委员会进行讨论，认为法律对此类问题没有规定，这种请求也不属于法院的受案范围，遂决定对郑雪梨的要求不置可否。2002 年 1 月 18 日上午，浙江省高级人民法院的终审判决作出后，罗峰被执行死刑，郑雪梨要求留下丈夫精子的希望化为泡影。

　　在上述案例中，罗妻郑雪梨的请求已经闯入了我国现行法律制度和司法实践的一个真空地带，是立法和实际操作中还没有明确的一个问题。这就是，当夫妻中的一方失去人身自由后，另一方公民的生育权该不该受到保障以及死刑犯是否还享有生育权的问题。这一案件将法的作用的局限性体现得淋漓尽致。

　　（四）利益关系的复杂性对法的作用的限制

　　法是调节利益关系的，但利益关系的复杂性也可能使法的作用受到限制。这主要表现在：

　　1. 对于当代中国特殊国情下的特别复杂的利益关系，要在法律上确定合理、公平的原则或规则，使利益关系的各方都得到相对满足，这对立法者来说是一个极为复杂的问题。

2. 对现实生活中的利益关系运用法律进行调整时经常会陷入困境。例如，一些特殊的利益关系，如夫妻关系、亲子关系中的感情利益，就无法运用法律加以有效调节。再如，当冲突的利益不能两全时，法律只能保护其中之一。如一方诉请离婚，另一方不愿离婚，法律保障了一方离婚自由就不能保障另一方不离婚的自由，反之亦然。

（五）法律所要适用的事实无法确定

适用法律是实现法的作用的重要方式，但适用法律的前提是确定事实，如果确定事实在客观上是不可能的，则法律不仅无从适用，而且会损害法律的权威。从历史上看，为了确定法律要适用的事实，人类曾使用过多种手段。如古代和中世纪的神明裁判、盟誓、决斗，现在仍然实行的陪审制和测谎器等。但是总有些事实是无法确定的。例如，由于取证的困难或为避免伤害无辜，在无证据的情况下，只好释放犯罪嫌疑人，使被害者的利益无法得到充分保护。再如，证据本身可能存在着缺陷，法律证据与客观事实可能存在不一致。在这些情况下，法的适用的事实可能会缺失或错误，法的作用也就不能充分地实现。

（六）法的作用的实现需要客观条件的配合

我国古代思想家孟子说过："徒善不足以为政，徒法不足以自行。"也就是说，法作为国家制定或认可的社会规范体系，不管其制定的质量、水平如何，法对人和物都有依赖性，即法要发挥作用往往需要借助相关的人员条件、精神条件和物质条件。

1. 法律的实施必须由人来运作。无论何种法律，即使是制定得很好的法律，也需要由具备相当法律素养的人正确地执行和适用。如果执法者不具备相应的专业知识和思想道德水平，法律就很难得到有效的实施，法也难以起到预期的作用。

2. 法律的实施还需要社会上绝大多数人的支持。即使是制定得很好的法律，也需要绝大多数社会成员的支持，这就要求需有相应的精神条件和文化氛围，要求人们具备一定的法律意识，尊重并相信法律。如果人们缺乏一定的法律意识，缺乏遵守法律的思想氛围和习惯，法律就不可能得到有效的实施。当前我国存在的有法不依、执法不严、违法不究现象就体现了这一点。

3. 法律的实施还必须要有相应的社会、经济、政治、文化条件的配合，需要有一定的物质装备、基础设施等物质条件，还要有相对完备的侦查、检察、审判组织及物质的各种附属物，如监狱、法庭等。这些组织及物质附属物的设立和运行意味着大量的财政支出，假如经济条件跟不上、经费困难，就会限制或影响法律作用的发挥。

【延伸阅读】

美国"禁酒令"的启示

1920 年 1 月 17 日凌晨 0 时，美国宪法第 18 号修正案——禁酒法案（又称"伏尔斯泰得法案"）正式生效。根据这项法律规定，凡是制造、售卖乃至运输酒精含量超过 0.5% 以上的饮料皆属违法。自己在家里喝酒不算犯法，但与朋友共饮或举行酒宴则属违法，最高可被罚款 1000 美元及监禁半年。

禁酒法案生效前一天，道路上的运酒车络绎不绝，人们都赶着时间把酒运回家里收藏。到了晚上，街道上空无一人，原来人们都聚在家里或其他公众场合举行最后一次合法的"借别酒会"。一位参议员在晚餐会上举杯说："今天晚上是美国人个人自由被剥夺的前夜。"这番话引来了阵阵热烈的掌声。

在联邦政府通过这个法案以前，美国已经有 25 个州拥有自己的禁酒令。但纽约市长拉加第对这项法令的可行性表示怀疑，他指出，单是在纽约一地，要切实执行禁酒法令，需要动员的警力便高达 25 万名，由于禁酒法案无视执法上的困难以及忽略了人的欲望无法纯粹以压抑的方式消解这一事实，最终产生了适得其反的后果：让酿造私酒成为庞大的非法事业。美国黑社会在私酒利润的滋养下变得空前繁荣。

第 18 号修正案终于在 1933 年 12 月 4 日被废除了，此时正值犹他州继其余 35 个州之后最后一个批准第 21 修正案之时。全国性的长期禁酒运动从此结束。美国总统罗斯福提醒全国人民注意节制，以免导致像 1920 年禁酒时期他所称的"个人厌恶的情形"再度出现。他还要求各州不要让酒吧卷土重来。

该法案通过之后的实施状况表明，它是一条无法执行的法案。当时的宣传口号是"禁酒不仅是个道德问题，而且是维护清教主义在美国的唯一可行的办法"。然而此后在美国出现大规模的群众性违反禁酒令的活动。私酒贩子成了一种职业，政府对此无能为力。许多私酒贩子买通警察，结成帮派，使用威胁、暴力甚至谋杀手段。虽然美国国会没有明确废止第 18 号修正案，但面对这种大规模的群众性违法活动，这条法律形同一纸空文。第 18 号修正案成为美国历史上的一大丑闻，当美国人撰写其宪法史时，没有人再提到它。

美国宪法禁酒，让当时的美国人先是欢呼雀跃，随后陷入困境，最后归于冷静。这也是转型时期的社会很有可能面临的一种法治境遇——对于法律的信赖导致对于法律作用的过分期待。从法治的角度来说，美国禁酒令的废除，给我们今天的启示主要是：

第一，应正确处理公共利益与个人自由的关系。公共利益、公共秩序与个人自由、个人权利，是任何法律所追求的价值的两个方面。这两种价值很难简单地认定一个价值就绝对地优先于另一个价值，不同的思想家有不同的理解，不同的国家、不同的发展阶段也有不同的安排次序。如果法律过分干预，便不具有实施的可持续性。与人们的生活习惯、人性需求相背离的法律法规，靠公权强制实施一段时间尚可，但必不能长久坚持，人性和市场往往能够战胜似看似神圣的宪法和法律。就禁酒这一事项来说，是应当强制禁酒，还是倡导戒酒；是应当联邦干预，还是应当由地方来管制；是应当制定一般法律，还是应当动用宪法；是应当全面禁止，还是应当有选择地禁止，都需要认真考量，并根据实际情况进行调整。

第二，应正确处理法律与道德的关系。尽管法律和道德的分界并不是绝对的，一定条件下法律可能道德化，道德也可能法律化，但它们毕竟是两种不同的社会行为规范，法律的强制性与道德的自觉性各有价值。法律有力，但这种他律机制如果过分使用就会使人们铤而走险、以身试法；道德无形，但这种自律机制在约束人们行为的同时却能够给人们提供自治、自尊的空间。解决道德的问题，主要靠教育劝导、潜移默化的方式。如果用法律手段去解决道德问题，法律就变成了"双刃剑"，用不好，就会适得其反，引起人们对法律的蔑视和反抗，导致越来越多的人公然践踏法律，带来更严重的问题。美国禁酒主义者们出于对法律权威的无限景仰，不遗余力地想要借助法律的力量解决这一道德问题。废除禁酒令之后，禁酒主义者们才认识到，从健康的角度进行道德劝导和宣传，以引起人们自觉自愿地节制饮酒，才是上策。

第三，应正确处理立法与执法的关系。要使"纸上的法"变成"活的法"，关键要看执法。一个国家实际执法能力与一部法律执行所需要的能力有多大的差距、供需是否平衡，决定了一部法律是否具有可持续性、是否具有生命力。美国宪法禁酒在具体的操作层面上，没有得到充分的执法保障，也不可能得到充分的保障。禁酒令被废除后，美国政府对酒类的管制改为主要就某一方面、某一具体问题立法，或主要由州政府立法。比如，以课税等经济措施限制酒类贸易的扩大；将合法饮酒的年龄从17岁提高到21岁；强制要求所有在美国销售的酒精饮料都必须带有"酒精危害身体健康"的警告标志；限制酒店营业时间；严惩酒后开车等。这些法律执行所需要的能力与实际执行能力基本一致，于是获得了长期的坚持，收到了实际的效果。

总之，我们只有正确认识到法本身所存在的局限，并采取相应的措施，才能充分发挥法的作用。在这方面，必须克服盲目崇拜法律的心理，正确利用法律机制和法律手段。

引例解析

本案中的当事人赵刚之所以能够将自己的行为规划得清晰、明确、合理，是基于法的规范作用产生的效果。法作为一种规范，具有指引、评价、预测、教育和强制作用。案例中的赵刚依据劳动法的规定和指引，实施正确、合法的行为，积极利用法律手段维护自己的权益。

思考与练习

1. 概述法的基本特征。
2. 如何正确认识法的本质？
3. 马克思主义法学是如何分析法的本质的？
4. 怎样理解法的规范作用和社会作用的关系？
5. 如何正确认识法的作用的局限性？

实务训练

案例（事例）分析题

案例1：2003年6月，原告张先著在芜湖市人事局报名参加安徽省公务员考试，报考职位为芜湖县委办公室经济管理专业。经过笔试和面试，综合成绩在报考该职位的30名考生中名列第一，按规定进入体检程序。同年9月17日，张先著在芜湖市人事局指定的铜陵市人民医院的体检报告显示，其乙肝两对半中的HBsAg、HBeAb、HBcAb均为阳性，主检医生依据《安徽省国家公务员录用体检实施细则（试行）》确定其体检不合格。张先著随后向芜湖市人事局提出复检要求，并递交书面报告。同年10月18日，张先著在接到该通知后，表示不服，向安徽省人事厅递交行政复议申请书。同年10月28日，安徽省人事厅作出《不予受理决定书》。同年11月10日，张先著以被告芜湖市人事局的行为剥夺其担任国家公务员的资格、侵犯其合法权利为由，向法院提起行政诉讼。请求依法判令被告的具体行政行为违法，撤销其不准许原告进入考核程序的具体行政行为，依法准许原告进入考核程序并被录用至相应的职位。此宗案件被媒体称为"中国乙肝歧视第一案"。

法院审理后认为，国家行政机关招录公务员，由人事部门制定一定的标准是必要的，国家人事部作为国家公务员的综合管理部门，根据国务院《国家公务员暂行条例》，制定了《国家公务员录用暂行规定》这一部门规章，安徽省人事厅及卫生厅共同按照规章授权目的和范围行使权力，制定《安徽省国家公务员录用体检实施细则（试行）》，该规范性文件与上位法并不冲突，既未突破高位阶法设定的范围，也未突破高位阶法的禁止性规定。因此，依照《最高人民法院关于执行〈中华人民共和国行政诉讼法〉若干问题的解释》第62条第2款规定，《安徽省国家公务员录用体检实施细则（试行）》属合法有效的规范性文件，可以参考适用。

被告芜湖市人事局根据《安徽省国家公务员录用体检实施细则（试行）》的规定，委托解放军第八六医院对考生进行体检，应属于行政委托关系，被委托人所实施的行为后果应由委托人承担。因解放军第八六医院的体检不合格的结论违反《安徽省国家公务员录用体检实施细则（试行）》规定，芜湖市人事局作为招录国家公务员的主管行政机关，仅依据解放军第八六医院的体检结论，认定原告张先著体格检查不合格，作出取消原告进入考核程序资格的行政行为主要证据不足，依照《中华人民共和国行政诉讼法》第54条第2项第1、2目之规定，应予撤销，但鉴于2003年安徽省国家公务员招考工作已结束，且张先著报考的职位已由该专业考试成绩第二名的考生进入该职位，故该被诉具体行政行为不具有可撤销内容，依据《最高人民法院关于执行〈中华人民共和国行政诉讼法〉若干问题的解释》第56条第4项之规定，对原告其他诉讼请求应不予支持。

据此，法院依据《最高人民法院关于执行〈中华人民共和国行政诉讼法〉若干问题的解释》第57条第2款第2项之规定，判决确认，被告芜湖市人事局在2003年安徽省国家公务员招录过程中作出取消原告张先著进入考核程序资格的具体行政行为，主要证据不足。

请结合本章所学知识，予以法理分析。

案例2：2000年5月20日早上8时30分左右，一头野生羚牛闯入陕西省洋县四郎乡田岭村村民文宏明（化名）家，将文顶倒在地，其妻吉某亦被困屋中，当地有关部门闻讯展开营救。根据《中华人民共和国野生动物保护法》第16条明文规定，禁止猎捕杀害国家重点保护野生动物。因科学研究、驯养、繁殖、展览或者其他特殊情况，需要捕捉、捕捞国家一级保护野生动物的，必须由国务院野生动物行政主管部门批准。由于野生羚牛是国家一级保护动物，因此当地有关部门不敢擅自捕杀，只能逐级请示；当日下午1时20分才从陕西省林业厅传来指示，可以击毙羚牛；下午4时20分，羚牛终于被击毙，而此时文宏明已经死亡，其妻吉某亦因伤势过重抢救无效死亡。

请结合本章所学知识，予以法理分析。

案例3：某法院近日审理了一起未成年人之间的诉讼案件。

原告：乙

被告：甲、丙

甲、乙、丙三人是同学关系。某天放学，三人一起回家，甲骑一辆自行车，乙和丙交替乘坐甲的自行车。途中乙、丙分别要求甲先带自己回家。争执中，乙首先坐上甲的车，丙见状用手去拉乙，致使乙摔下，受伤住院花费若干。后来乙又感不适，住院，病情加重。法医做了伤情鉴定。

法院审理认为：原被告在事故发生时，均系10周岁以上的未成年人，属限制民事行为能力人；他们因在公路上骑自行车、乘坐自行车而发生事故，其监护人应承担疏于监护未成年人的民事责任；被告丙将原告乙从自行车上拉下摔伤，应承担主要责任；被告甲未满12周岁在公路上骑自行车，原告乙乘坐不满12周岁的未成年人所骑的自行车，均应承担相应责任。据此，法院依法判决二被告赔偿原告医疗费、护理费、营养费等共计4000元，原告监护人承担1500元的赔偿责任。

结合上述材料分析，该案例中法律的各项规范作用是如何体现出来的？

模块二　发现（寻找）法律

　　一切有志于学习和从事法律工作的人，都要学会如何将所学的法律知识运用到实际法律问题的解决过程中。而这一过程，首先从发现法律开始。法学方法论中的法律发现是指法官为合法、正当地裁判个案，在法律规范和案件事实的往返互动中，寻求个案裁判依据的法律方法。针对初学法律者，本模块的设计以典型案例导入，使学生通过学习和训练，理解和掌握解决一个法律问题首先是找出相关法律规定，即从包括成文法在内的各种正式和非正式法律渊源中发现适用于需要解决的法律问题的规范。在浩如烟海的法律渊源中迅速找到适用于本案的法律规范，需要设置三个工作任务：一是区分法律的类别，即确定法的部门；二是界定法的效力位阶，解决法律的冲突问题；三是明确法的效力范围，查明寻找到的法律法规有无特殊情况不能适用的情形。

单元一　法律体系与法律部门

导入案例

"中国宪法司法化第一案"

　　1990 年，山东省滕州市第八中学学生齐玉苓参加中专考试，被山东省济宁市商业学校录取为 90 级财会专业委培生。但是，齐玉苓的录取通知书却被在中专考试中落榜的陈晓琪领走。陈晓琪以齐玉苓的名义在该商业学校就读，毕业后继续以齐的名义在中国银行山东省滕州支行工作，其人事档案中也一直使用齐的姓名。

　　1999 年 1 月 29 日，得知真相的齐玉苓以侵害其姓名权和受教育权为由，将陈晓琪、陈晓琪父亲陈克政、济宁市商业学校、滕州市第八中学和滕州市教委告上法庭，请求停止侵害、赔礼道歉，并赔偿经济损失 16 万元和精神损失 40 万元。

　　这起看似简单的民事案件，却给司法机关提出了一个"棘手"的问题——侵犯姓名权问题在《民法通则》中有规定，但侵害受教育权在民法中却没有规定。换句话说，受教育权属于公民的宪法权利，而不是民事权利。但是，我国各级审判机关在审理具体案件时，惯例是不能直接引用宪法。因此，在一般情况下，这一诉求可能会以"没有法律依据"为由而不予受理。

　　滕州市中级人民法院一审判决支持了齐玉苓姓名权受到损害的诉讼请求，并认定陈晓琪等侵害齐玉苓受教育权不能成立。齐玉苓不服，向山东省高级人民法院提起上诉。山东省高级人民法院认为，此案存在着适用法律方面的疑难问题，因此向最高人民法院递交了《关于齐玉苓与陈晓琪、陈克政、山东省济宁市商业学校、山东省滕州市第八中学、山东省滕州市教育委员会姓名权纠纷一案的请示》。2001 年 8 月 13 日，最高人民法院作出《关于以侵犯姓名权的手段侵害宪法保护的公民受教育的基本权利是否应当承担民事责任的批复》[1]，指出"陈晓琪等以侵犯姓名权的手段，侵犯了齐玉苓依据宪法所享有的公民受教育的基本权利，并造成了具体损害，应承担相应的民事责任"。8 月 23 日，山东省高级人民法院依照宪法第 46 条、最高人民法院（2001）法释 25 号批复以及《中华人民共和国民事诉讼法》第 153 条第 1 款第 3 项的规定，对该案判决：被告陈晓琪停止对齐玉苓姓名权的侵害；陈晓琪、陈克政、济宁商校、滕州八中、滕州教委向齐玉苓赔礼道歉；齐玉苓因受教育的权利被侵犯造成的直接经济损失 7000 元由陈晓琪和陈克政赔偿，济宁商校、滕州八中、滕州教委承担连带赔偿责任；齐玉苓因受教育的权利被侵犯造成的间接经济损失由陈晓琪、陈克政赔偿，济宁商校、滕州八中、滕州教委承担连带赔偿责任；陈晓琪、陈克政、济宁商校、滕州八中、滕州教委赔偿齐玉苓精神损失费 50 000 元。这一判决突破了我国不得直接引用宪法条文作为民刑裁判依据的司法惯例，在理论和实务界引起了强烈反响，被誉为"开创了我国宪法司法化的先例"、"具有里程碑的意义"。

　　问题：从法理学的角度考虑，宪法是什么样的法律？它到底归属于哪个法律部门？它在国家整个法律体系中的地位和作用是什么？

一、法律体系与法律部门的概念

（一）法律体系的概念

　　在现代社会，随着法律在国家治理和社会服务中的作用越来越重要，国家

---

　　〔1〕　2008 年 12 月 8 日最高人民法院审判委员会第 1457 次会议通过的《最高人民法院关于废止 2007 年底以前发布的有关司法解释（第七批）的决定》已停止适用该批复。

制定的法律也越来越多。为了更好地进行立法、执法、司法和法学研究，人们根据法律的性质及其有关属性将所有的法律进行分门别类。这样一来，具体的法律文件不再是一个单独的存在，而是归属于某一个部门，所有的法律部门组成一个完整的整体，这就是法律体系。

法律体系，也称"法的体系"或者"法体系"，是指由一国现行的全部法律规范按照不同的法律部门分类组合而形成的一个呈体系化的有机联系的统一整体。

在把握法律体系的概念时，应当注意以下几点：

1. 法律体系是一个主权国家全部现行法律规范构成的整体。在空间上，构成法律体系的法律只限于一个特定的国家，它不是几个国家的法律构成的整体，而是一个主权国家的法律构成的整体；在时间上，构成法律体系的法律只限于现行有效的法律，它既不包括一国历史上的法律或已经失效的法律，也不包括一国将要制定的法律或尚未生效的法律，只包括现行的国内法和被本国承认的国际条约和国际惯例。

2. 法律规范是法律体系的基本分子，法律部门则是法律体系的基本构成单位。

3. 法律体系是一个呈体系化的有机整体。一国的法律体系是由一个个具体的法律构成，这些法律不是杂乱无章的，而是按照一定标准进行分类组合，呈现为一个体系化、系统化、相互联系的有机整体。

（二）法律部门的概念

法律体系可以划分为不同的、相对独立的部门，这就是法律部门。法律部门又称部门法，是指一个国家根据一定原则和标准划分的本国同类法律规范的总称。它是法律体系的有机构成部分，也是法律分类的一种形式。

法律部门的划分在法学理论和实践中具有重要意义。对于法学研究来说，法律部门的划分帮助各个学科确立自己的研究对象和研究领域，使法学学科分工更加科学化和专业化；对于立法来说，法律部门的划分有助于从立法上完善法律体系，协调法律体系内部关系，保证法律体系的完善和统一；而对于法律实施来说，法律部门的划分有助于不同国家机构明确各自的工作特点和职责分工，有助于执法和司法人员正确运用法律解决社会纠纷。

二、法律部门的划分标准

划分法律部门的标准有两项：法律规范的调整对象和法律规范的调整方法。

法律规范的调整对象，即法律规范调整的社会关系，是划分法律部门的首要标准。法律是调整社会关系的，制定法律规范的目的就在于调整相应的社会关系，不以社会关系为调整对象的法律规范是不存在的。但是，人与人之间的社会关系是多种多样的，涉及不同的领域，如政治、经济、文化、宗教、家庭、民族等。由于社会关系的多样性，就需要有不同的法律规范来调整不同的社会关系，这就为法律部门的划分提供了客观的基础，从而也使法律的调整对象成为划分法律部门的首要标准。因此，我们可以将调整同一类社会关系的所有法律规范归入一个法律部门，如把调整平等主体之间财产关系和人身关系的法律规范归入民法部门，把调整国家行政管理关系的法律规范划入行政法部门，等等。

法律的调整对象是划分法律部门的首要标准，但是仅依据这一标准不能解决所有法律部门的划分问题，有的法律部门是无法用社会关系的性质来说明的。将法律调整的方法作为划分法律部门的辅助标准，就可以很好地解决上述问题。法律调整的方法是指对社会关系施加法律影响的方法、方式的总和。法律调整的方法从不同的角度也可作不同的分类，如从调整的法律关系角度，可分为平权调整方法和隶属调整方法，我们可以以此方法区分调整财产关系的法律规范中，哪一些属于民法部门，哪一些属于行政法部门。又如，从法律作用于人的行为的基本方式看，法律调整方法可分为积极义务的方式、允许的方式和禁止的方式，在民法部门中一般以允许方式居多，而在刑法部门中则以禁止的方式为主。再如，从法律后果角度看，可以分为奖励和制裁两种方法，特别是制裁，能够反映法律的重要特征。据此，我们可以将采用刑事制裁的法律规范归入刑法部门，采用民事制裁的归入民事法律部门，采用行政制裁的纳入行政法律部门。

两种标准之间存在着非常密切的关系。法律调整的方法是由法律调整的社会关系的性质决定的，不同性质的社会关系应当用不同的方法来调整。因此，与法律调整的对象相比，法律调整的方法是辅助的、从属的标准。

拓展知识

经济法是独立的法律部门吗？

20世纪80年代，中国法学界围绕"经济法是否是一个独立的法律部门"这个问题曾展开激烈的争论。在20世纪80年代之前，中国实行严格的计划经济，在法律领域基本没有经济法的存在，经济活动由国家统一调控。改革开放以来，随着市场经济的兴起和政府权力在经济领域的不断退出，国家开始制定大量调整经济活动的法律规范。在此背景下，法学家开始讨论经济法的地位问题。一部分法学家主张经济法没有自己的调整对象，也没有自己特有的调整方法，所谓经济法只不过是一部分民法内容和一部分行政法内容的简单拼凑；而另外一部分法学家则认为经济法与民法及行政法存在本质性区别，它利用市场和行政的独特手段，专门调整国民经济运行中出现的社会问题，具体包括市场主体、市场竞争、宏观调控、社会保障等方面，因此它具有自己的独立地位，是独立的法律部门。到了 21 世纪，随着国家经济立法的增加和法学研究的深入，经济法独立法律部门的地位得到了法学界的认可。

三、我国法律部门的种类

我国的现行法律体系可以划分为以下七个主要的法律部门：

（一）宪法及宪法相关法法律部门

宪法是整个法律体系中最重要的法律部门，是整个法律体系的基础。它主要规定社会主义中国的各种根本制度、原则、方针、政策，公民的基本权利和义务，各主要国家机关的地位、职权和职责等。宪法相关法是与宪法相配套、直接保障宪法实施和国家政权运作等方面的法律规范的总和。现行的宪法部门有两个层面：1982 年第五届全国人民代表大会第五次会议通过的《中华人民共和国宪法》（含 1988 年、1993 年、1999 年和 2004 年宪法修正案）和宪法相关法。宪法相关法主要包括四个方面的法律：

1. 有关国家机构的产生、组织、职权和基本工作原则的法律。主要有《全国人民代表大会组织法》、《国务院组织法》、《地方各级人民代表大会和地方各级人民政府组织法》、《人民法院组织法》、《人民检察院组织法》、《全国人民代表大会议事规则》、《全国人民代表大会常务委员会议事规则》、《全国人民代表大会和地方各级人民代表大会代表法》等。这些法律确立了国家权力机关、行政机关、司法机关的基本体制、职责权限、运作方式、工作原则以及议事程序等。

2. 有关国家结构形式的法律。国家结构形式是指表现一国的整体与组成部分之间、中央政权与地方政权之间相互关系的一种形式，涉及民族区域自治制度、特别行政区制度、基层群众自治制度等方面。如《民族区域自治法》、《香港特别行政区基本法》、《澳门特别行政区基本法》。

3. 有关维护国家主权、领土完整、国家安全、国家象征及国籍等方面的法律。如《国防法》、《领海及毗连区法》、《专属经济区和大陆架法》、《国旗法》、《国徽法》、《国籍法》等。

4. 有关保障公民基本政治权利、扩大基层民主的法律。主要有《选举法》、《集会游行示威法》、《戒严法》、《村民委员会组织法》、《城市居民委员会组织法》等。

（二）民法、商法法律部门

民商法是规范民事、商事活动的法律规范的总和，调整作为平等主体的自然人、法人和其他组织之间的财产关系和人身关系。我国采取的是民商合一的立法模式。民法是一个传统的法律门类,遵循民事主体地位平等、意思自治、公平、诚实信用等基本原则。我国目前尚无一部较完整的民商法典作为民商法部门的标志性法典,只是以民事基本法《民法通则》为轴心法律规范,附之以其他单行民事法律。其他单行民事法律是民法部门的特别法,包括《合同法》、《担保法》、《物权法》、《商标法》、《专利法》、《著作权法》、《婚姻法》、《继承法》、《收养法》、《侵权责任法》等。商法是民法中的一个特殊部分,是在民法基本原则的基础上适应现代商事交易迅速便捷的需要发展起来的。商法调整的是公民、法人之间的商事关系和商事行为,主要包括《公司法》、《合伙企业法》、《证券法》、《保险法》、《票据法》、《海商法》、《商业银行法》、《信托法》、《企业破产法》等。

(三) 行政法法律部门

行政法是有关国家行政管理活动的法律规范的总和。它包括有关行政管理主体、行政行为、行政程序、行政监督以及国家公务员制度等方面的法律规范。行政法没有一部统一、完整的行政法典,是由很多单行的法律、法规构成的。行政法涉及的范围很广,包括国防、外交、人事、民政、公安、国家安全、民族、宗教、侨务、教育、科学技术、文化、体育、卫生、城市建设、环境保护等领域。为了防止国家行政机关滥用职权,同时也为了更好地实现行政管理的目标,行政法不允许当事人通过自行协商的方式来划定彼此的行动范围,也不允许行使国家行政权力的行政主体放弃自己的职权。因此,该法律部门中的法律规范都是权利义务复合型规范和强行性规范,要求法律主体必须严格履行法律的规定。我国已制定的行政法方面的法律有:

1. 在规范行政机关行政权力、加强内部监督方面,制定了《行政处罚法》、《行政监察法》、《行政复议法》、《政府采购法》等;

2. 在国防、外交方面,制定了《兵役法》、《预备役军官法》、《军事设施保护法》、《人民防空法》、《外交特权与豁免条例》、《领事特权与豁免条例》、《缔结条约程序法》等;

3. 在公安、国家安全方面,制定了《人民警察法》、《治安管理处罚法》、《枪支管理法》、《消防法》、《国家安全法》、《保守国家秘密法》等;

4. 在教育、科学技术、文化、卫生、体育等方面,制定了《教育法》、《义务教育法》、《职业教育法》、《高等教育法》、《教师法》、《科学技术进步法》、《科学技术普及法》、《促进科技成果转化法》、《农业技术推广法》、《文物保护法》、《母婴保健法》、《传染病防治法》、《执业医师法》、《献血法》、《体育法》、《人口与计划生育法》等;

5. 在司法行政方面，制定了《律师法》、《监狱法》、《公证法》等；

6. 在自然资源利用和环境保护方面，制定了《森林法》、《草原法》、《渔业法》、《野生动物保护法》、《环境保护法》、《海洋环境保护法》、《大气污染防治法》、《水污染防治法》、《环境噪声污染防治法》、《防沙治沙法》、《环境影响评价法》等。

（四）经济法法律部门

经济法是调整国家从社会整体利益出发，对市场经济活动实行干预、管理或调控所产生的社会经济关系的法律规范的总和。它是在国家干预市场活动过程中逐渐发展起来的一个门类，一方面与行政法的联系很密切，另一方面又与民法、商法的联系很密切，往往在同一个经济法中包括两种不同性质的法律规范，因而具有相对的独立性。由于经济法调整的范围极其广泛、复杂，因此不可能有一部完整的经济法法典。目前，经济法部门主要由大量的单行法律组合而成。经济法部门主要包括两个部分：一是创造平等竞争环境、维护市场秩序方面的法律，主要是有关反垄断、反不正当竞争、反倾销等方面的法律；二是国家宏观调控和经济管理方面的法律，主要是有关财政、税务、金融、审计、统计、物价、技术监督、工商管理、对外贸易和经济合作等方面的法律。

我国现已制定的经济法方面的法律有：

1. 在加强宏观调控方面，制定了《预算法》、《审计法》、《会计法》、《中国人民银行法》、《价格法》、《税收征收管理法》、《个人所得税法》等；

2. 在规范市场秩序和竞争规则方面，制定了《反不正当竞争法》、《消费者权益保护法》、《产品质量法》、《广告法》等；

3. 在扩大对外开放、促进对外经济贸易发展方面，制定了《中外合资经营企业法》、《中外合作经营企业法》、《外资企业法》、《对外贸易法》等；

4. 在促进重点产业的振兴和发展方面，制定了《农业法》、《种子法》、《铁路法》、《民用航空法》、《公路法》、《电力法》等；

5. 有关国民经济发展基础制度的法律有《标准化法》、《计量法》、《统计法》、《测绘法》等。

（五）社会法法律部门

社会法是规范劳动关系、社会保障、社会福利和特殊群体权益保障方面的社会关系的法律规范的总和。社会法的目的在于从社会整体利益出发，对劳动者、失业者、丧失劳动能力的人和其他需要扶助的人的权益实行必需的、切实的保障。它包括劳动用工、工资福利、职业安全卫生、社会保险、社会救济及特殊保障等方面的法律。

我国已制定的社会法有《劳动法》、《矿山安全法》、《残疾人保障法》、《未成年人保护法》、《妇女权益保障法》、《老年人权益保障法》、《工会法》、《红十字会法》、《公益事业捐赠法》等。

（六）刑法法律部门

刑法是规定犯罪、刑事责任和刑事处罚的法律规范的总和。刑法是一个传统的法律门类。从法律调整方式上看，刑事法律责任的追究方法是最严厉的，可以剥夺人的自由甚至生命。另外，刑法所涉及的社会生活领域也是极其广泛的。这一点可以从刑法规定的多种多样的犯罪类型中反映出来。刑法担负着保护社会和保卫人民的功能，执行着惩治各种刑事犯罪，维护社会正常秩序，保护国家利益、集体利益以及公民各项合法权益的重要任务。

在刑法部门中占主导地位的规范性法律文件是 1979 年 7 月 1 日颁布、1997 年 3 月 14 日修订的《中华人民共和国刑法》。除此之外，还有 8 个刑法修正案、《关于惩治骗购外汇、逃汇和非法买卖外汇犯罪的决定》以及 9 个有关刑法规定的法律解释。

（七）诉讼与非诉讼程序法法律部门

诉讼与非诉讼程序法是规范解决社会纠纷的诉讼活动和非诉讼活动的法律规范的总和。我国的诉讼制度分为民事诉讼、刑事诉讼、行政诉讼三种。解决经济纠纷，除通过民事诉讼制度"打官司"外，还可以通过仲裁这种非诉讼的"便民"途径。

我国目前的诉讼与非诉讼程序法主要有《刑事诉讼法》、《民事诉讼法》、《行政诉讼法》、《海事诉讼特别程序法》、《引渡法》、《仲裁法》、《人民调解法》等。

拓展知识

中国特色社会主义法律体系

2011 年 3 月 10 日，全国人大常委会委员长吴邦国在向十一届全国人大四次会议作全国人大常委会工作报告时宣布，一个立足中国国情和实际、适应改革开放和社会主义现代化建设需要、集中体现党和人民意志的，以宪法为统帅，以宪法相关法、民商法等多个法律部门的法律为主干，由法律、行政法规、地方性法规等多个层次法律规范构成的中国特色社会主义法律体系已经形成。

10 月 27 日，国务院新闻办公室发表《中国特色社会主义法律体系》白皮书并举行新闻发布会，全国人大常委会法工委副主任信春鹰介绍了白皮书有关情况。

信春鹰说，截至 2011 年 8 月底，中国已制定现行宪法和有效法律共240 部、行政法规 706 部、地方性法规 8600 多部，中国特色社会主义法律体系已经形成，这是中国社会主义民主法制建设的一个重要里程碑，是中国特色社会主义制度逐步走向成熟的重要标志。

《中国特色社会主义法律体系》白皮书展现了中国社会主义民主法治建设的成就，全面系统介绍了中国特色社会主义法律体系构建历程和法律制度，目的是使国际社会全面、客观地了解中国社会主义民主法制建设的情况，增进中国同世界各国的交流、互信、友好及合作关系。

信春鹰介绍，《中国特色社会主义法律体系》白皮书全文约 2 万字，由前言、正文、结束语三部分组成。

前言部分。强调形成中国特色社会主义法律体系，保证国家和社会生活各方面有法可依，是全面落实依法治国基本方略的前提和基础，是中国发展进步的制度保障。指出中国特色社会主义法律体系已经形成，国家经济建设、政治建设、文化建设、社会建设以及生态文明建设的各个方面实现了有法可依。

正文部分共四章：

第一章，中国特色社会主义法律体系的形成。围绕中国共产党领导人民建设中国特色社会主义事业的伟大历史进程，中国特色社会主义法律体系也经历了一个波澜壮阔的构建历程。中国特色社会主义法律体系是适应中国改革开放和社会主义现代化建设的需要而逐步形成的。

第二章，中国特色社会主义法律体系的构成。中国特色社会主义法律体系是以宪法为统帅，以法律为主干，以行政法规、地方性法规为重要组成部分，由宪法相关法、民商法、行政法、经济法、社会法、刑法、诉讼与非诉讼程序法等多个法律部门组成的有机统一整体。着重介绍中国特色社会主义法律体系各部门的概况和重要法律制度。

第三章，中国特色社会主义法律体系的特征。阐述中国特色社会主义法律体系的鲜明特征，指出中国特色社会主义法律体系体现了中国特色社会主义的本质要求，体现了改革开放和社会主义现代化建设的时代要求，体现了结构内在统一而又多层次的国情要求，体现了继承中国法制文化优秀传统和借鉴人类法制文明成果的文化要求，体现了动态、开放、与时俱进的发展要求。在构建中国特色社会主义法律体系过程中，中国立法机关坚持中国共产党的领导、人民当家做主、依法治国有机统一，有计划、有重点、有步骤地开展立法工作，成功走出了一条具有中国特色的立法路子。

第四章，中国特色社会主义法律体系的完善。阐述在新的历史起点上完善中国特色社会主义法律体系的主要任务。当前和今后一个时期，中国将根据经济社会发展的客观需要，紧紧围绕实现科学发展、加快转变经济发展方式、着力保障和改善民生、推动和谐社会建设，继续加强经济领域立法，积极加强发展社会主义民主政治的立法，突出加强社会领域立法，更加注重文化科技领域立法，高度重视生态文明领域立法，并深入推进科学立法、民主立法，着力提高立法质量。

结束语部分。白皮书强调法律有效实施的重要性。法律体系的形成，为依法治国提供了前提和基础。中国特色社会主义法律体系形成后，将采取有效措施，切实保障宪法和法律的有效实施，加快推进社会主义法治国家建设。

引例解析

在前述案例中，司法机关依据宪法规定作出了判决，被称为是宪法司法化的伟大尝试。但是有学者指出：最高人民法院关于宪法适用条件的理论是危险的，因为它给以往绑在栏厩里的宪法放了缰绳，任其纵横驰骋于社会各个领域。可是，近代宪法从西方"孵化"伊始陆续宣布的公民基本权利，其矛头主要指向可能被滥用的国家权力。从法律部门和法律体系的角度讲，宪法主要是用来约束国家公权力的法律，它属于公法的范畴，而不是关注公民权利的私法，因此将宪法轻易地适用于民事案件，是宪法"私法化"的体现，从某种程度上讲是对法律部门定位的混淆。所以，合理的法律部门划分，对法律的正确适用是具有积极意义的。

单元二 法的渊源与效力

导入案例

洛阳玉米种子纠纷案

2003 年 1 月 25 日，河南省洛阳市中级人民法院开庭审理了伊川县种子公司委托汝阳县种子公司代为繁殖玉米杂交种子的纠纷，此案的审判长为 30 岁的女法官李慧娟。在案件事实认定上双方没有分歧，而在赔偿问题上，根据《河南省农作物种子管理条例》第 36 条规定，"种子的收购和销售必须严格执行省内统一价格，不得随意提价"。而根据《中华人民共和国种子法》的立法精神，种子价格应由市场决定。法规之间的冲突使两者的赔偿相差了几十万元。

承办该案的女法官李慧娟在法院审判委员会的同意下，支持原告的主张，并在判决书中写了这样的判决意见："《种子法》实施后，玉米种子的价格已由市场调节，《河南省农作物种子管理条例》作为法律位阶较低的地方性法规，其与《种子法》相冲突的条款自然无效……"

此案的判决书在当地人大和法院系统引起了很大的反响。为此，河南省高级人民法院在关于此事的通报上指出，人民法院依法行使审判权，无权对人大及其常委会通过的地方性法规的效力进行评判。目前在河南省人大和省高级人民法院的直接要求下，洛阳中院已撤销李慧娟审判长职务，并免去助理审判员资格。

运用法的效力有关知识对此进行评析。

一、法的渊源概述

（一）法的渊源的概念

法的渊源，又称"法源"，是一个具有多重含义的概念，人们常常在不同的意义上使用它。从实质意义上讲，法的渊源指法的内容的来源。而从形式上讲，是指那些具有法的效力作用和意义的法的外在表现形式，如制定法、判例法、习惯法、法理等。在本书中，法的渊源指的是法的形式渊源。因此，法的渊源也叫法的形式。

在不同的历史阶段、不同的国家中，法的形式渊源是非常多样的。在中国古代，律、令、格、式、典、敕、例是一般的法律渊源。我国现代意义上的法律渊源，肇始于 19 世纪晚期，在借鉴、吸收西方法主要是大陆法系的渊源的基础上，形成了包括宪法、法律、行政法规等在内的主要渊源形式。西方古代最发达的法律体系无疑是罗马法，而其渊源也比较多，包括平民大会制定的法律、元老院的决议、裁判官的告示和法学家的解释等。大陆法系国家继承了罗马法传统，以制定法为主要的法律渊源形式，判例不是正式意义上的渊源。而中世纪以后的英国，与欧洲大陆各国不同，遵循普通法传统，将判例作为一种正式的法律渊源，在此基础上发展、演进。

（二）正式渊源与非正式渊源

根据效力的不同，法律渊源可以分为正式法律渊源与非正式法律渊源。正式法律渊源是指具有明文规定的法律效力并且能够直接作为法官审理案件根据的法的渊源。正式渊源来自权威的国家机关，反映着国家的意志，因此，它能够产生法的效力，直接约束法律活动参与者的行为。

【案例】

2005 年，某市中级人民法院审理了一起假冒注册商标案。人民法院在该案的《刑事判决书》中对案件事实进行了认定，并作出了如下判决："为打击假冒注册商标的行为，保护注册商标所有人的商标专用权，维护国内、国际市场的正常秩序，本院根据《中华人民共和国刑法》第 213 条、第 220 条、第 30 条、第 31 条、第 35 条、第 64 条之规定，判决如下：①被告人李某某犯假冒注册商标罪，判处有期徒刑 4 年，并处罚金人民币 50 万元，附加驱逐出境。被告人陈某犯假冒注册商标罪，判处有期徒刑 3 年，并处罚金人民币 30 万元。②公安机关查封在案的芭蕾米拉公司的生产设备予以没收，上缴国库。如不服本判决，可在接到判决书的第二日起 10 日内向本院或者向某某省高级人民法院提出上诉，书面上诉的，应提交上诉状正本 1 份，副本两份。"

在该案中，法院援引的《中华人民共和国刑法》就属于我国法的正式渊源。《中华人民共和国刑法》是享有国家立法权的机关——全国人民代表大会制定的法律文件，是法院定罪量刑时必不可少的判决根据。因此，它属于法的正式渊源。

非正式法律渊源是指不具有明文规定的法律效力，却具有法律意义，并可能构成法官审理案件的依据的法的渊源。如正义标准、理性原则、公共政策、道德信念、社会思潮、习惯等。非正式渊源被视为"法的半成品"——尽管不具有成品的法的效力，但是对法律活动也不是完全没有意义的；在成品的法存在某种漏洞或者含混之处时，它甚至能够发挥更为积极的作用。

【案例】

19世纪，美国有一位小学女教师用鞭子抽打自己一名年幼的学生。孩子的身上不仅留有鞭打的痕迹，而且还发现了显然是鞭子以外的某种钝器所致的伤痕。然而，所有这些伤痕在几天之内消失了。该教师被控对此承担刑事责任。审理此案的大法官加思顿在判决中首先指出：很难精确说明法律赋予小学教师管教惩戒学生的权力有多大。但是，法律"却赞成一般性地授予适度惩戒权，并将授权范围内惩罚的强度交予教师具体斟酌决定。区分适度惩戒与不适度惩戒的界限，只能诉诸一般原则加以确定。允许施加肉体痛苦的最重要目的是孩子的幸福，因此，任何可能严重危及生命、肢体、健康或者毁损孩子形貌，或者引起任何其他永久损伤的惩罚，都可以被认为是不适度的，因为这对于惩戒权的授予目的而言，不仅是不必要的，也是不相符合的。但是，任何惩戒，无论如何严厉，如果仅仅产生暂时的疼痛而没有恒久的伤害，就不能认为是不适度的，因为它可能是管教孩子所必需的，不会对孩子的未来幸福造成有害的影响"。大法官加思顿还认为："在权限范围内，教师即是法官，有权判断何时需要惩戒以及惩戒的必要强度，并且，像其他被委之以自由裁量权的人一样，他不应为自己的判断瑕疵承担刑事责任，唯具有邪恶目的者才应承担刑事责任。即使最优秀、最聪慧的人也有弱点，也容易犯错误，在以判断为指导的权力实施过程中，对他们的要求不应超过善良的意图和勤勉的努力。"最后，由于本案中孩子的伤痕是暂时的，在很短的时间内都消失了，对于孩子没有造成永久的伤害，法院认为教师的惩戒行为并没有超出适度的标准。

在该案中，法官首先肯定法律赋予了教师一定的惩戒权，但是，在教师所拥有的惩戒权范围这一问题上，法律却没有精确地予以界定。法官认为，在这种情况下，"一般原则"就成为"区分适度惩戒与不适度惩戒"的根据。除"一般原则"以外，法官在审理案件时还考虑到了教师惩戒权的性质、特征。这些思考，都对本案的判决有着重要的影响。在一定意义上，可以把它们视为法的非正式渊源。

二、我国法的正式渊源与非正式渊源

（一）我国法的正式渊源

当代中国法的正式渊源表现为以宪法为核心，以制定法为主的形态。在法的正式渊源中，宪法的效力最高，其他制定法的效力则在宪法之下，依次排列。依据法的效力的上下等级，我国正式法的渊源表现为：

1. 宪法 。宪法是我国最主要的法的渊源，在我国法律渊源中处于最高和核心的地位。与普通法相比，宪法具有如下特点：①具有最高的法律效力。宪法是我国全部立法的基础和依据，任何法律、法规都不得与宪法相抵触。②规定的内容是国家的根本制度。宪法规定和调整国家的政治制度、经济制度和社会制度，公民的基本权利和义务，国家机构的组织和活动原则等最根本的全局性问题。③具有特定的制定主体和修改程序。在我国，宪法由最高国家权力机关——全国人民代表大会制定和修改。

2. **法律**。在当代中国法的渊源中，法律是地位和效力仅次于宪法的主要的法的渊源。依据制定机关的不同，法律可以分为基本法律和非基本法律。基本法律由全国人民代表大会制定和修改，规定国家、社会和公民生活中具有重大意义的基本问题，如《刑法》、《民法通则》、《婚姻法》。在全国人大闭会期间，全国人大常委会也有权对其进行部分补充和修改，但不得同其基本原则相抵触。非基本法律是由全国人大常委会制定和修改，规定基本法律调整范围以外的国家、社会和公民生活中某一方面的重要问题，其调整面相对较窄，内容较具体，如《商标法》、《保险法》。此外，全国人大及其常委会还有权就有关问题作出规范性决议或决定，它们与法律具有同等地位和效力。

3. 行政法规和其他规范性文件。在当代中国法的渊源中，行政法规也是一种主要的法的渊源，它是指国家最高行政机关即国务院根据宪法和法律制定的一种规范性文件，其法律地位和法律效力仅次于宪法和法律。国务院发布的具有规范性的决定和命令，也属于法的渊源，与行政法规有同等的法律效力。部门规章是国务院所属各部委在本部门的权限内制定的规范性文件，也是法律渊源之一，其法律地位低于宪法、法律、行政法规。地方政府规章是省、自治区、直辖市人民政府以及省、自治区人民政府所在地的市和经国务院批准的较大的市的人民政府依照法定程序制定的规范性文件，除不得与宪法、法律、行政法规相抵触外，还不得与上级和同级地方性法规相抵触。

4. 地方性法规和其他规范性文件。地方性法规是省、自治区、直辖市的人大及其常委会，省、自治区人民政府所在地的市的人大及其常委会，经国务院批准的较大的市的人大及其常委会依照法定程序制定的规范性文件，其效力低于宪法、法律和行政法规，仅在本行政区域内有效。

5. 民族自治地方的自治条例和单行条例。民族自治地方的人民代表大会有权依照当地民族的政治、经济和文化特点，制定自治条例和单行条例。其中，自治条例是一种综合性法规，内容比较广泛；单行条例则是根据自治权制定的调整某一方面事项的规范性文件。自治区的自治条例和单行条例报全国人大常委会批准后生效。自治州、自治县的自治条例和单行条例，报省或自治区人大常委会批准后生效，并报全国人大常委会备案。自治条例和单行条例在当代中国法的渊源中是低于宪法、法律的一种形式。

6. 经济特区的规范性文件。经济特区的规范性文件是指经全国人民代表大会及其常务委员会特别授权的特定国家机关制定的规范性文件。主要包括三类：经济特区的单行经济法规、经济特区法规和经济特区规章。由于这三种法律渊源是由全国人大常委会特别授权制定的，其法律地位和内容不同于一般的地方性法规和规章，所以单独列为法的渊源之一。

7. 特别行政区的规范性文件。特别行政区的法律同其他法律的一个重要区别在于它只适用于特别行政区内，而不是在全国范围内具有普遍的约束力。它是当代中国法的一种特殊的渊源形式。

8. 国际条约和国际惯例。国际条约是两个或两个以上国家关于政治、经济、贸易、法律、文化、军事等方面，规定其相互之间权利和义务的各种协议。我国与外国缔结或我国加入的国际条约是当代中国法的正式渊源。国际惯例是国际条约的重要补充，虽然适用面比较小，但也是一种法的渊源。国际惯例的适用前提是我国法律或参加的国际条约中没有规定，适用条件是不得违背我国的社会公共利益。

9. 法律解释。法律解释是指有权的国家专门机关依照法定权限和法定程序，根据一定的标准和原则对法律所进行的解释，目的在于阐释法律规范的构成要件与法律效果，以便正确适用法律。在我国，对制定法的有权解释包括立法解释和司法解释，前者由立法机关行使，是立法工作的延伸，效力等同于被解释的制定法；后者是国家最高司法机关在适用法律过程中，针对法律具体应用问题进行的。根据宪法，国家最高司法机关并不享有立法权。因此，在法理上，司法解释并不属于法律渊源。但是，由于我国现阶段立法的不完备，国家最高司法机关作出了大量的司法解释，这些解释已远远不是被当做普通司法解释看待，而是具有法律渊源的地位，在实践中被作为法律渊源援用。司法解释一般是在总结审判、检察工作经验的基础上，根据法律的原理、原则作出的，具有针对性强、便于操作的特点。

拓展知识

我国的立法体制

立法，又称法律创制，是指特定的国家机关，依照法定职权和程序，制定、认可、修改和废止法律和规范性法律文件的活动。

立法体制，即立法权限的配置制度，其核心是立法权限的划分问题，是指在一个国家中，哪些主体享有立法权或可以参与立法，各立法主体享有哪些立法权限。

立法体制是一个国家法律制度的重要组成部分。一个国家采取何种立法体制，是由该国的国体、政体、国家结构形式、历史传统、民族构成等一系列因素决定的。一般来说，国家的政体对于立法体制的形成、影响是非常明显直接的。比如，在单一制政体中，立法体制是一元的。从中央到地方，有着一个统一的宪法和以宪法为核心的上下级关系清楚、效力等级关系明确的法律体系；而在联邦制的国家中，立法体制是多元的，不仅有联邦宪法和联邦法律，各邦国或州还有一整套属于自己的相应法律。当然，一个国家的立法体制归根到底还是要受到该国经济状况的制约。由于立法体制是国家政治法律制度的重要组成部分，各国通常都在宪法中对立法体制加以规定。

根据《中华人民共和国宪法》、《中华人民共和国立法法》、《中华人民共和国民族区域自治法》、《中华人民共和国地方各级人民代表大会和地方各级人民政府组织法》的有关规定，我国的立法体制或者说国家机关的立法权限划分为：

1. 最高国家权力机关及其常设机关的立法权限是：全国人民代表大会修改宪法，制定和修改刑事、民事和其他的基本法律；全国人大常委会制定和修改除应当由全国人大制定的法律以外的其他法律，在全国人大闭会期间，对全国人大制定的法律进行部分修改，但不得同该法律的基本原则相抵触。

2. 最高国家行政机关及其所属机关的立法权限是：国务院根据宪法和法律，规定行政措施，制定行政法规，发布决定和命令。国务院各部、委根据法律和国务院的行政法规、决定、命令，在本部门权限内发布命令、指示和规章。行政法规报全国人民代表大会常务委员会备案，部门规章报国务院备案。

3. 地方各级国家权力机关及其常设机关的立法权限是：地方各级人民代表大会在本行政区域内，有权依照法律规定的权限通过和发布决议。省、自治区、直辖市的人大及其常委会，在不同宪法、法律、行政法规相抵触的前提下，可以制定地方性法规，报全国人大常委会备案。省、自治区人民政府所在地的市和经国务院批准的较大的市的人民代表大会及其常务委员会在特定条件下也可以创制地方性法规，报省、自治区的人大常委会批准后生效，并由省、自治区的人大常委会报全国人大常委会和国务院备案。

民族自治地方的人民代表大会有权依照当地民族的政治、经济和文化的特点，制定自治条例和单行条例。自治区的自治条例和单行条例，报全国人大常委会批准。自治州、自治县的自治条例和单行条例，报省、自治区、直辖市的人大常委会批准后生效，并报全国人大常委会和国务院备案。

4. 地方各级国家行政机关及其所属机关的立法权限是：地方各级人民政府在本行政区域内，有权依照法律规定的权限发布决定和命令。省、自治区、直辖市以及省、自治区人民政府所在地的市和经国务院批准的较大的市的人民政府，可以根据法律和行政法规，制定地方政府规章。县级以上人民政府的下属部门可以发布命令和指示。上述决议、决定、命令和指示，凡是具有规范性内容的，就是规范性法律文件，对其通过和发布的权限的划分，也属于立法体制问题。

5. 特别行政区的立法权限是：香港、澳门特别行政区有高度自治的立法权，根据基本法规定并依照法定程序制定、修改和废止法律。

从上述我国立法权限划分情况可以看出，我国立法体制具有"一元"、"两级"、"多层次"、"多类结合"的特点：

1. 一元制。在我国，无论是中央立法机关还是地方立法机关，行使立法权制定法律的权力都是来源于我国宪法。

2. 两级并存。在我国，除了占主导地位的中央立法权，地方在一定范围内也享有立法权。

3. 多层次的立法体制。无论是中央还是地方，立法权都有不同的层次，并且不同层次的法律之间是不能抵触的，即低层次的法律不得违反高层次的法律。

4. 多类相结合。从立法权主体来区分，主要有权力机关的立法、行政机关的立法、一般行政区的立法、民族自治地方的立法和特别行政区的立法；从形式上看，包括基本法律的制定权、一般法律的制定权、行政法规的制定权等。

（二）我国法的非正式渊源

1. 判例。判例是指那些事先存在的、可能构成法官审理案件依据的判决范例。遵循原有的判例，是"同等情况同等对待"的平等原则的要求。在我国，面对法律漏洞或无正式法律渊源可以作为依据时，判例就成为法官所要考量适用的标准。

2. 习惯。习惯是人们在社会中所应当遵循的行为规范，具有自发演化的特征，是在特定社会条件下逐渐形成的。习惯自身存在着某些无法克服的缺陷，即习惯本身的不确定性。当法律存在漏洞或者意思不清晰时，习惯就可以作为一种非正式的法源，来帮助人们找到解决法律问题的适当方法。在我国，习惯在少数地方和情况下也可以用来弥补制定法的不足，作为一种非正式的法的渊源。如1951年7月18日最高人民法院西南分院关于赘婿要求继承岳父母财产问题的批复中指出"如当地有习惯，而不违反政策精神者，则可酌情处理"。《物权法》第85条也规定"法律、法规对处理相邻关系有规定的，依照其规定；法律、法规没有规定的，可以按照当地习惯"。再如《合同法》第61条规定"合同生效后，当事人就质量、价款或者报酬、履行地点等内容没有约定或者约定不明确的，可以协议补充；不能达成补充协议的，按照合同有关条款或者交易习惯确定"。

3. 法理。这里的法理，是指普遍的正义观念和要求。在司法过程中，在缺乏正式法律渊源而又无法寻找判例或者习惯弥补法律漏洞的情况下，法官可以通过援引正义观念对案件进行裁判。

三、规范性法律文件的规范化和系统化

（一）规范性法律文件规范化和系统化的含义及意义

1. 规范性法律文件规范化的含义及意义。规范性法律文件的规范化是指有权的国家机关在制定规范性法律文件时，必须遵照一定的要求，使规范性法律文件符合一定的规格和标准，从而使一个国家的规范性法律文件成为内部和谐、外部协调的整体。规范性法律文件的规范化是对规范性法律文件制定过程的要求。

规范性法律文件规范化的基本要求有：①明确不同层次或不同等级的规范性法律文件只能由法定的不同国家机关来制定；②明确不同层次的规范性法律文件的法律地位、效力及其相互关系；③各种规范性文件的表达方式应有统一的规格，文字简练明确，使用统一严谨的法律术语；等等。

实现规范性法律文件的规范化，有利于国家法律的正确实施，有利于一国法制的统一和协调发展。

2. 规范性法律文件系统化的含义及意义。规范性法律文件的系统化是指采用一定的方式，对已经制定的规范性法律文件进行专门的有目的的系统整理、分类和加工等活动。规范性法律文件的系统化是规范性法律文件制定后的要求。它既可以是一种立法性质的活动，也可以是立法的准备活动和立法之后对法律、法规进行再整理的活动。通过规范性法律文件的系统化活动，使在不同时期由不同的立法机关发布的处于分散状态的各种规范性法律文件按一定的分类标准归类、集中，便于人们查阅、使用，有利于法律的实施、遵守；而且可以及时发现并消除各种法律规范之间可能存在的矛盾、冲突，有助于实现和维护法制的统一，建立和谐一致的法律体系；还可以从中总结以往立法中的经验教训，又可以为未来的立法提供资料准备和基础，有利于立法的不断完善。

（二）规范性法律文件系统化的形式

规范性法律文件系统化的形式主要有两种：法律汇编和法律编纂。

1. 法律汇编。法律汇编也叫法规汇编，是指将规范性法律文件按照一定的目的和标准进行排列、汇编成册的一项规范性法律文件系统化的整理归类活动。法律汇编不改变汇编的规范性法律文件的内容，不制定新的法律规范，因而不是国家的立法活动，仅是一项技术意义上的工作。法律汇编的目的是便于人们

查阅各种法律法规，以利于法的遵守和适用。同时也为法典编纂打下基础和准备必要的条件。法律汇编有按发布的年代顺序进行的，有按调整的社会关系进行的，也有按发布的机关进行的。既有官方的汇编，也有民间的汇编。官方编制的某些权威性法规汇编，有助于人们确定现行法的范围，可以作为执法、司法等援引的根据。

2. 法律编纂。法律编纂是指对散见于不同规范性文件中的属于某一部门法的全部现行法律规范，进行整理、审查、补充、修改，或者在此基础上编制一部新的系统化的法律的创制活动。如果这种法律编纂活动是以制定一部法典为目标，这种法律编纂活动就叫做法典编纂。法典编纂可以改变原来的规范内容，既可以删除已经过时或不正确的内容，消除其中矛盾重叠的部分，还可以增加新的内容。它要根据某些共同的原则形成有内在联系的、和谐的统一体，因此，它是国家的立法活动之一，只能由国家的立法机关依照法定程序进行，其他任何机关、团体和个人均无权进行。进行法典编纂还要考虑到整个国家的法律体系，应当尽可能把某一部门的法律规范编入同一法典中去，这要求较高的立法技术。例如，我国以前关于合同问题有三部法律，包括《中华人民共和国经济合同法》、《中华人民共和国涉外经济合同法》、《中华人民共和国技术合同法》。1999年，全国人民代表大会进行法典编纂，将三部法律的内容整理后，制定了统一的《中华人民共和国合同法》，原有三部法律同时废止。

拓展知识

法的分类

法的分类，就是从不同角度，按照不同的标准，将法律规范划分为若干不同的种类。在这里，我们主要从法的形式角度，将法划分为以下不同的类型：

一、法的一般分类

法的一般分类是指世界上所有国家都基本适用的法的分类。主要有下列几种类型：

（一）国内法与国际法

按照法的创制与适用主体的不同，法可以分为国内法与国际法。国内法是指由特定国家创制并适用于本国主权范围内的法律的总称。国际法是由参加国际关系的国家通过协定、条约而共同制定或认可的，并适用于国家之间的法律的总称。国内法的法律关系主体一般是个人、社会组织和国家机关，国家仅在特定法律关系中成为主体；国际法的法律关系主体主要是国家。

（二）一般法与特别法

按照法的适用范围的不同，法可以分为一般法与特别法。一般法是指针对一般人、一般事、一般时间、在全国普遍适用的法，如刑法、民法等。特别法是指针对特定人、特定事、在特定地区、特定时间内适用的法。对特定人的，如警察法、教师法；对特定事的，如国籍法、收养法；对特定地区的，如特别行政区基本法和法律、民族区域自治法；针对特定时间的，如戒严法。

一般法与特别法的划分是相对的，而不是绝对的。一个法可能对于此法为特别法，而对于彼法又为一般法。如高等教育法，对教育法而言是特别法，对具体规定高等教育领域各有关方面或有关具体问题的法律法规而言，又是一般法。

一般法和特别法的适用。当一般法与特别法出于同一立法机关，具有同等法律地位时，特别法优于一般法。例如，我国的《民法通则》与《合同法》相比是一般法，而《合同法》属于特别法。根据《民法通则》规定，一方以欺诈、胁迫的手段实施的民事行为是无效民事行为，但是《合同法》规定，一方以欺诈、胁迫手段订立的合同，只有在损害国家利益的情况下才构成无效合同。在法律适用中，如果审查的对象是一般的民事行为，可以适用《民法通则》，认为欺诈、胁迫导致无效民事行为，如果审查的是合同这种民事行为，则要根据特别法优于一般法的原则适用《合同法》，只有查明欺诈、胁迫订立的合同损害国家利益的，才能认定为无效合同，否则只是可撤销合同。

（三）成文法和不成文法

按照法的创制与表现形式的不同，法可以分为成文法和不成文法。成文法又称制定法，是指由国家机关制定并以成文形式公布的法律。不成文法也称习惯法，是指由国家机关认可的有法律效力的那些习惯。英美法系的判例法是由法院通过判决创制的法，它虽然表现为文字形式的判决，但不同于由法定立法机关制定的规范性法律文件，因此通常将判例法视为与制定法相对应的一种法律渊源，归入不成文法一类。

（四）实体法与程序法

按照法律规定内容的不同，法可以分为实体法和程序法。实体法是指规定法律关系主体之间权利义务本体的法律，如民法、刑法、行政法等。程序法是规定实体法的诉讼手续与原则的法律，如刑事诉讼法、民事诉讼法、行政诉讼法等。

实体法与程序法的分类是相对而言的，而不是绝对的。在我们一般认为是实体法的法律文件中，同时会有一些程序法的规范存在。例如在民法中，其多数规范是规定民事主体的民事权利和义务以及法律后果的，但是也存在签订合同程序、履行合同程序、法人设立变更撤销程序等许多程序法规范。而且，在一些规范性法律文件中，实体的权利和义务与程序的权利和义务几乎相互交叉，是实体法与程序法合一的规范性法律文件，例如《公司法》就是一个典型，既有实体规则的规定，又有程序形式的规定。

实体法与程序法是一国法律体系中不可缺少的两个组成部分，相互联系，相互依存，不可偏废。一方面，实体法是程序法存在的前提，是程序法设立的目的，没有实体法的存在，程序法就没有价值和意义；另一方面，实体法规定的权利和义务，只有通过程序法这一桥梁，使法律上的权利和义务转变成现实生活中的权利和义务，法律最终才能得到实施。从这一意义上讲，"法律实施过程就是实体法与程序法的统一过程"。

（五）根本法和普通法

按照法律的地位、效力、内容和制定主体、程序的不同，法可以分为根本法和普通法。这种分类通常只适用于成文宪法制国家。根本法即宪法，它规定一个国家的根本制度、根本任务、国体、政体、公民的基本权利和义务，具有最高的法律地位和法律效力，宪法的制定主体、制定及修改程序也不同于普通法，通常有较高的严格的程序要求。普通法指宪法以外的法律，其法律地位和法律效力低于宪法，制定程序没有宪法那样严格和复杂，内容涉及的是某一类社会关系。

二、法的特殊分类

法的特殊分类是仅适用于某一类和某一些国家的法律的分类，与法的一般分类相对。

（一）公法和私法

这是以古罗马法为来源和后来通行于大陆民法法系的一种法的分类。古罗马法学家乌尔比安提出："公法是关于罗马国家的法律，私法是关于个人利益的法律。"关于公私法的划分标准，法学界一直没有统一的认识。现代法学一般认为，凡涉及公共权力、公共关系、公共利益和上下服从关系、管理关系、强制关系的法即为公法，如宪法、行政法和刑法。凡属个人利益、个人权利、自由选择、平权关系的法即为私法，如民法、商法。

（二）普通法和衡平法

这是普通法法系国家的一种法的分类方法。这里的普通法专指英国在 11 世纪后由法官通过判决形式逐渐形成的适用于全英格兰的一种判例法。衡平法是指英国在 14 世纪后对普通法进行修正和补充而出现的一种判例法。

（三）联邦法和联邦成员法

这是实行联邦制国家的一种法的分类。联邦法是指由联邦中央制定的，在全联邦实施的法律。联邦成员法是指由联邦成员制定的，在该成员国内实施的法律。由于各联邦制国家的内部结构、法律关系各不相同，因此，有关联邦法和联邦成员法的法律地位、适用范围、效力等均由各联邦制国家宪法和法律规定，没有一种统一的模式。

四、法的效力

（一）法的效力的含义

法的效力这一概念，通常有广义和狭义两种含义。

广义的法的效力，泛指法的约束力和强制力。既包括国家制定的规范性法律文件的效力，又包括非规范性法律文件的效力。狭义的法律效力仅指由国家制定的规范性法律文件的效力，是指法律的生效范围或适用范围，即法对什么人、什么事、在什么地方和什么时间适用，包括法的效力层次、效力范围。在这里只采用狭义的法的效力。非规范性法律文件的效力，指判决书、裁定书、逮捕证、许可证、合同等法律文件的效力。这些文件在经过法定程序之后也具有约束力，任何人不得违反。但是，非规范性法律文件是适用法律的结果而不是法律本身，因此不具有普遍约束力。

（二）法的效力层次

1. 法的效力层次的含义。法的效力层次也被称为法的效力等级，或法的效力位阶，是指在一个国家法律体系的各种法的渊源中，由于其制定主体、程序、时间、适用范围等不同，各种法的效力也不同，由此而形成的一个法的效力等级体系。

影响法的效力层次的因素主要有法的制定主体、制定时间和法的适用范围。正是由于这些因素的影响，形成了不同效力的法，并进而形成法的效力等级或效力层次。

2. 法的效力层次的规则。

（1）法的效力层次的一般规则。法的效力层次的一般规则，是指不同等级的主体制定的法有不同的法的效力，等级高的主体制定的法，效力自然高于等级低的主体制定的法。即"上位法优于下位法"。以我国为例，根据宪法、组织法和立法法的有关规定，宪法具有最高法律效力，在整个法律体系中处于最高效力等级，是其他法律的最终依据，是法律中的"母法"。除宪法具有最高法律效力之外，其他法律根据其制定主体和程序的不同，上一级法的效力高于下一级法。如法律的效力高于行政法规、地方性法规、部门规章和政府规章；行政法规的效力高于地方性法规、部门规章和政府规章。因此，当下级法和上级法的内容相抵触时，就不能适用下级法。而且下级法因其内容无效须加以修改或废止。

（2）法的效力层次的特殊规则。由于法律的复杂性，法的效力层次除了上位法优于下位法的一般规则外，还存在其他一些特殊规则，主要表现在以下几个方面：

第一，特别法优于一般法。这是对同一主体制定的法适用的一项法的效力层次的特殊规则，对不同主体制定的法则适用法的效力层次的一般规则。特别法之所以优于一般法，是因为一般法所涉及的内容较为抽象和笼统，针对性不强；而特别法调整特别地区、特定时间和特定人的特殊情况，具体适用性较强，可以较好地实现一般法无法满足的要求。因此，法律层次相同的情况下应优先适用特别法。

第二，新法优于旧法。这是针对同一主体在不同时间制定的，调整同一类社会关系的法适用的一项规则。同样的，不同主体不同时期制定的法适用法的效力层次的一般规则。新法优于旧法，因为新法往往是在旧法已不能适应发展的社会关系的要求时制定颁布的。新法不仅其内容不同于旧法，而且更适应新形势的要求。所以，有必要遵循新法优于旧法的规则。

第三，法律文本优于法律解释。一般情况下，法律解释和被解释的法律具有同等的效力。但是，如果法律解释和法律文本产生了抵触，则须维护法律文本的效力。

（三）法的效力范围

法的效力范围即法的生效范围，也就是说法对何种人，在何种空间范围、时间范围内有效，从而发挥法的约束力和强制力。它主要包括三个方面：法的对象效力、法的空间效力和法的时间效力。

1. 法的对象效力范围。法的对象效力范围，是指法律适用于哪些人。这里所说的"人"，既包括自然人，也包括法人、国家机关和其他社会组织，因此法的对象效力有时也称"法律对人的效力"。在各国的法律及实践中，确定法律对人的效力原则有四种：①属人主义。即法对自然人的效力以国籍为准，适用于本国人，不适用于外国人。本国人无论居住在国内还是在国外，本国法律均对其有效；外国人即使生活在本国领域内，也不适用本国法。②属地主义。即法对自然人的效力以地域为准，不论本国人或外国人，凡居住在本国领域内一律适用本国法；而本国人在国家领域外，则不适用本国法。③保护主义。以维护本国国家和公民利益为根据，不管是什么国籍的人，在什么地方的行为，只要侵害了本国的利益，就适用本国的法律。④结合主义。即以属地主义为主，与属人主义、保护主义相结合。这是当今世界包括我国在内的大多数国家采用的原则。

根据我国法律，对人的效力包括两个方面：

（1）法对中国公民的效力范围。中国公民在中国领域内，一律适用中国法律；中国公民在国外，原则上适用中国法律，但当中国法律与所在国法律发生冲突时，需要区别不同情况，结合具体的国际条约、协定及国内法的规定，来确定是适用中国法律还是外国法律。比如我国《民法通则》第 143 条规定："中华人民共和国公民定居国外的，他的民事行为能力可以适用定居国法律。"

（2）法对外国人的效力范围。中国法律对外国人的适用有两种情况：一是外国人在中国境内，除了享有外交特权、豁免权以及法律另有规定的情况外，都应当适用中国法律。二是外国人在中国境外，对中国或中国公民、组织犯罪，按中国刑法规定，最低刑为 3 年以上有期徒刑的，可以适用中国刑法，但是按照犯罪地的法律不受处罚的除外。上述这两种情况，都体现了国家主权原则，同时也体现了尊重别国主权的精神。

【案例】

日本游客珠海集体嫖娼案

2003 年 9 月 16 日～18 日，288 名日本游客从日本出发到达中国珠海市，住珠海国际会议中心大酒店。在此期间，日本游客在该酒店连续进行了大规模的集体嫖娼。由于事发之日恰好是中国的"9·18"国耻日，因此引起了中国民间和政府的极度愤慨。9 月 29 日，中国外交部紧急约见了日本驻华使馆官员，就此事向日方提出正式交涉。10 月 9 日，中国外交部发言人在记者招待会上再次指出这一事件引起了中国民众的极大愤慨，希望日本方面能够对其公民加强教育，在海外能够增强守法意识。2003 年 12 月 12 日，珠海市中级人民法院开庭审理了该案，判处两名组织卖淫的中国籍被告无期徒刑。此外，中国警方还对涉案的 3 名日本人发出通缉令，表示要将他们绳之以法。中国公安机关经过调查，已经掌握了广边功、高桥俊至和福永孝治这 3 名日本人涉嫌组织卖淫罪的确凿证据。检察机关已经对这 3 人作出批准逮捕的决定，国际刑警组织中国国家中心局也于 11 月 26 日通过国际刑警组织对这 3 人发出了红色通缉令。与此同时，中国外交部向日方提出交涉，要求日方配合中国公安机关的缉捕工作。

该案涉及法的对象效力问题，即使是日本公民，一旦进入中国境内，就必须遵守中国法律，自觉接受中国法律的约束，如果出现违法犯罪行为，即使犯罪嫌疑人已经离开中国领土，中国司法机关对其依然具有管辖权。

2. 法的空间效力范围。法的空间效力范围是指法在哪些地域、空间范围内发生效力。一般来说，一国法律适用于该国主权范围所及的全部领域，包括领土、领水及其底土和领空，以及作为领土延伸的本国驻外使馆、在外船舶及飞机等。但是，具体而言，由于法律制定机关、适用范围的不同，法的空间效力也存在一定的差别。具体包括以下四种情况：

（1）全国性法律的空间效力范围。全国性法律的空间效力范围就是国家主权所及的范围。例如，宪法、全国人民代表大会及其常务委员会制定的法律、国务院制定的行政法规等在全国范围内有效。

（2）地区性法律的空间效力范围。地区性法律的空间效力范围一般是地区性法律的管辖空间。例如，我国各省、自治区、直辖市人民代表大会及其常委会制定的地方性法规或自治条例，仅在相应地区生效。

（3）有的法律，不但在国内有效，在特定条件下其效力还可越出国境。例如，刑法规定的某些特定犯罪，也适用于中国境外。

（4）国际条约和协定的空间效力范围。一般来讲，国际条约和协定的空间效力范围及于该条约和协定的缔结国和参加国，但缔结国和参加国声明保留的条款除外。

【案例】

湄公河惨案

2011年10月5日上午，"华平号"和"玉兴8号"两艘商船在湄公河金三角水域遭遇袭击。"华平号"上的6名中国船员和"玉兴8号"上的7名中国船员全部遇难。中老缅泰四国警方很快查明，湄公河"金三角"地区特大武装贩毒集团首犯糯康及其骨干成员与泰国个别不法军人勾结策划、分工实施了"10·5"案件。此后，中老缅泰四国执法部门成功抓获了糯康、桑康、依莱、扎西卡、扎波、扎拖波等主要犯罪嫌疑人。2012年9月20日，主犯糯康等人受审；2012年11月6日，云南省昆明市中级人民法院宣判"10·5"案，以故意杀人罪、运输毒品罪、绑架罪、劫持船只罪数罪并罚，判处被告人糯康、桑康、依莱、扎西卡死刑，扎波被判死刑缓期两年执行，扎拖波被判有期徒刑8年。2012年12月26日，云南省高院终审驳回上诉、维持原判。2013年3月1日，湄公河"10·5"案四名罪犯糯康、桑康、依莱、扎西卡在云南昆明被依法执行死刑。

本案涉及法的对象效力和空间效力。"10·5"案主犯糯康等人均为外国人，在中国领域外对中华人民共和国公民犯罪，按照我国刑法规定，外国人在中国境外，对中国或中国公民、组织犯罪，按中国刑法规定，最低刑为3年以上有期徒刑的，可以适用中国刑法，但是按照犯罪地的法律不受处罚的除外。这说明我国刑法具有一定的域外效力。

3. 法的时间效力范围。法的时间效力范围是指法何时生效，何时终止效力及法律对其颁布实施前的事件和行为是否具有溯及力的问题。

（1）法的生效时间。一般根据法律的具体性质和实际需要来决定。主要有以下几种形式：

第一，自法律颁布之日起生效。如我国1980年通过的《中华人民共和国国籍法》第18条规定："本法自公布之日起施行。"采用这种法律生效形式的还有《中华人民共和国环境保护法》和1979年公布的《中华人民共和国刑法》等。

第二，由该法来规定具体生效时间。如2005年8月28日第十届全国人民代表大会常务委员会通过的《中华人民共和国治安管理处罚法》第119条规定："本法自2006年3月1日起施行。1986年9月5日公布、1994年5月12日修订公布的《中华人民共和国治安管理处罚条例》同时废止。"在法律中具体规定生效时间，是目前最普遍的一种形式。

第三，由专门机关决定该法的具体生效时间。如香港特别行政区基本法和澳门特别行政区基本法这两个法律的生效时间是由全国人大以决定的形式规定生效日期的。

（2）法的终止效力时间。法律通过明令废止或默示废止的形式，终止其效力。我国法律的终止效力时间的形式有：

第一，新的法律公布后，原有的法律即丧失效力。如果新法是对旧法的修改补充，则尽管立法机关并没有明确宣布废除旧法，但根据"新法优于旧法"的原则性规定，旧法自新法生效之日自然失效。如1982年12月10日第五届全国人大通过了修订后的《中华人民共和国全国人民代表大会组织法》，则原有的《全国人民代表大会组织法》就自然失效。

第二，新法律取代原有法律，同时宣布旧法律作废。如果新法公布时，立法机关明确宣布废除旧法，那么旧法自然丧失法律效力。我国有许多法律的废止都采用这种方式。如2005年1月5日国务院通过的《信访条例》第51条规定："本条例自2005年5月1日起施行。1995年10月28日国务院发布的《信访条例》同时废止。"

第三，法律本身规定的有效期届满。某些法律或法规的存在是为了解决某个特定问题，因此它会围绕这些问题规定自身的有效期，当规定的有效期届满时，该法失效。如《中华人民共和国1986年国库券条例》只调整1986年有关国库券问题的事项，到1987年1月1日后该法律就自动终止其效力。

第四，由有关机关颁布专门文件宣布废止某个法律。立法机关在进行法律清理时，会根据社会发展和立法变化宣布某些法律法规失效。2000 年 1 月 14 日，国务院办公厅发布《关于开展现行行政法规清理工作的通知》，要求对下列行政法规予以废止：主要内容与新的法律或者已修改的法律不相适应的，明令废止；已被新的法律或者行政法规所代替的，明令废止。

第五，法律已完成其历史任务而自行失效。某些法律存在的目的是为了解决特定的历史问题，因此当其处理的问题或调整对象已消失，则该法律也就丧失了存在的意义。如我国于 1950 年开始施行的《中华人民共和国土地改革法》，因土地改革这一阶段性事项的完结而使该法失去了效力，其失效的时间就是土地改革完成之时。

（3）法的溯及力。法的溯及力，又称法的溯及既往的效力，是指新的法律颁布后，对其生效前的事件和行为是否适用的问题。如果适用，则具有溯及力；如果不适用，则不具有溯及力。在现代法治社会，"法不溯及既往"是大多数国家所确认的一个基本法律原则。但是，法不溯及既往并不是完全绝对的。目前各国采用的通例是"从旧兼从轻"原则，即新法原则上不溯及既往，但新法不认为是犯罪或认为罪轻的，可以适用新法。这赋予了法律可以有条件的溯及既往的效力。我国现行刑法也采用"从旧兼从轻"的原则。

引例解析

该案涉及法的效力层次规则。由于本案中涉及的两部法律——《种子法》和《河南省农作物种子管理条例》——不属于同一效力位阶，出自不同的效力渊源，所以既不适用"特别法优于一般法"的规则，也不适用"新法优于旧法"的规则。我国《立法法》第 79 条第 1 款规定："法律的效力高于行政法规、地方性法规、规章……"本案中的《河南省农作物种子管理条例》属于地方性法规，其法律效力低于作为法律的《种子法》。按照"上位法优于下位法"的规则，人民法院在审理案件的过程中，如果发现地方性法规与国家最高权力机关制定的法律相抵触，应当执行国家最高权力机关制定的法律。

人民法院在审理案件过程中，发现地方性法规与法律的规定不一致，应当适用法律的相关规定，但这并不意味着人民法院可以直接宣布与法律相抵触的地方性法规无效。在我国，能够明示废止法律的只有立法机关。《宪法》第 67 条第 8 项规定，全国人大常委会能够"撤销省、自治区、直辖市国家权力机关制定的同宪法、法律和行政法规相抵触的地方性法规和决议"。《立法法》第 88 条第 4 项规定："省、自治区、直辖市的人民代表大会有权改变或者撤销它的常委会制定的和批准的不适当的地方性法规。"因此，在我国目前的司法制度下，各级法院都无权审查地方性法规是否具有合法性，更无权直接宣布地方性法规无效。如果司法实践中发生这种法律矛盾，法院只能将与法律相冲突的地方性法规"默示废止"，即不以明文的方式宣布废止法律，而只是在法律规定相冲突时适用其中一部，从而在实际上废止了另一部法律的效力。在本案中就应当直接适用上位法，避开下位法。

单元三　法的结构

2003 年 12 月 12 日，北京市第一中级人民法院对原中央电视台文艺节目中心副主任兼文艺部主任赵安受贿案进行了审判。北京一中院经审理查明，赵安于 1994 年至 2000 年期间，先后利用其担任中央电视台文艺节目中心、文艺部副主任、主任，中央电视台 1995 年春节联欢晚会、"春兰杯" 颁奖晚会总导演、2000 年春节联欢晚会总导演职务上的便利，多次接受词作者张俊以的请托，使张俊以创作的作品得以在上述晚会及赵安主管的各类文艺晚会上演出，使宣传张俊以的专题片得以在中央电视台播出。为此，赵安收受张俊以贿赂的 11 万人民币及价值人民币 50 万元的音像设备。法院认为，赵安身为国有事业单位中的工作人员，利用职务上的便利，非法收受他人财物，为他人谋取利益，其行为已构成受贿罪。鉴于赵安能坦白部分犯罪事实，且受贿的款、物已被全部追缴，可酌情从轻处罚。据此，法院以受贿罪判处赵安有期徒刑 10 年，并处没收个人财产人民币 20 万元。一审判决作出后，赵安不服提出上诉。2004 年 1 月 18 日，北京市高级人民法院对赵安案件进行了二审，并作出了维持原判的裁定。

运用法的概念有关知识对此进行评析。

一、法的要素

法的要素就是指构成法的基本元素。它是任何形态的法律（制定法、习惯法、判例法）都不可缺少的基本成分。一般认为，法的要素主要包括法律规则、法律原则、法律概念。

二、法律规则

（一）法律规则的概念

法律规则是法的主体部分，是国家制定或认可的、体现统治阶级意志的、具体规定权利义务及法律后果的行为准则。它是构成法律最基本、最主要的要素。

（二）法律规则的结构

对法律规则的逻辑结构的分析，法学界主要有三要素说和两要素说。

三要素说认为，每一个法律规则都是由假定、处理和制裁三个要素组成的。假定，是指法律规则中关于适用该规则的条件和情况的部分，是法律规则发挥作用的必要前提；处理，是指法律规则具体要求人们如何行为的部分；制裁，是指法律规则规定的主体违反规则规定时，将承担何种法律责任的部分。

本书主张两要素说，该说认为法律规则是由行为模式、法律后果两部分构成。行为模式，是规则本身的具体规定，即规定人们可以做什么、应当做什么、禁止做什么。这是法律规则的中心内容。根据行为要求的内容和性质不同，法律规则中的行为模式分为三种：可为模式、应为模式和勿为模式。从另一个角度看，可为模式即权利行为模式，而应为模式和勿为模式即义务行为模式。法律后果，是指法律对具有法律意义的行为赋予某种后果。它表明了法律对人们相应行为的具体评价与态度。这是国家强制力在法律规则中的重要体现。法律后果大体上可以分为两类：肯定性法律后果，又称为合法后果，即法律承认这种行为合法、有效并加以保护以至奖励；否定性法律后果，又称为违法后果，即法律上不予承认、加以撤销以至制裁。

应当把法律规则与法律条文区别开来。法律规则与法律条文是既相互联系又相互区别的两个概念。法律规则是法律条文的内容，法律条文是法律规则的表现形式；并不是所有的法律条文都直接规定法律规则，也不是任何法律条文都完整地表述一个规则。具体而言，大致有以下几类情形：①一个法律规则由同一个规范性法律文件的不同法律条文来表述；②一个法律规则分别由不同规范性法律文件的不同法律条文来表述；③一个法律条文能表述不同法律规则或其要素；④一个法律条文仅规定一个法律规则的某个或若干要素。

拓展知识

法律规则的种类

根据不同的标准或者从不同的角度，可以对法律规则作不同的分类。常见的分类如下：

1. 授权性规则、义务性规则和复合性规则。按照法律规则所设定的行为模式的不同，可以将法律规则分为授权性规则、义务性规则和复合性规则。这是最重要、最常用的分类。

授权性规则是规定人们可以为一定行为或不为一定行为以及可以要求他人为一定行为或不为一定行为的法律规则。授权性规则是主体享有法定权利的依据，具有可选择性。

义务性规则是规定人们必须为一定行为或不为一定行为的法律规则。义务性规则具有强制性而不具有可选择性。义务性规则分为两类：一类是命令性规则；另一类是禁止性规则。命令性规则是规定人们必须做或应该做什么的规则，是一种积极义务性规则；禁止性规则是规定人们不得做或禁止做什么的规则，是一种消极义务性规则。

复合性规则又称权利义务复合性规则，是兼具授予权利和设定义务的双重属性的法律规则。复合性规则大多是有关国家机关组织和活动的规则。这类规则的特点是：一方面，主体有权按照法律规则的规定作出一定行为；另一方面，作出这些行为又是主体不可推卸的责任，否则将承担相应的法律责任。

2. 确定性规则与非确定性规则。按照法律规则内容的确定性程度不同，可以将法律规则分为确定性规则和非确定性规则。

确定性规则是明确地规定了行为规则的内容，无需再援用其他规则来确定本规则内容的法律规则。这是法律规则最常见的形式。

非确定性规则是指该规则没有规定行为模式或者没有具体的法律后果，而需要引用其他法律规则来说明或者补充的法律规则。主要包括委任性规则和准用性规则。

委任性规则是没有明确规定行为规则的内容，而授权某一机构加以具体规定的法律规则。如，《中华人民共和国治安管理处罚条例》（已失效）第44条规定：“对违反交通管理行为处罚的实施办法，由国务院另行制定。”这一条文即为委任性规则。

准用性规则是没有明确规定行为规则的内容，但指出可以援引其他规则来使本规则的内容得以明确的法律规则。如《中华人民共和国反不正当竞争法》第21条第1款规定：“经营者假冒他人的注册商标，擅自使用他人的企业名称或者姓名，伪造或者冒用认证标志、名优标志等质量标志，伪造产地，对商品质量作引人误解的虚假表示的，依照《中华人民共和国商标法》、《中华人民共和国产品质量法》的规定处罚。”这就属于准用性规则。

3. 强行性规则和任意性规则。按照权利义务的刚性程度，可以将法律规则分为强行性规则和任意性规则。

强行性规则又叫强制性规则，指规定人们必须为一定行为或不为一定行为的法律规则。该规则的权利义务具有绝对肯定形式，不允许当事人之间相互协议或任何一方任意予以变更。一般说来，义务性规则都是强行性规则。

任意性规则是指所规定的权利义务具有相对肯定形式，允许法律关系主体在法律范围内自行决定或者双方商定适用的法律规则。任意性规则在民商法、婚姻法等私法法律部门中比较常见。如在买卖合同关系中，合同当事人可以自行商定产品的质量标准，如果没有约定，当发生纠纷时，则依有关产品质量检验方面的法律规定中的质量标准处理。但有的公法法律部门也有任意性规则，如我国刑法中“告诉才处理”的法律规则。

4. 调整性规则与构成性规则。按照规则所调整的行为是否可能发生于该规则产生之前，可以将法律规则分为调整性规则和构成性规则。

调整性规则是对已经存在的各种行为方式进行评价，并通过授予权利或设定义务来调整相关行为的法律规则。其主要特征是，在本规则产生之前，相关的行为模式就已经存在。如农村土地承包自凤阳县小岗村的几位农民提出并实施以来，经过政府的提倡和20余年的发展，已经成为我国农村土地经营的主要方式，于是，针对这种业已存在的行为模式，我国制定了《农村土地承包法》，以规制、调整这种行为模式。

构成性规则与调整性规则是相对应的，在它被颁布之前，一般是不存在该规则所规定的行为模式的。它是以本规则的产生为基础而导致某些行为方式的出现，并对其加以调整的法律规则。

三、法律原则

（一）法律原则的概念与特点

法律原则是可以作为众多法律规则之基础或本源的综合性、稳定性的原理和准则。它是法不可缺少的基本要素之一。法律原则是法律的基本原理，是法律精神和法律目的的集中体现，也是理解局部和整体法律内容的出发点和归宿。总而言之，法律原则是法律的灵魂和核心。在许多法律部门中都有法律原则，例如宪法中的人民主权原则、刑法中的罪刑法定原则、民法中的诚实信用原则等。

作为法律的两种不同的要素，法律原则与法律规则在许多方面都存在着明显的区别：①法律原则不预先设定任何确定具体的事实状态，也没有规定具体的权利、义务和责任。因此，与规则相比，原则的内容在明确化程度上显然低于规则，它只对行为或裁判设定一些概括性的要求或标准，但并不直接告诉应当如何去实现或满足这些要求或标准，所以在适用时具有较大的余地供法官选择，使其能灵活应用。②法律原则的覆盖面比法律规则的覆盖面要大，因而，法律原则的适用范围比法律规则广泛。法律规则由于内容具体明确，只适用于某一类型的行为，而法律原则对从社会生活或社会关系中概括出来的某一类行为、某一法律部门乃至全部法律体系均通用，具有宏观指导性。③法律原则具有相对稳定性。法律规则可以适时地加以修改调整，而法律原则因为是法律基本精神的体现，一般是相对稳定不变的，而且只要法律的本质不变，法律原则就不会发生质的变化，某些反映人类共同价值观念和思想的法律原则甚至可以在不同法律类型的法律体系中得到一直的存在。

（二）法律原则的作用

法律原则在法律创制和实施过程中发挥着极其重要的作用。

在法律创制中，法律原则具有以下三个方面的重要作用：①法律原则直接决定了法律制度的基本性质、基本内容和基本价值取向。法律原则是法律精神的最集中体现，构成了整个法律制度的价值基础。有什么样的法律原则，就有什么样的法律制度。②法律原则是法律制度内部协调统一的重要保障。在现代社会，各国的法律都是由大量的法律规则组成，而这些法律规则又是由各类、各级不同的国家机关制定，彼此之间就存在一定的矛盾和冲突。法律原则可以把众多的法律规则联系起来，消除法律制度中的矛盾和冲突，基本保证了法律体系的统一性。③法律原则对法制改革具有指导作用。

在法律实施中，法律原则的功能主要表现在三方面：①指导功能。法律原则的指导功能是指法律原则可以作为解释和推理的依据，为法律规则的正确适用提供指导。当法律规则相互冲突或者对法律条文的解释存在多种可能时，法律原则可以进行衡量和取舍，作出合乎法律精神的正确解释。在这里，法律原则辅助法律规则的适用，共同发挥法律的调整作用。②评价功能。法律原则的评价功能是指法律原则可以对法律规则甚至整个实在法的效力进行实质的评判，说明实在法及其规则是否有效、是否正确、是否公正的理由，揭示法律规则缺乏正当性的根据，指出法律规则的例外情形等。由于法律规则具有一般性和刚性，个别案件的解决不能直接适用该规则，否则会导致极其不公正的结果。而法律原则因为是法律基本精神和社会公认价值的体现，这时加以适用可以保证个案的正义，使法律和社会发展保持和谐。例如，美国纽约上诉法院在1889年曾经审理过这样一个案件：帕尔默是其祖父所立遗嘱中指定的财产继承人，因担心其祖父撤销遗嘱并为了及早获得遗产，帕尔默将其祖父毒死。后来，帕尔默被其姑妈里格斯诉至法院。面对这一案件，法官必须裁决帕尔默是否能够依据该项遗嘱继承其祖父的遗产。根据纽约州有关遗嘱的法律规则的规定，该遗嘱有效，帕尔默有权继承其祖父的遗产。但是，这样判决明显带来不公正的结果，后来法官并没有依据有关遗嘱的法律规则裁决案件，而是依据普通法中的一项原则，即"任何人都不得从他不当行为中获利"作出裁决，帕尔默无权继承其祖父的财产。③裁判功能。法律原则的裁判功能是指法律原则直接作为规范标准用于案件的裁判过程。由于法律作为一种稳定性的规范，存在滞后性、不周延性、有漏洞等难以克服的弱点，在司法中出现一些新奇案件而无具体规则可适用时，法官可以直接运用法律原则作为裁判的依据，从而弥补法律漏洞。

四、法律概念

(一) 法律概念的定义

法律概念指的是在法律上对各种事实进行概括，抽象出它们的共同特征而形成的权威性范畴。法律概念并未规定主体的权利、义务及相应的法律后果，但是它却将各种法律现象加以整理归类，为法律规范和法律原则的构成提供了前提和基础。因此，法律概念是法律的基础性要素。法律概念不同于日常生活概念，它具有专门的法律意义，具有明确的定义和应用范围。如作为日常用语的"死亡"就与作为法律概念的"死亡"有明显区别，后者往往需要法律上给出明确的界定。传统法律以心跳、呼吸停止作为死亡的标准，但现代出于器官移植的需要，一般都倾向于采纳脑死亡作为死亡的标准。1968 年世界上第一例人工心脏移植成功后，美国哈佛大学成立了第一个确定脑死亡标准的委员会。瑞士还颁布了《脑死亡法》来专门确定"死亡"的法律含义。法律上之所以对概念进行专门的界定，是考虑到法律实践中权利义务的确定、法律责任的承担在很大程度上依赖于对法律概念的解释。

（二）法律概念的分类

依据不同的标准，从不同的角度，可以对法律概念进行不同的分类。

按照概念所涉及内容的不同，法律概念可以分为涉人概念、涉事概念和涉物概念。涉人概念是关于人（包括自然人和法人等）的概念，如公民、法人、近亲属、代理人、监护人等。涉事概念是关于法律事件和法律行为的概念，如紧急避险、正当防卫、故意、过失等。涉物概念是有关具有法律意义的物品及其质量、数量、时间、空间等无人格的概念，如标的物、国家财产、动产、票据等。

按照法律概念所涉及的因素，可以将其分为六类：①有关主体的概念。如立法机关、公民、法人、原告等。②有关权力和权利的概念。如管辖权、平等权、生存权、劳动权等。③有关义务的概念。如职责、赡养、监护等。④有关诉讼的概念。如上诉、第一审、调解等。⑤有关客体的概念。如土地、产品、房产等。⑥其他概念。如公平、司法独立、特别行政区等。这些分类有助于对法律的科学认识和准确适用。

引例解析

《中华人民共和国刑法》第 385 条第 1 款规定："国家工作人员利用职务上的便利，索取他人财物的，或者非法收受他人财物，为他人谋取利益的，是受贿罪。"法院正是依据这一条判处赵安构成受贿罪。在本案中，判断赵安是否构成受贿罪，主要看其是否属于《刑法》第 385 条中的"国家工作人员"。一般说来，人们对在国家行政、司法、立法机关担任职务的人属于"国家工作人员"没有疑问，但是对在电视台这样的事业单位中工作的人是否属于"国家工作人员"可能就会存在争议。在这种情况下，假如法律没有明确规定，法庭上控辩双方激烈的争论和司法操作中各地的差异便无可避免。为了防止在受贿罪以及其他国家工作人员职务犯罪的认定上出现问题，《刑法》在第93条作出明确规定："本法所称国家工作人员，是指国家机关中从事公务的人员。国有公司、企业、事业单位、人民团体中从事公务的人员和国家机关、国有公司、企业、事业单位委派到非国有公司、企业、事业单位、社会团体从事公务的人员，以及其他依照法律从事公务的人员，以国家工作人员论。"据此可以得出结论：在中央电视台这个事业单位从事公务的赵安，属于刑法中的"国家工作人员"，因此法院判定其行为构成受贿罪，不存在任何问题。从此案可以看出，法律概念对于法律实践意义重大，许多法律问题究其根本，不过是一个法律概念的解释问题。

思考与练习

1. 什么是法律体系？
2. 什么是法律部门？划分法律部门的标准是什么？
3. 试述当代中国的法律体系。
4. 什么是法的渊源？当代中国法的渊源有哪些？
5. 什么是法的效力？法的效力的规则是什么？
6. 法的要素有哪些？

实务训练

1. 以下法律规范属于何种法律部门？为什么？

（1）根据我国《收养法》第15条第1款的规定，收养应当向县级以上人民政府民政部门登记。收养关系自登记之日起成立。

（2）根据我国《公司法》第72条第1款的规定，有限责任公司的股东之间可以相互转让其全部或者部分股权。

（3）根据我国《香港特别行政区基本法》第13条第1款的规定，中央人民政府负责管理与香港特别行政区有关的外交事务。

（4）根据我国《劳动法》第73条第1款的规定，劳动者在退休、患病、负伤、因工伤残或者患职业病、失业、生育等情形下，依法享受社会保险待遇。

2. 判断以下法律渊源效力的高低。

（1）1999年全国人大通过的《行政诉讼法》与2000年《最高人民法院关于执行〈中华人民共和国行政诉讼法〉若干问题的解释》；

（2）《民法通则》中关于担保物权的规定与《物权法》之间相互冲突时；

（3）1979年刑法与1997年刑法；

（4）2002年的《中华人民共和国国际海运条例》与2003年的《中华人民

共和国国际海运条例实施细则》。

3. 案例（事例）分析题。

案例1：广州市公安局交通警察支队车辆管理所因车主谭驰的汽车曾有过交通违章记录，不予核发车辆检验合格标志的行为被车主认为没有法律依据告上广州市天河区人民法院后，该法院对此案作出一审判决：车管所拒发车辆检验合格标志行为违法。

车主谭驰于2005年5月31日携带其小型客车的行驶证、汽车安全检测报告和第三者责任保险单正本到上述车管所下属的东山分所申请汽车检验合格标志，但车管所发现该车有4次违章尚未处理，于是拒绝办理，并给他一份退办通知书，要求他把违章处理完毕，再回来办理核发检验合格标志业务。

谭驰认为，车管所退办的具体行政行为没有法律依据，直接损害了他的合法权益。根据《中华人民共和国道路交通安全法》规定："对提供机动车行驶证和机动车第三者责任强制保险单的，机动车安全技术检验机构应当予以检验，任何单位不得附加其他条件。对符合机动车国家安全技术标准的，公安机关交通管理部门应当发给检验合格标志。"他认为，车管所因原告的汽车有违章记录没有处理，进而拒绝发给检验标志是违反法律规定的。

车管所在法庭上辩称，不予核发检验标志的行为是该所依法行政的具体表现。公安部72号令《机动车登记规定》规定"机动车涉及道路交通安全违法行为和交通事故未处理完毕的，不予核发检验合格标志"，谭驰有交通安全违法行为未经处理，故对该车无法核发机动车检验合格标志。

天河区人民法院经审理认为，《机动车登记规定》与《道路交通安全法》规定相抵触，依照《中华人民共和国立法法》规定，应当适用效力高的《道路交通安全法》的规定，车管所以原告尚有违章没有处理为由，不同意发给原告机动车检验合格标志，属适用法律错误。原告的交通违章行为属另一法律关系，可由相关交通警察大队依法处理。法院遂责令车管所对原告申请小车检验合格标志的行为重新审核并作出具体行政行为。

在该案中，涉及了哪些种类的法律渊源？

案例2：2003年7月30日，国务院出台了《婚姻登记条例》，该行政法规根据2001年4月28日修订的《婚姻法》有关规定，取消了婚姻登记中的强制婚检制度，这被认为是婚姻登记改革中的一大进步。但是后来人们发现，1994年颁布的《中华人民共和国母婴保健法》第12条则要求："男女双方在结婚登记时，应当持有婚前医学检查证明或者医学鉴定证明。"这说明，两部法律在婚姻登记是否应当进行婚检的问题上发生了冲突。在这个问题尚未解决之际，《黑龙江省母婴保健条例》以地方法规的形式恢复了强制婚检，这在全国上下引起了广泛争议。

运用法的效力有关知识对此进行评析。

案例3：假设某家族存在如下习惯——"未按时参加家族祭祀祖先的活动者，视为藐视祖先，因而剥夺其继承权"，假设家族成员甲因为未能按时参加当年的祭祀活动而被剥夺了遗产继承权。后甲诉至法院。他所持的理由有两点：其一，甲本身既缺乏劳动收入，又缺乏生活来源；其二，《中华人民共和国继承法》第13条第2款规定："对生活有特殊困难的缺乏劳动能力的继承人，分配遗产时，应当予以照顾。"

讨论：如果你是一个法官，对于这个案件如何处理？为什么？

要点提示：这里涉及的是，对于正式法律渊源与非正式法律渊源应如何选择适用。

案例4：张某在路途中遭到流氓殴打，跑到附近的派出所向值班民警求救，民警要求张某给"保护费"，张某没有答应，于是民警拒绝给予保护，导致张某被打成残废。事后，张某向法院提起行政诉讼，状告派出所民警行政不作为。法院审理案件之后认为：由于公安机关不履行法定行政职责，致使张某的合法权益遭受损害，应当承担赔偿责任。

请结合所学知识，进行法理分析。

案例5：原告甲酒厂于1987年1月30日在国家商标局核准注册了圆圈图形喜凰牌商标一枚，用于本厂生产的白酒。此酒的瓶贴装潢上，除印有圆圈图形喜凰牌的注册商标外，还印有"喜凰酒"这一特定名称。被告乙酒厂生产的白酒，注册商标为圆圈图形天福山牌注册商标。被告乙酒厂为了与原告争夺市场，拿着原告商标标识"喜凰"酒的瓶贴装潢来到莱州市彩印厂，让其把喜凰牌注册商标更换为天福山牌注册商标，除喜凰酒的"凰"字更换为"风"字外，其余均仿照印制。被告将印制好的天福山牌喜风酒瓶贴装潢于本厂生产的白酒。甲酒厂得知这一事实后，起诉乙酒厂至法院。法院在审理该案件的过程中，认定乙酒厂的行为构成不正当竞争，但当时《反不正当竞争法》还未出台，其他的法律如《商标法》等对这种情形并没有明确规定，最后法院判决乙酒厂的行为不仅违反了《民法通则》第4条关于"公民、法人在民事活动中，应当遵循诚实信用原则"的规定，侵害了甲酒厂合法的民事权益。而且依照《民法通则》第7条的规定，被告人的这种行为还损害了社会公共利益，扰乱了社会经济秩序，所以构成不正当的竞争行为，必须予以制止。原告所遭受的经济损失必须由被告来赔偿。

请结合所学知识，分析在该案中，法官在没有具体的法律规则可以适用的情形下，如何有效地解决了纠纷。

案例6：1994年黄永彬与张学英相识，1996年底两人公开以夫妻名义租房同居。2001年2月，黄永彬被确诊为肝癌晚期，住院治疗期间，张学英不顾他人的嘲笑和挖苦，俨然以妻子身份陪侍在黄的病床前。2001年4月，黄立下公证遗嘱，将其去世后的住房补贴、公积金和原住房售价的一半赠给张学英。黄去世后，由于其妻蒋伦芳拒绝执行该遗嘱，张学英诉至法院。最后法院以原告与被告丈夫间有婚外情为由，认定被告丈夫遗赠财产给原告的协议违背我国《民法通则》第7条关于"民事活动应当尊重社会公德"的法律原则（该原则在民法上被称之为"善良风俗"原则），宣告该遗赠协议无效。

结合上述案情，讨论以下问题：

（1）该案中法院对法律原则的适用出于何种考虑？是为了防止个案的不公正，还是为了弥补法律漏洞？

（2）你是否认为如果判决黄的遗嘱有效会产生极端不公正的结果？

（3）法官在适用法律原则时应慎重考虑哪些因素？

模块三 辨别分析法律问题

学习目标与工作任务

本模块的设计以典型案例导入，使学生通过学习和训练，学会如何根据法律规定，对需要解决的法律问题进行具体分析。本模块设置三个工作任务：一是分析需要解决的是否属于法律问题，即法律行为的认识；二是如果属于法律问题，进行权利义务的分析；三是法律责任的分析。

单元一 法律行为

导入案例

原告曾明离婚后通过征婚，与也曾离异的贾雨虹相识（均为化名）。经过短暂的接触，几个月后双方登记结婚。由于两人均系再婚，为慎重起见，2000 年 6 月，夫妻俩经过"友好协商"，签署了一份"忠诚协议书"。协议约定，夫妻婚后应互敬互爱，对家庭、配偶、子女要有道德感和责任感。协议书中还特别强调了"违约责任"：若一方在婚内由于道德品质的问题，出现背叛另一方不道德的行为（婚外情），要赔偿对方名誉损失及精神损失费 30 万元。协议签订后，在婚姻存续期间，贾雨虹发现曾明与其他异性有不正当关系。2002 年 5 月，曾明向法院提出离婚诉讼，与此同时，贾雨虹以曾明违反"夫妻忠诚协议"为由提起反诉，要求法院判令曾明支付违约金 30 万元。法院经过审理，依据双方达成的忠诚协议，判决曾明支付对方"违约金"30 万元。

上海市闵行区法院的理由如下：夫妻忠实义务是婚姻关系最本质的要求，婚姻关系稳定与否，很大程度上有赖于此。正因此，新修订的《婚姻法》第 4 条规定"夫妻应当相互忠实"，并在第 46 条规定，有重婚、有配偶者与他人同居等情形之一而导致离婚的，"无过错方有权请求损害赔偿"。虽然，对违反夫妻"忠诚"义务、情节尚未达到"重婚"、"与人非法同居"等严重程度的一方如何承担相应责任，法律未做具体规定，但法律也未明文禁止当事人自行约定。而贾雨虹与曾明约定 30 万元违约责任的"忠诚协议"，实质上正是对婚姻法中抽象的夫妻忠实责任的具体化，"完全符合婚姻法的原则和精神"。也正是这一具体的协议，使得婚姻法上原则性的夫妻"忠实"义务具有了可诉性。所以，主审法官得出了这样的结论：既然协议没有违反法律禁止性规定，且是在双方没有受到任何胁迫的情形下自愿签订的，协议的内容也未损害他人利益，因而当然有效，应受法律保护。

一、法律行为的概念

一般来说，行为是指人们有目的、有意识的活动。但随着人们对行为认识的进一步深化和丰富，开始强调行为主观性和客观性的统一。认为"行为乃受思想支配的表现在外面的活动"[1]。

而法律行为是一个复合词，由"法律"和"行为"两个词构成。最早出现在德国18世纪法学家丹尼尔·奈特尔布拉德于1748年出版的《实在法学原理体系》第一卷中，他将其解释为"与权利和义务相关的行为"。中文的"法律行为"一词是由日本学者借用汉字中的"法律"和"行为"两个词进行组合并首次使用。应当看到，"法律行为"是一个涵盖一切有法律意义和属性的行为的广义概念，而不仅限于合法的行为。所以，我国法学界一般使用这样一个广义的法律行为概念，即人们所实施的，能够发生法律效力、产生一定法律后果的行为。既包括合法行为，也包括不合法行为。

二、法律行为的特征

根据法律行为的定义，我们可以看出，法律行为具有以下特点：

（一）法律性

这是法律行为区别于一般社会行为的根本特征。所谓法律性是指法律行为由法律规定，受法律调整，能够发生法律效力或产生法律效果。具体来说，可以从以下三方面理解：首先，法律行为是由法律规定的行为。由于行为具有社会指向，并且可能造成社会矛盾、冲突和危害性，法律才基于这一理由将那些具有重要社会意义的行为纳入调整范围之内。并对不同的行为模式和行为结果作出明确的规定。诚如奥地利法学家汉斯·凯尔森所说，"行为之所以成为法律行为正因为它是由法律规范所决定的。行为的法律性质等于行为与法律规范的关系。行为只是因为它是由法律规范决定并且也只在这一范围内才是一个'法律'行为"[2] 其次，法律行为是可以用法律进行评价的行为，具有法律意义。

---

〔1〕《现代汉语词典》，商务印书馆1983年版，第1291页。

〔2〕［奥］凯尔森：《法与国家的一般理论》，沈宗灵译，中国大百科全书出版社1996年版，第42页。

从这个角度来说，与法律行为相对应的范畴是"非法律行为"。简单地说，也就是那些不具有法律意义的行为，即不受法律调整、不发生法律效力、不产生法律效果的行为。如生活中的朋友聚会、逛街、恋爱等行为，不具有法律意义，国家也无法用法律来调整。最后，法律行为是发生法律效果的行为，即能引起法律关系的产生、变更和消灭。合法行为会受到国家的承认、保护和奖励；违法行为会受到国家的否定、撤销或惩罚。

引例解析

案例中曾明与贾雨虹根据《婚姻法》关于夫妻忠诚义务的规定，订立忠诚协议的行为，与法律规定相符，具有法律效果，对夫妻双方具有约束力。一方违反协议，应该根据该协议承担责任。

（二）社会性

法律行为作为人的活动，社会性也是其重要的特征之一。法律行为的社会性可以从以下几个方面去理解：

1. 人和动物的区别之一在于人的行为是社会的产物，即受社会环境和社会关系的制约，并且是从社会中习得的，而不单纯是自然的禀赋。自然只赋予人物理学或生物学意义上的行动能力，即与生俱有、不学即会的能力，如吸吮、哭泣等能力。而社会则赋予人社会学意义上的行为，因此，人的行为区别于动物的条件反射。

2. 人的行为是社会关系的创造者。因为人的本质在其现实性上是一切社会关系的总和。

3. 人的行为是社会互动行为，是引起他人行为的行为。即具有人际交互性。或者说法律行为不是一种纯粹自我指向的行为，而是一种社会指向的行为。法律行为的发生一定会对行为者本人以外的其他个人或集体、国家之利益和关系产生直接或间接的影响，例如违法行为，买卖行为、赠与行为、继承行为，立法行为，等等。总之，人的社会性本质决定了他的活动和行为的社会性，这种社会性可能表现为对社会的有益性，也可能表现为对社会的危害性。也正是由于这一点，它们才可能具有法律意义。

4. 法律行为是其他社会行为的一个形式或一个方面。它往往与其他社会行为交织在一起，作为其他社会行为的一个形式或一个方面而存在。人的行为的范围是非常广泛的，在不同的社会关系和社会生活中，人可能会作出各种各样不同的行为，其按照活动领域可以大体分为经济行为、政治行为、道德行为、宗教行为等。法律作用的有限性决定了法律不可能、也没必要把人的一切行为都纳入其调整范围之内。因此，要分清法律行为和非法律行为，就是要将法律行为和纯粹的经济行为、政治行为、道德行为和宗教行为区分开来。

5. 人的行为受社会规范的制约。人的行为不仅受生理、心理机制的作用，而且受社会规范（道德、习俗、宗教、政策等）的调控，从而使其保持一定的社会倾向性。

（三）意志性

法律行为是能够为人们的意志所控制的行为，具有意志性。法律行为是人所实施的行为，自然受人的意志支配和控制，反映了人们对一定的社会价值的认同、一定的利益和行为结果的追求以及一定活动结果的选择。在法律上，纯粹无意识（意志）的行为不能看做是法律行为。如完全的精神病人所实施的行为。

三、法律行为的构成

（一）法律行为构成的客观方面

即法律行为外在表现的一切方面。大体分为三点：

1. 外在的行动（行为）。即人们通过身体或言语或意思而表现于外在的举动。行动是法律行为构成的最基本要素。人的意志或意思只有外化为行动并对身外之世界（对象）产生影响，才能成为法律调整（指引、评价、保护）的对象。因此，西方法谚说，"无行为即无犯罪也无刑罚"。法律行为的这种外在的行动大体上分为两类：

（1）身体行为。指通过人的身体的任何部位所作出的为人所感知的外部举动，例如杀人、放火、货物买卖等行为。这一类行为可以通过自身的外力直接作用于外部世界，引起法律关系产生、变更或消灭。

（2）语言行为。即通过语言表达对他人产生影响的行为。它又包括书面语言行为和口头语言行为。书面语言行为如书面声明、书面通知、书面要约和承诺、签署文件等。口头语言行为即言语行为，通过语言传达某种思想、表达某种意图、产生法律效果的行为。而意思表示都是通过语言行为来完成的。

2. 行为方式（手段）。这是指行为人为达到预设目的而在实施行为过程中所采取的各种方式和方法。其中包括：行动的计划、方案和措施；行动的方式、步骤和阶段；行动的技术和技巧；行动所借助的工具和器械等。行为方式是考察行为的目的并进而判断行为的法律性质的重要标准，是考察法律行为是否成立以及行为人应否承担责任、承担责任大小的根据。一般而言，行为人想达到合法的目的，自然会选择合法的行动计划、措施和技巧。否则就会选择违法（或犯罪）的方式或方法。在法律上必须对各种特定行为方式予以规定，从而为法律行为性质和类别的判断提供具体的标准。这些特定的法律行为方式主要有：

①与特定情景相关的行为方式，指某些行为方式只在特定的情形下才能使用，例如正当防卫、紧急避险等。②与特定主体身份相关的行为方式，指某些法律行为的成立只与具有特定法律资格的主体（个人或机关）相关联，其他主体无权采用这种法律行为的方式和方法，例如职务犯罪、父母对子女的监护等。③与一定时间和空间相关的行为方式，指某些行为的实施以法律所规定的时间或空间作为条件，因此选择时间和空间就成为法律行为方式的特定内容，例如入室盗窃、死亡宣告等。④与特定对象相关的行为方式。指有些法律行为所实施的对象是特定的人或物，例如奸淫幼女、挪用公款等。

3. 具有法律意义的结果。法律行为必须要有结果，结果是法律行为这种法律事实的重要内容之一，没有结果的行为，一般不能视为法律行为。判断法律行为的结果主要有两个标准：①行为造成一定社会影响。这种影响或是表现为对他人、社会有益，或是表现为对他人或社会有害，即造成一定的损害。此外，结果可能是有形的，也可能是无形的，可能是直接的，也可能是间接的。而结果——行为——行为人之间的联系是确定结果归属的重要线索。在这里离不开因果关系的考察。没有因果关系的法律行为也是不存在的。②该结果应当从法律角度进行评价。即由法律确定行为的法律性质和类别：行为是合法还是违法？是行政行为还是民事行为？如此等等。但应当区别的是：行为的结果并不等于法律后果。行为结果只是行为人承担法律后果的依据之一，但并不是法律后果本身。

（二）法律行为构成的主观方面

任何法律行为都是主体与客体、主观因素和客观因素交互作用的复杂过程。客观要件只是法律行为的外在表现，仅有外部举动而无内部意志，则为无意思之动作，与自然现象（事件）没什么区别。因此，基于内部意思的作用，而有身体外部的举止，就构成有意思的行为。这里所说的"主观要件"是法律行为内在表现的一切方面。它是行为主体在实施行为时一切心理活动、精神状态及认知能力的总和。主要包括两个方面：

1. 行为意思（意志）。它是指人们基于需要、受动机支配、为达到目的而实施行为的心理状态。包括三个层次：需要、动机和目的。

现代社会学和心理学研究认为，人的行为是由需要引起的，行为的实施是人为了实现某种需要的满足。需要引起动机，动机产生行为，行为指向目的，目的实现满足，满足导致新的需要。这就是行为内在方面的系统循环。就合法行为而言，其成立的条件不仅在于有没有行为人的动机和目的，而且在于有什么样的动机和什么样的目的以及动机和目的是否正当、合法。就违法（犯罪）行为而言，对行为"主观恶性"的考察就是对违法（犯罪）行为人动机和目的的认识。在刑法中，行为目的是区分罪与非罪、此罪与彼罪的根据之一，动机也是定罪量刑参考的情节。在民法中，所谓意思表示，就是行为人对其动机和目的的直接或间接、真实或虚假的表达。

2. 行为认知。即行为人对自己行为的法律意义和后果的认识。如果一个人根本无能力认识和判断行为的意义与后果，那么他的行为就不可能构成法律行为。在法律上，正是根据人的认知能力的有无和强弱，而将自然人分为完全行为能力人、限制行为能力人和无行为能力人。

在法律活动中，行为人受主客观多方面因素的影响，常发生所谓的认识错误，也就是主观认识和客观存在不一致。包括事实错误和法律错误。前者是指行为人所认识的内容与所发生的客观事实相背离。后者是指行为人对事实的认识无误，但由于误解或不知法律而对该事实的法律意义和法律后果认识有误。具体表现在：①对行为程序认识错误；②对权利义务的内容认识错误；③对法律性质和类别认识错误；④对行为的法律后果认识错误；⑤对法律主体的资格认识错误；⑥对违法性认识错误等。认识错误在一定程度上将影响行为人动机和目的的形成，进而影响其对行为及行为方式的选择。在民法中，"重大误解"是可撤销民事行为的构成要件之一。在刑法中，认识错误是定罪量刑的参考因素。但依据"不知法者不免其罪"，以上两种错误均不构成免责的前提。

【案例】

马加爵故意杀人案

被告人马加爵，22 岁，系云南大学生命科学学院生物技术专业学生。2004年 2 月上旬，马加爵在宿舍与其同学唐学李、邵瑞杰、杨开红等人在打牌过程中发生冲突，于是产生了杀害唐学李、邵瑞杰、杨开红、龚博 4 人的念头。2004 年 2 月 13 日～15 日，被告人马加爵采取用铁锤击打头部致颅脑损伤死亡的同一犯罪手段，相继将唐学李等 4 名被害人杀害，并把 4 名被害人的尸体藏匿于宿舍衣柜内。作案后马加爵逃离昆明，2004 年 3 月 15 日晚，被海南省三亚市公安机关抓获归案。4 月 24 日，昆明市中级人民法院一审判处马加爵死刑，剥夺政治权利终身。6 月 17 日，云南省昆明市中级人民法院宣告了云南省高级人民法院对马加爵的死刑复核裁定。经复核，云南省高级人民法院裁定核准昆明市中级人民法院以故意杀人罪判处马加爵死刑，剥夺政治权利终身的刑事判决。宣判结束后，马加爵即被押赴刑场执行死刑。

在本案中，马加爵是一个有健全意志的人，其杀人的动机是在打牌过程中因同学怀疑他作弊时产生的，他在庭审时说杀人是因为"气愤，想不开"，"那天打牌本来我没有作弊，但他们偏说我作弊，让我觉得他们又看不起我，于是我便动了杀他们的念头"。为了报复，他购买杀人工具，并冷静地等待杀人时机，在宿舍先后杀死 4 名被害人。案发后，有律师提出要为其做无罪辩护，但被其断然拒绝了，说"抓到就是死刑"。可见作为一个有健全意志的成年人，其完全知道自己行为的性质、意义和后果，其杀人的心理过程符合行为主观方面的诸环节，具备了行为意志和认知能力要素。在马加爵产生杀人动机后，即着手购买杀人工具铁锤，随后采取用铁锤击打头部致颅脑损伤死亡的犯罪手段杀死 4 名被害人，其行为已经具备了外在的行为、行为方式（手段）、具有法律意义的结果等诸方面的条件。因此，马加爵的行为已经构成故意杀人罪，最终被判处死刑。

四、法律行为的分类

（一）个人行为、集体行为、国家行为

这是根据法律行为的主体所做的分类。个人行为是由自然人个人的意识和意志所支配、并由自己直接作出的行为，如买卖行为。集体行为是人们有组织的、基于某种共同意志或追求所作出的趋向一致的行为。这种行为具有意志共同性、人数集合性和组织性的特点，如犯罪集团的行为。国家行为是国家机关或其工作人员根据国家意志并代表国家所进行的活动，如立法行为、执法行为、司法行为等。

（二）角色行为与非角色行为

这是根据行为是否出自和符合特定法律角色而作出的分类。角色是个体在特定社会或团体中所占据的一定地位或身份。法律对每一种角色都规定了相应的权利和义务。行为人按照法律为本角色规定的权利和义务活动，就是角色行为。如在国家机关范围内，角色行为就是职务行为。反之，超越法律规定，作出了与自己身份无关的行为就是非角色行为。如越权代理行为、非法经营行为。由于个人在社会中充当了大量不同的角色，因此区分角色行为和非角色行为，有利于确认行为的法律效力和法律责任。例如，作为公司的董事长，至少具有双重角色，他既是自然人（公民），又是法定代表人。如果他实施了一项民事法律行为，要认定这一行为的效力以及法律后果的承担者，首先必须查明他是以什么角色从事民事法律行为。如果是以法定代表人的角色则民事后果由公司承担，如果是以自然人身份民事后果则只能由其本人承担。在法律实践中，有相当数量的法律责任是因为责任主体没有履行角色义务而引起的"角色责任"，如负有特定职责的角色在应当履行职务时的不作为行为等。

（三）单方法律行为与双方法律行为

这是根据主体意思表示的形式不同而作出的分类。单方法律行为是指依一方当事人的意思表示或由一方当事人主动作为而成立的法律行为。如民事法律行为中的设立遗嘱、赠与、放弃继承权的声明，行政执法中的行政处罚，司法活动中的裁判等。双方法律行为是指双方当事人的意思表示一致才成立的法律行为。如公民和法人之间的合同，缔结婚姻等。

（四）积极行为与消极行为

这是根据行为的表现形式不同而作出的分类。积极行为，又称"作为"，指以积极、主动作用于客体的形式表现的具有法律意义的行为。如依法纳税。消极行为，又称"不作为"，指以消极、抑制的形式表现的具有法律意义的行为（规定在禁止性法律规范中）。

这两种行为不能反向选择，当法律要求行为人作出积极行为时他就不能作出消极行为，当法律要求行为人作出消极行为时他也不能作出积极行为，否则就构成了违法行为。

（五）抽象行为与具体行为

这是根据法律行为的效力对象、生效范围的不同而作出的分类。

抽象行为是针对不特定对象而作出的、具有普遍法律效力的行为。例如，国家立法机关制定法律规范的行为，县人民政府规定行政措施的行为，司法机关解释法律的行为等。具体行为是行政主体针对特定对象所作出的仅有一次性法律效力的行为。例如，法院对一个案件作出判决，公民办理结婚登记手续等。抽象行为和具体行为的分类在行政法中意义巨大。根据我国《行政诉讼法》第12条第2款规定：行政法规、规章或者行政机关制定、发布的具有普遍约束力的决定、命令不可以提起诉讼。因此，抽象行政行为在行政诉讼中是不可诉的。行为的抽象性和具体性不在于行为本身，而在于行为的效力对象、生效范围和生效期限。

（六）要式行为与非要式行为

这是根据法律行为是否需要以一定的形式作为生效要件而作出的分类。要式行为是必须具备特定形式或必须遵循特定程序才能成立的法律行为。例如，婚姻必须经过登记方为有效；我国继承法规定，以录音形式成立的遗嘱，应当有两名以上见证人在场见证。非要式行为是指无需具备特定形式或程序就能成立的法律行为。如一般日常用品的买卖、赠与等。法律之所以要求某些行为必须具备特定形式和程序，主要是这些行为涉及的利益重大，对它们设定一定的形式和程序，有利于保护和实现合法利益，便于监督和补救。

（七）有效行为与无效行为

这是根据行为的法律效力进行的分类。有效行为是受到国家认可、肯定、支持和保护的行为。无效行为则是国家否定、反对、甚至予以制裁的行为。

（八）合法行为、违法行为与法律容许行为

这是根据行为与法律的要求是否一致而做的分类。合法行为是指符合法律要求的行为。违法行为指违反法律要求、应受处罚的行为。法律容许行为是指那些虽然不为国家法律所积极倡导，但同时也不为国家法律所明令禁止，在一定范围和条件下为法律所容许的行为。

延伸阅读

同是"见死不救"，为何结果不同?

四川"见死不救案"

2004年12月8日，24岁的詹某与其称为师傅的柳某约定到崇州市南河大桥上游一河堤钓鱼。詹某突然跌进水中，柳某眼看着詹某在水中挣扎，是既不呼救也不施救。闻声赶到的群众虽然跳入河中进行救助，但詹某最终溺水身亡。事后，柳某以回去通知詹某家属为借口离开现场，但并未将此消息告知詹某的父母。

2005年3月14日，詹某父母以柳某没有对儿子进行施救为由将其告上法庭，要求被告赔偿各种经济损失3万元。在合议过程中，法官有两种声音：一种观点认为，柳不是一点责任都没有，由于二人存在前面的相约行为，在以后发生危险时还是应负有一定的救助义务，自己不懂水性但可以呼救，因此柳应承担一点责任。另一种观点认为，此案中落水而亡的受害人具有完全民事行为能力，其落水身亡的损害后果与被告的作为或不作为行为从法律上讲没有直接因果关系，且被告对詹某也没有法定或者约定的救助义务，不存在过错，不符合法律规定应当承担民事责任的情形。

法院经审理后认为，因詹某是成年人，溺水身亡是自身不慎落水导致的，柳某没有法定或约定的救助义务，也不是负有特定职责的人员，不存在过错，对詹某的死不承担赔偿责任。因此，法庭驳回原告要求赔偿经济损失3万元的诉讼请求。法院同时认为，"救人于危难"是中华民族的传统美德，见义勇为已成为现代文明社会的基本道德规范，柳某的冷漠之举和不作为应受到社会的谴责。

浙江首例不作为故意杀人案

2003年3月，浙江省浦江县农民李家波和同在工厂打工的女青年项兰临相识并相恋，不久项兰临就怀孕了。同年6月，李家波提出要跟项兰临分手，并要项兰临去医院做流产手术。项兰临坚决不同意，几次欲跳楼自杀。2003年9

月5日中午，李家波与项兰临发生争吵。争吵中，李家波还用打火机扔打项兰临。项兰临感到绝望，走到走廊里，喝下了事先准备好的一瓶"敌敌畏"，又走进了李家波房间。此时，李家波不但没有及时去救人，反而一走了之，临走时怕被人知道还将房门锁上。李走后很长时间，项兰临才被人发现送往医院，但因救治无效死亡。

案发后，李家波向公安机关投案自首。

2003年12月，浦江县法院开庭审理了由浦江县检察院提起公诉的这起见死不救案。法院经审理后认为，李家波在发现项兰临服毒后采取放任态度，将宿舍门锁上外出，致使项兰临在李家波宿舍中得不到及时抢救而身亡。李家波作为负有特定义务的人，主观上希望并追求项兰临死亡结果的发生，以解脱自己的负担，这与他不采取救助义务后造成项兰临死亡的严重后果有直接因果关系，其行为已构成不作为形式的故意杀人罪。鉴于李家波能够主动投案自首，依法从轻判处其有期徒刑5年，并向项兰临父母赔偿损失3.5万元。李家波不服一审判决，提出上诉。金华市中级人民法院经过审理，裁定驳回上诉，维持原判。

单元二　法律关系

　　某市的谢老先生是位收藏家，2013 年去世后留下了巨额遗产，包括一批珍贵藏品和一套住房等，价值超百万元。谢老先生生前立有自书遗嘱，将其全部财产包括一切动产与不动产留给原家中的保姆李某某。谢老先生的两个女儿对遗嘱有异议，在其父过世后，将其父留下的藏品拿走。李某某索要不成，双方因此发生纠纷。李某某向法院起诉，要求判决谢老先生的全部遗产遗赠给自己，并由谢老先生的两个女儿归还拿走的藏品。

　　问：本案中，谢老先生和保姆李某某之间能否形成继承法律关系？

一、法律关系的概念和特征

　　人类社会存在着各种各样的社会关系，诸如经济、政治、法律、思想、道德、宗教以及家庭、婚姻、友谊关系等。而法律关系不同于其他社会关系，它是一种重要的社会关系，是法律在调整人们行为过程中形成的权利义务关系。因此，与其他社会关系相比，法律关系具有如下特征：

　　1. 法律关系是以法律规范为前提而形成的社会关系，具有合法性。首先，法律关系最本质的特征是其与法律规范的联系，它是根据法律规范建立的一种社会关系，是法律对被纳入其调整范围的社会关系加以调整而产生的过程和结果，所以某种法律关系的产生必须以相应法律规范的存在为前提。如果没有相应的法律规范存在，就不可能产生法律关系。其次，法律关系不同于法律规范调整和保护的社会关系本身。社会关系是一个庞大的体系，其中有些领域是法律所调整的（如政治关系、经济关系、行政管理关系等），也有些是不属于法律调整或不适宜调整的（如友谊关系、爱情关系、政党社团的内部关系等），还有些是法律所保护的对象。这些被保护的社会关系不等同于法律关系本身（如刑法所保护的关系不等于刑事法律关系），即使是那些受法律规范调整的社会关系，也不能完全视为法律关系。例如，财产关系和身份关系只有在经过民法的调整之后，才具有了法律性质，成为一类法律关系（民事法律关系）。因此，可以这样理解：凡纳入法律调整范围的社会关系都是法律关系；凡未纳入法律调整范围的社会关系都不是法律关系。最后，法律关系是法律规范的内容（行为模式及其后果）在现实生活中的具体贯彻。换言之，人们按照法律规范的要求行使权利、履行义务并由此发生特定的法律上的联系，这既是一种法律关系，也是法律规范的实现状态。根据法律规范建立，或称合法性，是法律关系区别于其他社会关系的一个非常重要的特征。法律关系一旦建立，非有法定理由不得变更和消灭，否则相关主体要承担法律责任。

引例解析

本案中，谢老先生和其保姆李某某之间能否形成继承法律关系，主要取决于谢老先生的遗嘱是否合法有效。《中华人民共和国继承法》第16条规定："公民可以依照本法规定立遗嘱处分个人财产，并可以指定遗嘱执行人。……公民可以立遗嘱将个人财产赠给国家、集体或者法定继承人以外的人。"所以，谢老先生的遗嘱符合现行法的规定，具有法律效力，谢老先生和保姆李某某之间即形成继承法律关系，继承人李某某享有接受遗赠的权利。这种权利作为法律上的权利，受到国家强制力的保护。法院通过审理，在确定继承法律关系成立的前提下，应当支持李某某的诉讼请求，要求谢老先生的女儿承担归还藏品的义务。

在社会生活中，往往存在大量的事实关系，它们没有严格的合法形式，甚至完全背离法律，如非法同居关系、未经认可的收养关系、以规避法律为目的的契约关系、无效或失效的合同关系等。这些事实关系都不是法律关系，但又可能与法律的适用相关联，是法律适用过程中必须认真对待的一类法律事实。

2. 法律关系是以法律上的权利、义务为纽带而形成的社会关系。这也是法律关系和其他社会关系的重要区别。法律关系的内容是特定法律关系主体之间的权利和义务。它是法律规范"指示"（行为模式）的规定在法律关系中的体现。一旦当事人按照法律规范"指示"的内容进行法律活动，那么就会享有实际的法律权利或者履行特定的法律义务。此时他们之间的权利和义务就可能发生这样或那样的联系。例如，如果发生了保险法规所列举的自然灾害，那么肯定引起投保人和保险人之间保险赔偿权利与义务关系的形成。在法律关系中，参加者所享受的权利与承担的义务，都是由法律规定的，都具有法律效力，任何人都不得违反和侵犯。

3. 法律关系是以国家强制力作为保障手段的社会关系。在法律规范中，关于一个人可以做什么、不得做什么和必须做什么的规定，是国家意志的体现，体现了国家对各种行为的态度。人们之间一旦依法结成了法律关系，这种关系对各方参加者都有约束力。如果这种权利义务关系遭到破坏，就意味着国家授予的权利受到侵犯、国家设定的义务被拒绝履行。因此，一旦一种社会关系被纳入法律调整范围之内，就表明国家意志不会听任它被随意破坏，并且会利用国家强制力来加以保障。比如，合同一经订立即具有法律效力，任何一方也无权擅自变更、废止。凡是超越法律关系中权利的界限或者规避义务造成危害后果的，就会受到国家强制力的制裁。

拓展知识

法律关系的分类

在法学上，由于根据的标准和认识的角度不同，可以对法律关系作不同的分类。

一、一般法律关系和具体法律关系

按照法律关系主体的具体化程度不同，可以将法律关系分为一般法律关系和具体法律关系。

一般法律关系是根据宪法形成的国家、公民、社会组织及其他社会关系主体之间普遍存在的社会联系。其特点在于：该关系的主体是不具体的个人、社会组织和国家机关。例如，我国《宪法》第33条规定"中华人民共和国公民在法律面前一律平等"，根据该规范建立起来的一般法律关系主体不特指某一公民，而是包括所有中国公民。因此，一般法律关系是"一切人对一切人"的关系。它的产生不需要特殊的法律事实，只要求国籍，它与法律规范同时存在，是一个国家经济制度、政治制度和公民法律地位的固定化形式。

具体法律关系的特点在于：该关系的主体是具体的，该关系的产生不仅要有法律的规定，而且要有具体事实的发生。例如，在租赁法律关系中，出租人和承租人都是具体的，该法律关系的产生，不仅要依据民法或合同法的有关规定，还必须有承租人与出租人签订的租赁合同以及承租人向出租人租赁的事实存在，否则该法律关系不能建立起来。

二、绝对法律关系和相对法律关系

在具体法律关系中，我们可以根据法律关系主体是单方具体化还是双方具体化，将法律关系分为绝对法律关系和相对法律关系。

在绝对法律关系中，主体的一方即权利人是具体的，而另一方即义务人则是除了权利人以外的所有人。也就是"一个人对其他一切人"。最典型的绝对法律关系就是所有权法律关系。如某房屋的所有权人是张三，而义务人则是除了张三以外的一切人。他们都负有不得侵犯张三对其房屋享有的所有权的义务。此外，人身权和知识产权等领域内的法律关系也都具有相同的特点。

而在相对法律关系中，无论权利人还是义务人都是具体的。即"某个人对某个人"。最典型的相对法律关系就是债权法律关系。债的一方（债权人）享有请求他方为或不为一定行为的权利，他方（债务人）负有满足该项请求的义务。在相对法律关系中，主体之间的联系最为直接和密切。如在买卖法律关系中，买卖双方都是具体的，买方有权利挑选、购买自己需要的商品，并有义务支付相应的价款，而卖方则有权利收取价款，并有义务提供让买方满意的优质商品。一方权利的实现依赖于另一方认真履行自己的义务。劳动法和行政法的法律关系也大都与此类似。

三、平权型法律关系和隶属型法律关系

按照法律关系各主体间的法律地位是否平等，我们可以把法律关系分为平权型法律关系和隶属型法律关系。

平权型法律关系又叫横向型法律关系，是存在于法律地位平等的当事人之间的法律关系。其特点在于，法律主体的地位是平等的。法律地位平等指的是当事人之间没有隶属关系，也就是既不存在职务上的上下级关系，也不存在一方当事人可以根据职权而支配对方的情形。权利和义务的内容具有一定的任意性。这种平权型法律关系以民事法律关系最为典型。

隶属型法律关系又叫纵向型法律关系，是一方当事人可以依据职权而直接要求他方当事人为或不为一定行为的法律关系。其特点在于：①法律主体处于不平等的地位，例如亲权关系中的家长与子女、行政管理关系中的上级和下级机关，在法律上有管理和被管理、命令与服从、监督与被监督等方面的差别。②主体间的权利义务具有强制性，既不能任意放弃，也不能随意转让。

四、调整性法律关系和保护性法律关系

根据法律关系的产生是否要求法律制裁，可以将法律关系分为调整性法律关系和保护性法律关系。

法律关系不仅体现着主体之间的联系，也是主体与国家之间的联系，国家支持、保障权利的行使与义务的履行。任何一方不履行义务将受到国家的法律制裁。

调整性法律关系是基于人们的合法行为而产生的执行法的调整职能的法律关系。它所实现的是法律规范调整规则的内容。它不需要适用法律制裁，主体之间就能够依法行使权利、履行义务。例如，各种依法建立的民事法律关系、行政合同关系。

保护性法律关系是由于违法行为而产生的，旨在恢复被破坏的权利和秩序的法律关系。它执行着法的保护职能，所实现的是法律规范保护规则的内容。它的典型特征是一方主体（国家）适用法律制裁，另一方主体（违法者）必须接受这种制裁，如刑事法律关系。

五、第一性法律关系和第二性法律关系

根据法律关系之间因果联系与地位的不同，可将法律关系划分为第一性法律关系和第二性法律关系两类。第一性法律关系，又称为主法律关系，是主体间合法建立的不依赖其他法律关系、可独立存在的法律关系。第二性法律关系又称为从法律关系，它产生于第一性法律关系，与第一性法律关系相比，其地位与作用具有从属性。从二者的因果联系可以看出，在时间上第一性法律关系在先，而第二性法律关系在后。这种分类的意义在于说明法律，即其权利和义务实现的不同机制和过程。第二性法律关系越少，越表明法律，即权利和义务的实现是良性的。

【案例】

四川宪法平等权案

2000 年 5 月，四川省成都市曾发生一起关于宪法平等权利的案件。原告王勇等 3 名四川大学法学院的学生去被告"粗粮王红光店"用餐。被告的广告上写着"每位 18 元，国家公务员每位 16 元"。原告认为这是对非公务员消费者的歧视，违反了《宪法》第 33 条以及《民法通则》第 3 条关于"当事人在民事活动中地位平等"的原则，侵犯了公民受宪法和法律保护的平等权，因而在成都市青羊区人民法院起诉，要求被告撤销广告中对消费者的歧视对待，并返还对原告每人多收的 2 元钱。一审法院判决，法律并没有明文规定商家不能对公务员消费者予以优惠，也没有明文规定不能对不同的消费者采取不同的收费方式，因而驳回了原告的诉讼请求。原告上诉后，成都市中级人民法院维持原判。法院认为，原告与被告是"平等的民事主体"。原告"作为消费者有权选择是否消费，对是否消费有充分的自由"，被告并"没有强迫消费者消费的意图与行为"，"有权处分自己的民事权利，有权决定对某一个群体和个人予以优惠"，且根据不同的群体以不同的价格发出要约，"实为适应市场需要，增强竞争而采取的一种促销手段"。因此，原告认为被告的行为侵犯了宪法和民法基本原则，属于"理解不当"，其诉讼请求"于法无据"，不予支持。后来，被告饭店自行撤除了关于公务员优惠的广告词。

本案涉及第一性和第二性两层法律关系。3 名大学生选择到该饭店用餐，即在二者之间产生了服务合同法律关系：3 名学生支付价款，饭店提供服务，双方之间形成合同法律关系。这是第一性的法律关系。后由于 3 名学生认为饭店的促销手段侵犯了宪法和法律赋予公民的平等权，由此发生纠纷诉至法院。法院受理案件后，在法院和双方当事人之间就发生了诉讼法律关系，这是第二性的法律关系。

第一性法律关系中的权利义务因当事人的违法行为（包括违约）而不能顺利实现，由此产生诉讼法律关系即第二性的法律关系，通过国家司法机关的干预，解决当事人之间的纠纷，通过国家强制力使受侵害的权益得以弥补，使双方当事人的权利义务得以享有和履行，从而使法律的规定得以实现。在本案中，饭店与 3 名学生之间的合同并没有瑕疵，是在双方意思表示真实的基础上成立的，因而合法有效。所以，法院不支持原告的诉讼请求，饭店无需承担变更合同的责任。

二、法律关系主体

（一）法律关系主体的概念

法律关系主体是法律关系的参加者，是权利的享有者和义务的承担者，通常又称为权利主体和义务主体。享有权利的一方称为权利主体，承担义务的一方称为义务主体。

法律上所称的"人"与日常用语中所称的"人"有着完全不同的含义。法律上所使用的"人"的概念主要包括自然人和法人。自然人是指具有生命并具有法律人格的个人，包括公民、外国人和无国籍人。法人是自然人的对称，指具有法律人格，能够以自己的名义独立享有权利或承担义务的团体。法人是由自然人组成的团体，又称拟制人，即由法律赋予人格并将其视为同自然人一样有独立意志和利益的社会组织体。因此，法人可以以自己的名义像自然人一样拥有财产、订立合同、行使权利、履行义务、起诉或应诉。

法律关系主体具有法律性和社会性的特点。法律关系主体的法律性是指，法律关系主体是由法律规范所规定的，这是它与其他形式的社会关系主体的区别。例如，按照我国婚姻法对法定结婚年龄的规定，男不得早于 22 周岁，女不得早于 20 周岁。低于以上年龄者不得成为婚姻法律关系的主体。法律关系主体的社会性是指，法律规范规定什么人、什么组织能够成为法律关系的主体不是任意的，而是由一定的物质生活条件决定。在奴隶制国家的法律中，只有自由民才是法律关系的主体。这一法律规定是由奴隶制国家的生产方式所决定的，奴隶主不但占有生产资料，占有奴隶的劳动，而且直接占有奴隶本身。由此可见，法律关系主体的范围，无论是自然人还是社会组织，虽然是由法律规定的，但是法律规范并不是确定其主体资格的最终根源。

（二）法律关系主体构成的资格与条件

公民和法人要成为法律关系的主体，享有权利和承担义务，就必须具有权利能力和行为能力，即具有法律关系主体构成的资格。

1. 权利能力。权利能力，又称权义能力（权利义务能力），即独立地享有权利和承担义务的能力。它是由法律所确认的享有权利或承担义务的资格，也是法律关系主体能够参加任何法律关系的必备条件，是一种法律上的资格与前提。如果不具有权利能力，就意味着不仅没有资格享有权利，而且也没有资格承担义务。权利能力也可以说是法律人格的同义语，哪些人可以具有法律人格这完全是由法律予以确认的，因而不同时代的不同法律制度对具备权利能力的主体的界定可以有很大的不同。

拓展知识

权利能力是法律对一定主体资格的最为核心的确认。关于确认和尊重一个人的主体地位的法律制度经历了一个漫长的演进历史。

在奴隶社会中，奴隶被当做是"会说话的工具"，甚至可以成为奴隶主之间进行任意买卖的客体，被视为一种财产，基本不具备法律的主体资格。当然这不是说奴隶在任何时候都不能成为法律关系的主体，在特定的情况与条件下也能成为一定的权利主体，如奴隶可以成为婚姻、继承、诉讼等法律关系的主体。在古代奴隶制社会的立法中，人们可以看到这样的一些规定：例如约公元前15世纪著名的《赫梯法典》第31条规定："假如自由的男人与女奴情意相投，他娶她为妻而他们建立家庭，有了子女，以后他们发生纠纷并同意离异。则他应平分其家，男人可以取得子女，而女人可以取得一个儿子。"第32条规定："假如男奴娶自由的女人为妻，则他们的诉讼案件也是同样的。"到了封建社会，主体的范围有了扩大，但具有不同身份的人其权利的范围有很大区别，其中农民与农奴的权利受到较多的法律限制。到了资本主义社会，从形式上规定了一切公民都具有平等的主体资格。只有到了社会主义社会，在法律及在现实中才真正实现了形式与内容的统一，人们拥有平等且真实的主体地位。如我国《民法通则》第10条规定："公民的民事权利能力一律平等。"

法律中对不同主体权利能力的规定也有差异。根据对主体规定的不同，主要可分为自然人的权利能力和法人的权利能力两类：

（1）自然人的权利能力。它又有一般权利能力与特殊权利能力之分。一般权利能力，又称基本的权利能力，是所有公民从事一般法律活动普遍具有的法律资格，通常不再附加其他法律要求，如我国宪法所规定的基本权利和基本义务的承担者的能力、民事权利能力等。我国《民法通则》第9条规定："公民从出生时起到死亡时止，具有民事权利能力，依法享有民事权利，承担民事义务。"这是对公民一般权利能力的法律规定。

特殊权利能力是指只有具备法律所特别要求的条件与情况时才具有的权利能力。这种资格不是每个公民都可以享有，而只授予某些特定的法律主体。如税务机关依法征税权、人民法院依法独立行使审判权、公民的政治权利能力和劳动权利能力等就是特殊的权利能力。

同时，自然人的权利能力又可以根据部门法进行分类，从而有民事权利能力、政治权利能力、行政权利能力、劳动权利能力、诉讼权利能力等。

【案例】

鲁某的母亲张某怀孕后到宁波市镇海区某医院做产前检查，在该院共做了4次B超检查。鲁某出生后被发现左手腕关节以下缺失。鲁某母亲张某认为，由于该医院B超诊断失误，造成残疾儿童出生，对鲁某以后的生活、婚姻带来很大影响，为此张某以鲁某为原告、以医疗事故人身损害赔偿为由将该医院诉至法院，要求该医院支付医疗费、精神损害抚慰金、假肢费等各项费用30 663元。

浙江省宁波市镇海区法院经审理认为，当事人提起诉讼，应当符合起诉条件。虽然原告以医疗事故损害赔偿为由起诉，但起诉理由实为因被告在对原告母亲张某进行产前检查中，未能通过B超检查手段及时检查出原告为先天性残疾而造成原告的降生。即如果被告当时能及时确诊原告左手腕关节以下缺失，原告父母可以选择是引产还是分娩，故本案实质为优生优育选择权赔偿纠纷。法律规定，自然人的民事权利能力始于出生、终于死亡，在被告对原告母亲张某进行产前检查时，原告尚为胎儿，无民事权利能力，亦不可能决定自己是否出生，显然优生优育选择权只能由原告父母行使。现小孩已出生，原告家长再以小孩名义起诉，要求原告对自己生存权利作出选择，显然有悖常理，原告家长作为法定代理人明显超越代理权限，故本案原告主体不适格，鲁某不应成为本案的当事人。据此，依法裁定驳回原告鲁某的起诉。

上述案件体现了自然人权利能力的重要意义。此外，这一案件中还需要从法理方面讨论的是，《民法通则》对民事权利能力起止时间的规定是否随着社会的发展而需要修改。从目前的立法发展趋势来看，对胎儿赋予法律所拟定的主体资格，承认胎儿具有民事权利能力，已经被越来越多的国家认可和接受。而我国的立法显然有些滞后，存在局限性。

（2）法人的权利能力。法人的权利能力没有自然人那么复杂，一般而言，法人的权利能力开始于法人依法成立之时，自法人解散或撤销时消灭。其范围是由法人成立的宗旨和业务范围决定的。

2. 行为能力。行为能力是指法律承认的，法律关系主体能独立地以自己的行为实现权利和义务的能力。有行为能力就有责任能力。

自然人的行为能力是自然人的意识能力在法律上的反映。确定自然人有无行为能力的标准有二：一是能否认识自己行为的性质、意义和后果；二是能否控制自己的行为并对自己的行为负责。因此，是否达到一定年龄、神智是否正常，就成为自然人享有行为能力的标志。例如，婴幼儿、精神病患者，因为他们不能预见自己行为的后果，所以法律不能赋予其行为能力。在这里，自然人的行为能力不同于其权利能力。具有行为能力必须以权利能力为前提，但具有权利能力并不必然具有行为能力。

自然人的行为能力也可以进行不同的分类。其中较为重要的一种分类是根据其内容不同分为权利行为能力、义务行为能力和责任行为能力。权利行为能力是指通过自己的行为实际行使权利的能力；义务行为能力是指能够实际履行法定义务的能力；责任能力是指行为人对自己的违法行为后果承担法律责任的能力。它是行为能力的一种特殊方式。

自然人的行为能力问题，是由法律予以规定的。我国法律根据行为人年龄和健康状况的不同，将自然人分为完全行为能力人、限制行为能力人和无行为能力人。按照《民法通则》规定，分别是：①完全行为能力人。18 周岁以上的公民具有完全的民事行为能力；16 周岁以上不满 18 周岁的公民，以自己的劳动收入为主要生活来源的，视为完全民事行为能力人。②限制行为能力人。10 周岁以上的未成年人是限制行为能力人，可以进行与其年龄、智力相适应的活动，其他民事活动由其法定代理人代理或征得法定代理人同意；不能完全辨认自己行为的精神病人是限制行为能力人，可以进行与其精神状况相适应的民事活动，其他民事活动由其法定代理人代理或征得法定代理人同意。③无行为能力人。在民法上，不满 10 周岁的未成年人和完全不能辨认自己行为的精神病人是无民事行为能力人，由他的法定代理人代理民事活动，无民事行为能力人所为的民事行为是无效的。但实践中也有例外情形，如无民事行为能力人接受奖励、赠与、报酬的，他人不得以其无民事行为能力为由主张该行为无效。

【案例】

沈女士的儿子冬冬很有绘画天赋，年仅 8 岁就在各级组织的少儿书画比赛中获奖。当地一家美术出版社得知此事后去信给冬冬，说该出版社准备出版一本均由少儿创作的美术作品集，希望冬冬能够选出几张寄给出版社由其择优采用。冬冬征得沈女士同意后就给该出版社寄去四张作品，但之后很长时间没有得到该出版社答复。半年多后，沈女士在书店看见该美术出版社出版的一本少儿获奖美术作品选集，其中就有冬冬寄去的两幅作品。沈女士找到该出版社质问其为何不通知冬冬的作品已被选用、不支付报酬给冬冬，且在被选用的作品上不署冬冬的姓名。该出版社辩解称，冬冬只有 8 岁，哪里有什么著作权？怎么可能获得报酬？

我国儿童一般于 6 周岁起就要接受义务教育，在此过程中需要进行一些数额不大的民事法律行为，如购买文具等，这个年龄段的人一般能够预见这种行为的后果。另一方面，日常生活中有很多定型化的行为，其法律后果相当确定，未成年人为此种行为时，一方面不会对其利益造成损害，另一方面也不会对社会交易秩序构成损害。本案中，冬冬不仅依法对其作品享有著作权，而且也有权要求出版社支付报酬。

法人组织也具有行为能力，但与自然人的行为能力不同。表现在以下两个方面：①自然人的行为能力有完全与不完全之分，而法人的行为能力总是有限的，由其成立的宗旨和业务范围所决定。②自然人的行为能力和权利能力并不是同时存在的。也就是说，自然人具有权利能力却不一定同时具有行为能力，自然人丧失行为能力也并不意味着丧失权利能力。与之不同的是，法人的行为能力和权利能力却是同时产生和同时消灭。法人一经依法成立，就同时具有权利能力和行为能力；法人一经依法撤销，其权利能力和行为能力就同时消灭。

（三）我国法律关系主体的种类

法律关系主体一般包括三种：

1. 个人主体。又称为自然人。公民是个人主体中最基本的种类。在我国，凡是取得中华人民共和国国籍的人都是公民基本权利和义务的承担者，可以和其他公民、社会组织、国家机关之间发生多种形式的法律关系。某些重要的权利，如选举权、被选举权等，非我国公民和被剥夺政治权利的人不得行使。除此之外，个人主体还包括居住在我国的外国人和无国籍人，他们能参加哪些法律关系以及权利能力的范围的大小由我国法律及我国签订或加入的国际条约规定。按照我国民法的规定，个体工商户、农村承包经营户和个人合伙也包括在个人主体（自然人）的范围内。

2. 集体主体。包括两类：一类是国家机关，包括国家权力机关、行政机关、审判机关和检察机关等。它们在其职权范围内活动，能成为宪法关系、行政法关系、诉讼法关系等多种法律关系的主体；另一类是社会组织，如政党、社会团体、企事业单位等。在民事法律关系中，具有民事权利能力和民事行为能力、依法独立享有民事权利和承担民事义务的社会组织称为法人。根据民法的规定，法人可以分为企业法人与机关、事业单位法人和社会团体法人。这两类法人的性质有很大不同，但国家机关可以以法人的身份参加到某些民事法律关系中，只是这种活动不具有行使公务职权的性质。

3. 社会构成。作为一个整体的国家、省、市、县、民族、全体人民，它们不同于一般的集体主体，不是人的集体，而是社会共同体外在的法律上的表现。如国家作为一个整体既可以成为国家所有权关系、刑法关系的主体，又可以成为国际法律关系的主体。又如根据我国宪法规定，国内各个民族都可以成为民族法律关系的主体。

三、法律关系的内容

（一）权利

1. 权利的概念。关于什么是权利，历来众说纷纭。权利和义务是包括多种要素，具有丰富内容的概念，我们可以从任何一个要素或层面出发去理解权利。例如：

（1）可以把权利理解为资格，即去行动、占有或享受的资格。例如选举、领取养老金、坚持自己的看法、享受家庭生活等。也可以这样理解：权利即"可以"，义务即"不可以"。一个人只有被赋予某种资格，具有权利主体的身份，才能够向别人提出作为与不作为的主张，也才有法律能力或权利不受他人干预地从事某种活动。

（2）可以把权利理解为自由，即法律允许的自由——有限制、但受到法律保护的自由，每一个真正的权利就是一种自由；包括权利主体的意志自由和行动自由，主体在行使权利时不受法律上的干涉，主体作或不作一定行为不受他人的强制。

（3）可以把权利理解为法律所承认和保障的利益。不管权利的具体客体是什么，上升到抽象概念，对权利主体来说，它总是一种利益或必须包含某种利益。而义务则是负担或不利。

（4）可以把权利理解为法律规范规定的有权人作出一定行为的可能性、要求他人作出一定行为的可能性以及请求国家强制力量给予协助的可能性。义务则是法律所决定的和用国家强制力来保证的一定行为的必要性。

上述观点都从不同的侧面揭示了权利的某些特征，包含着对权利的真理性认识，但是也同时存在这样或那样的片面性。我国法学界通行的观点认为：权利又称法律权利或法定权利，指法律关系主体在法律规定的范围内为了满足特定的利益而为一定行为的手段。它表明：

（1）权利是国家通过法律规定的，得到国家强制力的确认和保障。从权利主体的角度看，他们之所以享有权利，他们采取的某些行为或手段之所以具有权利的性质，就在于国家通过法律予以许可和保障。国家制定法律不仅为这种手段的实施提供了合法的依据，确认了权利人从事法律允许的行为的范围，而且当人们的权利受到侵犯时，国家有义务制裁侵权行为，给予法律救济，从而为权利的实现提供相应的物质保障。

（2）权利是实现特定利益的手段。权利与利益有着密切的关系，权利人要实现的特定利益是权利的社会内容，而权利则是这一内容的法律形式，二者同时也构成手段和目的的关系。这一判断表明，权利是统治阶级根据自己的价值观念在人们相互冲突的利益之间作出权衡，通过设定权利、分配利益，从而维护统治阶级利益或社会普遍利益，实现阶级统治、公共管理的手段。

（3）权利是主体根据自己的愿望来决定是否实施的行为。即对于法律规定的行为，主体既可以做，也可以不做，具有完全自主的决定能力。具体来说，它包括三个要素：①权利主体可以自主决定作出一定行为；②权利主体可以自主要求他人（义务人）履行一定的法律义务；③权利主体在自己的权利受到侵犯时，可以请求国家予以保护。从这个意义上讲，权利主体是自由的、能动的，这是它与义务的重要界限。拒绝履行义务将受到相应的法律制裁。

【案例】

"死亡博客"案

2007年12月29日，留学海外多年的31岁的北京女白领姜岩从24层楼跳下死亡。在自杀之前，姜岩在网络上写下了自己的"死亡博客"，记录了她生命倒计时前2个月的心路历程，并在自杀当天开放博客空间。之后的三个月里，网络沸腾，姜岩的丈夫王菲成为众矢之的。网友运用"人肉搜索"将王菲及其家人的个人信息，包括姓名、照片、住址以及身份证信息和工作单位等全部披露。王菲不断收到恐吓邮件；网上被"通缉"、"追杀"、围攻、谩骂、威胁；被原单位辞退等。

2008年3月18日，王菲以侵犯名誉权为由将张乐奕、北京凌云互动信息技术有限公司、海南天涯在线网络科技有限公司起诉至法院，要求赔偿7.5万元损失及6万元的精神损害抚慰金。该案被媒体冠为"人肉搜索第一案"或"网络暴力第一案"。

2008年12月20日，北京市朝阳区人民法院作出一审判决：被告张乐奕停止对原告王菲的侵害行为，删除刊登在"北飞的候鸟"网站上的《哀莫大于心死》、《静静的》、《心上的月光》三篇文章及原告王菲与案外人东某的合影照片；在"北飞的候鸟"网站首页上刊登向原告王菲的道歉函；赔偿原告王菲精神损害抚慰金5000元、公证费用684元。大旗网和"北飞的候鸟"两家网站的经营者或管理者构成对原告王菲名誉及隐私权的侵犯，分别判处停止侵权、公开道歉，并赔偿王菲精神损害抚慰金3000元和5000元；天涯在线因于王菲起诉前及时删除了侵权帖子，履行了监管义务，经判决认定不构成侵权。

2. 权利与权力。

（1）权力和权利在相互关系中的不同含义。权力这个概念在法学理论中是一个非常重要的概念，这个概念不仅在汉语中与权利读音相同，而且在语义和实际的关系上都与权利存在密切的联系。权力的含义可以从广义和狭义两方面来理解。广义的权力是从社会学的角度来理解，指它的支配性、不平等性、强制性等。而狭义的权力仅指国家权力，即国家凭借其掌握的社会资源，对一般公民所具有的实现自身意志的能力和影响。权利和权力之间确实存在比较复杂的关系，我们应该特别注意权力在不同情况下的特殊含义，看它是社会学意义上广义的"权力"，还是指狭义上的"国家权力"；是指规范意义上的权力，还是指事实意义上的权力。权力的这种不同含义直接决定了它与法律上"权利"的不同关系。

但是语言的使用还有一个习惯性和约定俗成的问题，在法学领域，一般情况下，在谈到权利与权力关系的时候，如果没有特别指明，这个"权利"就仅仅是指公民、法人等私权利，而权力则相应地仅指国家的公权力。我们下面的讨论就是在这个意义上来使用权利和权力的含义。

（2）权利与权力之间的区别和联系。在权利仅指个人权利、权力仅指国家权力的情况下，我们就可以更好地区分两者的不同，这种不同不仅表现在语义上，而且表现在现代法治社会对两者所具有的不同要求上。两者的区别表现在：①行使主体不同。前者的行使主体是一般平等主体，后者的行使主体是代表国家的具有公务性质的主体。②表现方式不同。前者的权利和义务相对应，公民享有权利的同时也负有义务；后者的权力与责任相对应，权力行使不当要承担相应的责任。③运行方式不同。权利人不得在行使权利的时候对相对人直接使用强制力，而权力在行使的过程中自始至终与强制力相伴。④法律要求不同。权利可以不行使、放弃或转让，而权力必须行使，不得放弃和转让。⑤推定规则不同。权利的推定规则是法不禁止即自由，权力的推定原则是法无规定即无权力。⑥社会功能不同。权利的社会功能是维护权利主体的自由和利益，权力的社会功能是维护社会整体的利益和秩序。两者也同时有着密切的联系。权力来源于权利，其目的是为实现个人权利服务，其功能在于能够维护有利于权利长远发展的秩序。

（3）权利与权力的关系是现代法律调整的核心。法律既调整个人与个人之间的权利关系，同时也调整个人与国家之间的权利和权力关系，但是更重要的是个人权利和国家权力之间的关系，它们之间的关系可以说是现代法律调整的核心。法律的调整重心经历了从传统的权力与个人义务之间的服从关系到权利与权力之间的制约关系的重大转变。如何制约权力、保护权利始终是法治社会中法律重要的任务所在，如何正确平衡权利与权力之间的关系也是现代法律最大的难题所在。

（二）义务

1. 义务的概念。作为与权利相对应的概念，法律义务的含义也有不同的说法，主要有：

（1）义务是规范。即法律为了满足权利人的权利需要而要求义务人作出必要行为以及其未履行而构成法律制裁的理由或根据。如"法律上的义务是指法律为义务人规定的必要行为的尺度，义务人应该按照权利人的要求，遵守这种尺度，以满足权利人的利益"。

（2）义务是一种负担。即义务人必须作出或抑止一定行为的负担。这是与法律权利是法律所承认和保障的利益的观念相对应的。如认为义务是"法律上关于权利主体应当作出或不作出一定行为的约束。表现为要求负有义务的人必须作出一定行为或被禁止作出一定行为，以维护国家利益或保证权利人的权利得以实现"。

（3）义务是责任。即认为法律义务是义务主体为一定行为或不为一定行为的一种责任。

以上几种说法都有一定的道理，但也存在一定的局限性。一般来说，法律义务是法律关系主体在法律规定的范围内为了满足权利人的利益而依照权利人的要求从事一定的行为或不行为的法律手段。这一定义表明：

（1）义务是通过国家法律规定的，得到国家强制力确认的一种作为或不作为。不履行义务就要受到强制力的制裁。

（2）义务是为实现权利人的利益而设立的手段。权利需要保障，才能自由行使，同时行使权利时也要受到限制，对权利进行限制就是为人们设定与人们的权利相联系的义务。

（3）义务具有被动性。在任何情况下，义务的承担者都不能任意放弃义务，即拒不履行义务。如果说权利是指某种行为的可能性，那么义务则是指某种行为或不行为的必要性。它一般包括三种表现形式：一是积极行为的义务，即按照权利人的要求作出某种行为的必要性；二是消极不行为的义务，即义务人不实施某行为的必要性；三是接受法律制裁的义务，即因侵犯权利人的利益，接受国家强制性措施的必要性。

2. 义务与职责。职责往往与特定的职务、职权和身份相关联，对其主体有特定要求，不具有平等性，义务则是每个公民都负有的，具有平等性；职责往往表现为积极的作为，而义务则不然，可能表现为积极的作为也可能表现为消极的不作为；职责既是权利也是义务，而义务则不具有这种双重属性。

（三）权利与义务的关系

权利和义务的关系是权利义务理论的基本内容。从法理学的角度，我们可以把权利和义务的关系概述为结构上的对立统一、功能上的互补互促。

1. 结构上的对立统一。权利和义务作为法这一事物中既相互分离、排斥又相互依存、贯通的因素，体现了对立统一关系。这种相互分离、排斥表现在：权利的存在以维护权利主体利益为目的，义务的存在则是以义务主体对权利主体的利益维护为目的；权利是目的，义务是实现权利的手段；权利是主动的，权利主体在法律范围内可以自主决定行为，义务是被动的，义务主体在法律范围内只能根据权利主体的意愿决定行为。

同时，它们又是相互依存、相互贯通的。主要表现为：①权利和义务是具有一致性的。在任何一种法律关系中，权利人享受权利都要依赖于义务人承担义务，义务人如果不承担义务，则权利人不可能享受权利；权利与义务表现的是同一行为，对一方当事人来说是权利，对另一方当事人来说则是义务。②权利和义务相互渗透。在一定条件下，某一行为既可以看作义务又可以看作权利，如受教育、服兵役、职权与职责等。③权利和义务在一定条件下可以相互转化。如大多数国家宪法规定了父母有抚养教育未成年子女的义务，同时又规定成年子女有赡养扶助父母的义务，就是说，父母子女的权利义务因子女的年龄变化而转化。

在一般意义上，我们通常所说的"没有无义务的权利，也没有无权利的义务"基本上就已经比较好地说明了法律权利和义务的关系。而在现实中，当事人双方往往站在权利和义务分配的不同立场上来看待问题，导致主张不同。通过法律对权利、义务的认定，可以显示出具体法律关系中两者的一致性，从不同的价值观念出发，将直接导致当事人责任分担的不同。

【案例】

1999 年 7 月 9 日，建设银行大庆分行景园储蓄所遭到两名歹徒抢劫。女营业员姚丽暗中按下了报警器，但警讯未能发出；在另一名女营业员假装找钥匙以拖延时间时，姚丽又暗中再按下报警铃，报警铃仍然失效。结果，歹徒从姚丽的钱箱抢走了 13 568.46 元现金，从另一名女营业员的钱箱抢走了 30 190 元现金。接着，歹徒又威胁姚丽打开保险柜，但被姚丽瞒过，柜中的 25 万元现金才未受劫难。歹徒逃离现场后，姚丽立即向"110"报警。翌日，姚丽从家里取出了 1.3 万元交还储蓄所，以弥补单位的损失。1999 年 8 月，大庆分行的领导对姚丽作出如下处分：在开除姚丽党籍的前提下，给予行政记大过处分，并由姚丽补偿歹徒从她手中抢走的 1.3 万元钱。姚丽向劳动争议仲裁委员会申诉。

在本案中，建行大庆分行与其工作人员之间权利义务关系的一致性体现为：在劳动关系中，工作行为作为客体体现出权利义务的统一性和同一性。银行的权利是通过从业人员的工作维持机构的正常运转，工作人员的义务则是按不同工种履行自己的工作职责；银行享受机构正常运作的权利，要承担提供员工正常工作条件的义务，工作人员在履行工作义务的同时，享有银行提供正常工作条件的权利。而正常的工作条件既包括工资的给付，也包括安全的工作环境等必要的进行工作的要素。抢劫事件的发生，破坏了双方权利义务关系的正常状态。在抢劫发生的情况下，根据双方权利义务的范围，银行将承担损失的义务转嫁到姚丽一方，显然是不恰当的。因为抢劫发生时报警装置失效，属于银行履行义务的瑕疵，姚丽在抢劫状态下的义务应仅限于报警或力所能及的抵抗，要求以生命为代价保护银行的财产，超出了一个普通金融工作人员的职责范围。

因此，姚丽没有承担银行损失的义务，银行的处分决定是不当的。

2. 功能上的互补互促。法是以权利和义务这种双向机制来指引人们行为的，权利和义务在实现法的调整功能这一点上各有所长，因此可以实现两者在功能上的相互制约、相互促进。

事实上，任何权利的实现都会受到义务的制约，任何义务的履行也会受到权利的制约。因为任何一种权利都是以守法、合法为前提，而守法、合法本身就是一种义务。权利的范围就是义务的界限，同样，义务的范围就是权利的界限。如果权利主体超出义务范围，提出要求义务主体从事超出义务之外的非法、非分的主张，义务主体有理由拒绝。如我国宪法一方面赋予了公民更广泛的政治权利、经济权利、文化权利和其他社会权利，另一方面又规定："中华人民共和国公民在行使自由和权利的时候，不得损害国家的、社会的、集体的利益和其他公民的合法的自由和权利。"这就要求公民在行使自由和权利的同时，必须履行自己应尽的义务。

就两者相互促进而言，权利表征利益，以正向的利益引导人们行为，义务表征负担，以负向利益引导人们的行为。权利以其特有的利益导向和激励机制作用于人的行为，它符合人们追求利益的天性，将人们的行为引导到合理的方式与正当的目标上来。义务在本质上是利益负担和责任后果，如果不按法律义务的要求行为，则承担更大的负担和不利后果，所以义务以其特有的约束机制和强制机制使人们从有利于自身的利益出发来选择行为。此外，权利以其特有的利益导向和激励机制而更有助于实现自由；义务以其强制某些积极行为发生、防范某些消极行为出现的特有约束机制而更有助于建立秩序。一个社会为了实现基本价值目标，如秩序、自由，往往借助法律，也就是借助义务和权利的作用而实现。

（四）权利与义务的分类

有关权利和义务的分类也同样可以大大加深我们对权利和义务的进一步认识。我们可以从不同的角度和不同的标准对权利和义务进行分类，下面我们介绍几种不同的分类。但是要注意的是这些分类都是相对的，同一种权利根据不同的标准都可以归入不同的权利类别。

1. 基本权利义务与普通权利义务。根据权利和义务所体现的社会内容（社会关系）的重要性程度，亦即它们在权利义务体系中的地位、功能及社会价值，可划分为基本权利义务与普通权利义务。基本权利义务是人们在国家政治生活、经济生活和社会生活中的根本权利和义务，它与公民的生存、发展、地位直接相关。如我国宪法关于公民的基本权利义务的规定。普通权利义务是基本权利义务之外的权利和义务，是人们在普通经济生活、文化生活和其他社会生活中的权利义务，通常由宪法以外的法律或法规予以规定。如合同法中所规定的合同当事人的权利义务。

2. 一般权利义务与特殊权利义务。根据权利义务对人们的效力范围可划分为一般权利义务与特殊权利义务。一般权利又称"对世权利"，其特点是权利主体是特定的，而义务主体不特定，它的实现就是要求一般人不作出损害其权利的行为。如国家的安全权、公民的自由权、公民的财产权等。一般义务又称"对世义务"，其特点是无例外地适用于每个人；每个义务主体无特定的权利人与之相对。一般义务的内容通常不是积极的作为，而是消极的不作为。例如任何人不得损害国家的独立和安全，不得损害其他公民的人身自由。

特殊权利又称"相对权利"或"对人权利"，其特点是权利主体和义务主体都是特定的。它的实现需要义务主体履行积极的作为义务或消极的不作为义务，如民法上的债权，即为债权人要求债务人作出积极给付的行为的权利，而其他人对此债权，也应履行不侵害之义务。宪法中的公民的劳动权、休息权、应受教育权等也属于相对权。这些权利的实现有赖于国家机关作出相应的行为。特殊义务又称"对人义务"或"特定义务"，其特点是义务主体有特定的权利主体与之相对，义务主体应当根据权利主体的合法要求作出一定行为，以其给付、协助行为使特定权利主体的利益得以实现。如借贷关系中的债权与债务、婚姻家庭关系中夫妻之间、父母与子女之间的权利和义务均属于此类。

3. 第一性权利义务与第二性权利义务。根据权利之间、义务之间的因果关系可以划分为第一性权利义务与第二性权利义务。第一性权利又称"原有权利"，它是直接由法律赋予的权利或由法律授权的主体依法通过其积极活动而创立的权利。如财产所有权、缔约权、合同中双方当事人的权利。第一性义务与第一性权利相对，是由法律直接规定的义务或由法律关系主体依法通过积极活动而设定的义务。其内容是不许侵害他人的权利，或适应权利主体的要求而作出一定行为的义务。义务主体以自己的作为或不作为满足权利主体的合法主张。如宪法中规定的公民纳税义务、服兵役义务等。第二性权利又称"补救权利"或"救济权利"，它是在原有权利受到侵犯时产生的权利。如诉权、恢复合法权益的请求权。第二性义务与第二性权利相对，其内容是违法行为发生后所应负的责任。如违约责任、侵权责任、行政赔偿责任等。

4. 个人权利义务、集体权利义务和国家权利义务。根据权利主体的不同可以划分为个人权利义务、集体权利义务、国家权利义务。个人权利是自然人依法所享有的政治权利、经济权利、文化权利和社会权利，通常叫公民权利。个人义务是自然人依法应承担的义务，其中包括对其他个体的义务、对集体的义务和对国家的义务。集体权利是社会团体、企事业组织、法人等集体所享有的各种权利。集体义务则是它们依法应承担的义务。国家权利是国家作为法律关系主体以国家或社会的名义所享有的各种权利。例如对财产的所有权、审判权、检察权、外交权等。国家义务是国家依法承担的义务，如保护公民的合法权益，为老人、病人或丧失劳动能力的人提供物质帮助，对因遭受国家机关和国家工作人员的侵犯而蒙受损失的公民给予赔偿的义务等。

四、法律关系的客体

（一）法律关系客体的概念

法律关系客体指法律关系主体的权利和义务所共同指向的对象。法律关系客体是法律关系主体之间建立起一定法律关系所指向的具体目标，是人们通过自己的意志和行为欲影响和改变的对象，是连接权利与义务等法律概念并使其具有实际内容的现实载体。可见，法律关系的客体是具体将主体之间的权利与义务等内容联系在一起的客观基础与中介，是构成法律关系的又一必备要素，没有它便不能构成具体的法律关系。

法律关系的客体具有以下几个方面的特征：①具有客观性，即它是不以人的意志为转移，独立于人的意识以外，能为人的意识所感知，并受人的行为支配的存在于客观世界中的各种现象。它不仅包括客观物质世界的各种现象，如土地、水流、工厂、机器等，而且包括客观精神世界的各种现象，如所有权、平等、人格等。②具有自己的特殊性。它能够满足主体的物质利益和精神需求，是满足权利人利益的各种各样的物质和非物质利益，并得到法律的确认和保护。

因此，不是一切独立于主体而存在的客观现象都能成为法律关系的客体，只有那些能满足主体利益的并得到国家法律确认和保护的客观现象才能成为法律关系的客体，成为主体的权利和义务所指向的对象。反之，一种客观现象即使能使主体的利益得到满足，但这种利益得不到国家确认和保护，也不能成为法律关系的客体。如毒品、赌博、卖淫嫖娼虽然能满足某些个人的"利益"，但是它们是法律所坚决取缔的。

由于法律关系客体的范围要受到一定生产力发展水平和社会历史条件的制约，因此，随着生产力的发展，许多原来不属于法律关系客体的社会财富变为客体，如清洁的空气、不受干扰的环境、移植的器官、试管婴儿等。

【案例】

网络虚拟财产能否继承引争议

湖南省长沙市的王先生在自己的 QQ 邮箱里保存了大量与妻子夏女士的往来信件和照片。然而，王先生突遭车祸不幸去世后，悲痛欲绝的夏女士想要整理丈夫保存的信件及照片，以留作纪念。但是，无论怎样与腾讯公司交涉，夏女士让对方提供王先生 QQ 邮箱密码的要求都被拒绝了。

腾讯公司认为，根据腾讯公司与用户之间达成的协议，QQ 号码所有权归腾讯所有，用户只拥有号码使用权。用户不能将 QQ 号码作为个人财产处置，因为 QQ 号码不属于法律上遗产继承的范畴。

法学专家认为"网络虚拟财产能否作为遗产，要区别对待"。网络虚拟财产可分为两种情况：一种情况是虚拟财产离开了虚拟空间，这项财产可能与现实社会完全脱节，即离开了虚拟世界就什么都不是了；另一种情况是虚拟空间中的财产和现实生活中的财产相挂钩，比如，支付了现实社会中的货币来购买产品，或者在虚拟财产的状态下去挣虚拟货币，然后这些货币又能转化成现实生活中的货币。"只有对那些虚拟的财产可支配并能与现实社会的财产有衔接、能互换，我们才能考虑财产的继承问题，单纯的虚拟状态是不能作为财产继承的。""单就 QQ 账号、账号本身而言无法判断其是否属于财产，其关键在于要考查这个账号能否成为现实生活中人们可支配的法律意义上的财产。如果账号不能与现实社会的货币或者其他财产产生交易关联，所谓的账号就不存在法律上的财产性质，在该情况下，账号本身不能构成人们可支配的财产，故而不能继承。"

（二）法律关系客体的种类

法律关系的客体是指各种物质财富和非物质财富，它基本上可以分为以下几类：

1. 物。包括一切可以成为财产权利对象的自然之物和人造之物。作为法律关系客体的物与物理意义上的物既有联系，又有不同，它不仅具有物理属性，而且应具有法律属性。物理意义上的物要成为法律关系客体，须具备以下条件：一是应得到法律之认可。二是应为人类所认识和控制。不可认识和控制之物（如地球以外的天体）不能成为法律关系客体。三是能够给人们带来某种物质利益，具有经济价值。四是具有独立性。不可分离之物（如道路上的沥青、桥梁之构造物、房屋之门窗）一般不能脱离主物，故不能单独作为法律关系客体存在。在我国，大部分天然物和生产物可以成为法律关系的客体。但有四种物不得进入国内商品流通领域，成为私人法律关系的客体：①人类公共之物或国家专有之物，如海洋、山川、水流、空气等；②文物或贵金属（黄金、白银等）；③军事设施、武器（枪支、弹药等）；④危害人类之物（毒品、假药、淫秽书籍等）。

2. 行为。行为是行为过程与其结果的统一。在一些法律关系中，权利与义务共同指向的对象不是表现为具体的物或一定的精神产品形式，而是一定的行为，包括作为和不作为。作为又称为积极的行为，即要求主体去做什么。不作为又称为消极的行为，即要求主体不去做什么。行为作为法律关系的客体，既可以存在于非财产性的法律关系中，也可以存在于财产性的法律关系中。例如，在家庭关系中子女享有的受抚养教育权及父母享有的受赡养扶助权，都是通过具体的抚养教育与赡养扶助行为实现的。又如，在交通运输合同中承运人运送乘客与货物的行为，即是运输合同法律关系的客体。

3. 智力成果。是人们在智力活动中所创造的精神财富，是法律关系主体通过脑力劳动在科技、文化等精神领域创造的产品，包括科学发明、学术著作、文艺创作等，是一种无形的财产。它是知识产权所指向的对象，如著作权、发明权、发现权、专利权、商标权等。

4. 人身利益。包括人格利益和身份利益，是人格权和身份权的客体。如公民的生命健康权、姓名权、肖像权、人格尊严、婚姻自主权等。

法律关系客体并不限于以上几类，可以说有一类权利或义务就有一类与之相应的客体。如果没有相应的客体，权利和义务便无所依，也就不存在了。

五、法律关系的形成、变更与消灭

（一）法律关系形成、变更与消灭的含义

与其他事物一样，各种法律关系也是在不断发展、变化的，有些法律关系在形成，有些法律关系在变更，也有些法律关系在消灭。

法律关系的形成是指在法律关系主体之间新产生某种法律上的权利义务关

系，如因结婚登记而产生夫妻之间的权利和义务关系。

法律关系的变更是指法律关系的主体、客体或内容发生部分变化。它包括：①权利主体的改变，即权利主体的增加或者减少以及从这一主体转移到另一主体。如部分法定继承人放弃继承。②权利客体的改变，即因权利和义务所指向的对象的改变而导致法律关系的改变。如在房屋租赁法律关系中，因其中部分房屋被烧毁或者倒塌而改变这一法律关系。③法律关系内容的改变，即主体间权利义务的改变。如买卖合同双方当事人经过协商同意改变付款方式、改变交货期限等。

法律关系的消灭，是指法律关系主体之间的权利和义务的终止。

（二）法律关系形成、变更与消灭的条件

法律关系的形成、变更和消灭，需要具有一定的条件。其中最主要的条件有两个：一是法律规范；二是法律事实。法律规范是法律关系形成、变更和消灭的法律依据，没有一定的法律规范就不会有相应的法律关系。但法律规范的规定只是主体权利与义务关系的一般模式，还不是现实的法律关系本身。法律关系的形成、变更和消灭还必须具备直接的前提条件，这就是法律事实。它是法律规范与法律关系联系的中介。

所谓法律事实，就是法律规范所规定的能够引起法律关系产生、变更和消灭的客观情况或现象。也就是说，法律事实首先是一种客观存在的外在现象，是存在于人的意识之外的可以为人所认识的客观存在，而不是人们的一种心理现象或心理活动。其次，不是所有的客观现象都是法律事实，客观现象能否成为法律事实取决于法律的规定，只有合乎法律规范、具有法律意义的事实，才能够引起法律关系的产生、变更或消灭。

【案例】

2007 年 5 月 17 日，李新江在八里桥邮政所开立个人结算账户，账号为 4150，户名为李新江。5 月 18 日，该存折被他人以户名为"李新江"、账号为 7034 的存折调换。同日，李新江将 3 万元现金存入调换后的账号为 7034 的存折，后发现存折被调换的事实，立即申请邮政所对该账户的 3 万元存款停止支付，并向公安机关报案。5 月 21 日，公安机关决定对李新江财物被诈案立案侦查，并于 5 月 29 日对 7034 号账户的存款 30 010 元予以冻结。经侦查，7034 号账户内的 3 万元存款系李新江所存，因未抓捕到犯罪嫌疑人，无法将该账户存款取出发还失主。李新江诉至法院，请求判令八里桥邮政所及邮政局共同撤销该笔存款交易并返还存款 3 万元。八里桥邮政所及邮政局认为原告李新江不是账号 7034 存款合同的当事人即该账号的存折所有人，无权要求八里桥邮政所更改存款合同返还该笔存款。

　　法院认为，李新江于 2007 年 5 月 18 日在八里桥邮政所向 7034 号账户存款 3 万元，与八里桥邮政所之间建立存款合同关系。由于李新江本人亲自开立的账号为 4150，公安机关证明其因被骗才将 3 万元存款误存入 7034 账号，可以认定李新江向 7034 号账户存款 3 万元的行为系基于重大误解而产生。根据我国法律规定，因重大误解订立的合同，当事人一方有权请求人民法院或仲裁机构予以变更或撤销。李新江申请撤销其与八里桥邮政所就 7034 号账户的存款合同，符合上述法律规定，故判令被告返还原告存款 3 万元。

　　本案中，李新江在邮政储蓄所存款，邮政储蓄所开具存折作为凭证，通过这些行为在两者之间建立了储蓄合同关系，存款人凭存折支取存款本金和利息，储蓄机构依照规定支付存款本金和利息。李新江因重大误解将原本打算存入账号为 4150 的存折的 3 万元存入了账号为 7034 的存折，根据法律规定由法院判决予以撤销，他与邮政储蓄所之间的这一储蓄合同关系随之消灭，邮政储蓄所即丧失了继续占有该笔存款的依据，因此予以返还。

　　（三）法律事实的分类

　　法律事实是多种多样的，按照不同的标准，可以把它分成不同的种类。依照是否以人们的意志为转移作标准，可以将法律事实大体上分为两类，即法律事件和法律行为。

　　1. 法律事件。法律事件是法律规范规定的，不以当事人的意志为转移而引起法律关系形成、变更和消灭的客观事实。法律事件又分自然事件和社会事件。前者如人的生老病死、自然灾害等，后者如社会革命、战争等。这两种事件对于特定的法律关系主体而言，都是不可避免，是不以其意志为转移的。但由于这些事件的出现，法律关系主体之间的权利和义务关系有可能产生，也有可能发生变更，甚至是完全归于消灭。例如，因地震造成房屋倒塌会导致该房屋原先所有权关系和租赁关系的改变或消灭；人的出生导致父母与子女间产生抚养关系和监护关系，人的死亡又导致抚养关系、夫妻关系或赡养关系的消灭和继承关系的产生，等等。

　　2. 法律行为。法律行为可以作为法律事实存在，能够引起法律关系形成、变更和消灭。因为人们的意志有善意与恶意、合法与违法之分，故其行为也可以分为善意行为、合法行为与恶意行为、违法行为。善意行为、合法行为能引起法律关系的形成、变更和消灭。例如，依法登记结婚的行为，导致婚姻关系的成立。同样，恶意行为、违法行为也能够引起法律关系的形成、变更和消灭。如犯罪行为产生刑事法律关系，也可能引起某些民事法律关系（损害赔偿、婚姻、继承等）的产生或变更。

在研究法律事实问题时，我们还应当看到这样两种复杂的现象：①同一个法律事实（事件或行为）可以引起多种法律关系的产生、变更和消灭。例如，工伤致死，不仅可以导致劳动关系、婚姻关系的消灭，而且也导致劳动保险合同关系、继承关系的产生。②两个或两个以上的法律事实引起同一个法律关系的产生、变更或消灭。例如，房屋的买卖，除了双方当事人签订买卖协议外，还须向房管部门办理登记过户手续方为有效，相互之间的关系也才能够成立。在法学上，人们常常把两个或两个以上的法律事实所构成的一个相关的集体，称为"事实构成"。

延伸阅读

如何分析具体案例中的法律关系[1]

法律关系是法学中的一个基本范畴。法律关系是为法律规范所调整的那部分社会关系。社会关系是包罗万象、复杂多变的，其中并非所有的社会生活关系都由法律调整而形成法律关系，法律仅是截取有法律干预之必要的那部分社会生活，构建成法律关系，塑造为法律秩序。法律关系的分析方法即是以法律关系为基础的一种法学方法。所谓法律关系分析的方法，是指通过理顺不同的法律关系，确定其要素及变动情况，从而全面地把握案件的性质和当事人的权利义务关系，并在此基础上通过逻辑三段论的适用以准确适用法律，作出正确判决的一种案例分析方法。

在案例分析中有效地运用法律关系分析方法，其优点在于：

第一，在存在多种复杂的法律关系时，能够条分缕析地分析各种权利义务。通过对法律关系的分析和把握，将各种法律关系比分开来，以不同的法律关系确定当事人的法律权利和义务。

第二，排除非法律关系的因素，即在区别法律关系与非法律关系的基础上，将考虑对象聚焦于法律关系。社会规范系统是一个多元的体系，很多生活关系由道德、风俗、习惯、宗教等社会规范调整，法律并不介入，如民法学说上所谓的"好意施惠关系"、"自然债务"等理论，即揭示出此种社会关系不由法律调整，也不能形成法律关系，不能通过法律渠道予以救济。例如，甲乙二人素来交好，甲邀请乙到家里做客，此为好意施惠关系，由当事人的私人友谊调整，而不构成民法上的债权债务及违约责任问题。

---

〔1〕 节选自王利明："民法案例分析的基本方法探讨"，载《政法论坛》2004 年第 2 期。

　　第三，把握法律关系的要素。民事法律关系的要素是指构成民事法律关系的必要因素，任何民事法律关系都由几项要素构成，要素发生变化，具体的民事法律关系就随之变更。我认为，民事法律关系仅限于三个要素，即主体、客体和内容，这是任何法律关系都应具备的，民事法律关系也不例外。而五要素说将法律事实和法律关系变动的原因也包含在法律关系当中，这是值得商榷的。法律事实应当是外在于法律关系的因素，它是将抽象的法律规范与具体的法律关系加以连接的中间点，是使客观的权利变为主观的权利的媒介，法律事实导致法律关系发生变动，但它本身并不是法律关系内在的要素。

　　第四，把握法律关系的变动。把握法律关系产生、变更、消灭的脉络。民事法律关系都是不断发生变化的，考察任何一种民事法律关系都应当了解变动的原因及其变动的效果，这就意味着必须查找一定的法律事实，但是法律事实毕竟是外在于法律关系的，它是将抽象的法律规范与具体的法律关系加以连接的中介，但它本身并不属于法律关系的要素。因为只有考察法律事实之后才能明确其引发了何种法律关系，而在明确了该种法律关系之后已经无需再考察法律事实了。

　　法律关系分析法的运用首先要考察案件事实所涉及的法律关系，具体又可包括五个步骤：

　　第一个步骤是明确争议点及与其相关的法律关系，即明确争议的核心关系，围绕该核心关系还有哪些"有关联的法律关系"，二者关系如何。例如，争议的焦点（核心关系）是无权代理行为是否有效，围绕该争议点可能涉及授权关系是否存在、相对人是否成立表见代理关系等"有关联的法律关系"，然后判断核心关系与有关联的法律关系之间的联系，例如授权关系的有因还是无因等。

　　第二个步骤是确定是否产生了法律关系。如好意施惠关系，由当事人的私人友谊调整，不构成民法上的债权债务关系，应当排除在法律关系的考察之外。再如，朋友亲戚相聚交谈、邻里之间相互串门等也不产生法律意义。如果根本就没有产生法律关系，则剩余的问题无需考虑。

　　最近在报纸上讨论一个问题，就是打电话的来电显示，是不是构成对隐私权的侵害。比如，我给你打电话，你设了一个来电显示，我认为，你设来电显示，就知道了我的电话号码，就侵犯了我的隐私权，因为我给你打电话时并不希望你知道我的电话号码。我认为，这里并不存在法律上的侵权关系，所以，还不能形成一种法律关系。虽然隐私是一个法律概念，但并不是所有的私人秘密都可以受到法律保护，如果自己自愿公开的秘密就不属于法律保护的范畴了。就电话号码而言，如果我不愿意让别人公开我的电话号码，而有人在报纸上公开了我的号码，可能侵害了我的隐私。但是，当我给你打电话时，就等于我向你公开了我的号码，所以，不能构成侵权，假如你给我打电话，我装了来电显示，那么，你每天不断地给我打电话，难道我不能知道究竟是谁给我打电话吗？当然，如果确实出现这种情况，那就出现了另外一种法律关系，就是对私人生活的打扰。事实上，这个问题通过技术手段已经解决了，就是在打电话的人可以将自己的电话号码屏蔽起来，不让对方知道。所以，如果没有屏蔽，就意味着打电话的人不在乎别人是否知道自己的电话。可以说，只要他打电话就等于放弃了自己的隐私。

第三个步骤是要分析法律关系的性质，如分析其究竟是合同关系、侵权关系、无因管理关系还是不当得利关系。确定不同的法律关系的性质对于确定当事人的权利义务影响很大。

我们可以举一个例子来加以说明。第一个例子是，甲到乙的饭店吃饭，丙坐在甲的旁边，刚一坐下，因为与服务员丁发生了口角，双方开始互相推搡，后来丙打了丁一个耳光，丁就将手中的铁盘扔过去，丙躲开了，结果却将甲给砸伤了，丙趁乱跑了。后来丁又前去追赶，扔出一个铁盘，结果又将路过饭店的行人戊砸伤。在这个例子中，我们要从法律关系的分析角度来思考问题，我们就要首先分析哪些是合同关系、哪些是侵权关系。比如说，甲到乙的饭店吃饭，甲乙之间就形成了一个合同关系，乙没有向甲提供安全保护义务，违反了合同的附随义务，所以，构成违约。从侵权的角度来讲，也是一种保护义务的行为，也构成违反保护义务的侵权。甲和丁之间并不存在合同关系，但可能形成侵权关系。如果乙作为雇主对雇员的侵权行为承担转承转让的话，那么甲和乙之间也会形成侵权关系。戊和乙之间不存在合同关系，如果乙作为雇主对雇员的侵权行为承担转承转让的话，那么戊和乙之间也会形成侵权关系。如果丁构成对丙的侵权的话，至于丙与丁之间，则是另外一种法律关系。采用法律关系分析方法，就是要首先找出存在哪些法律关系，要分析这些法律关系的性质。如果这些法律关系不能缕清，那么这些法律关系就会一团乱麻。

第四个步骤是分析考察法律关系的各要素，即考察法律关系的主体、内容、客体。

第一，确定法律关系的主体。首要的就是解决法律关系的主体、法律关系涉及的人的范围、在哪些当事人之间发生等问题。在具体民事法律关系中，一般都要有双方或多方当事人参加。具体来说，确定主体要确定如下几点：一是谁向谁主张权利，是否与法律关系发生直接的利害关系，具有适格的诉讼主体资格。二是确定具体的主体是谁，民事法律关系的每一方主体可以是单一的，也可以是多数的。例如，在债权关系中，债权人和债务人每一方都既可以是一个人，也可以是几个人。在前面的例子中，我们可以看出，法律关系的构成是非常复杂的。但是，我们一定要理清楚法律关系的主体是谁。比如说，即使是讨论侵权法律关系，那么，这里可能就有几种不同性质的侵权关系的主体。比如，乙对丙的行为所负的侵权责任，就可能是乙与甲或者乙与戊之间发生了侵权。如果我们讨论的是个人的侵权行为责任，那么丙打伤戊，构成对戊的侵权。丙和乙之间打斗，伤害了甲，也构成对乙的侵权。在这个案件中，还存在着违反安全保护义务的侵权，这种侵权主要发生在甲和乙之间。

第二，确定法律关系的内容。民事法律关系的内容，是指民事主体所享有的权利和承担的义务。这种权利义务内容，是民法调整的社会关系在法律上的直接表现。任何个人和组织作为民事主体，参与民事法律关系，必然要享受民事权利和承担民事义务。法律关系的内容则为当事人的权利、义务，权利义务决定着当事人之间的关系类型，明确权利义务的性质、效力、行使对于分析案件具有重要意义。例如，债权为对人权，具有相对性，只能在当事人间发生拘束力，原则上只能对相对人主张；物权、人格权等为绝对权，可以向任何侵害人主张。比如在前面举的例子中，如果甲要向乙主张违约损害赔偿的话，他只能向乙主张，而不能向丙主张，因为他和丙之间并不存在着合同关系。但如果主张侵权，他完全可以提出这种请求。

比如甲和乙之间订立了粮食购买合同。合同的附则规定，有关交货事宜由第三人丙公司出面协调解决。后来，因为乙不能交货，甲告第三人。这样第三人究竟是不是合同当事人，这就需要确定第三人在合同关系中究竟是一种什么样的地位。我认为，合同只是规定，"由第三人协调解决有关交货事宜"。协调的含义主要是指作为中介人或者斡旋人，召集合同双方协商解决有关问题，而其本身不能认为包含某种授权的意思。也就是说，双方并没有授权第三人可以出面代理任何一方合同当事人订立任何合同，受其拘束。

第三，明确法律关系的客体。法律关系的客体，又称为法律关系的标的，是法律权利和义务的指向对象。例如物权的客体是物，债权的客体是债务人的给付行为，民事法律关系的客体是指民事权利和民事义务所指向的对象。如果没有客体，民事权利和民事义务就无法确定，更不能在当事人之间分配权利义务关系。比如在一个股权转让合同中，甲和丙双方就股权是否发生转让产生了争议。该纠纷发生在一个有关修筑高速公路的公司中的股权，甲和乙分别对该公司享有50%的股权。在公路修完以后，政府给该公司补了一块地。政府将按两家公司的股权比例来补地。因为甲将他的股权转让给丙，发生了争议。但双方争议的焦点是因为地价上涨，都想拿到地。可是，解决案件的关键点是究竟要讨论地的问题，还是股权的问题。这就涉及这个法律关系的客体。我们认为，首先还是从股权着手，解决了股权是否转让之后，才能探讨地的问题。地的问题是另外一个法律关系的客体。

第五个步骤是是否发生了变更、消灭的后果，以及考察变更、消灭的原因何在。

第一，考察法律关系的变动。法律关系的变动包括法律关系的发生、变更、消灭。法律关系不是一成不变的，而是根据客观事件以及当事人的意志和行为发生法定的或意定的相应变动。如权利的取得、丧失，权利内容或效力的变更等。在许多合同关系中，经常穿插进了很多事实和情节，因为当事人最早订立的合同，后来经过反复的变更。要把这些事实理清楚，经常要拉出长长的清单。但是，我认为，这个问题是不难解决的。不管发生了多少事实，只要看是不是对原合同发生了变更，一旦发生了变更，就产生了新的法律关系，那么，就应当从新的法律关系产生之日起开始确定当事人之间争议的问题。

第二，考察法律关系变动的原因。法律关系的变动必有其原因，法律事实必须能够引起一定的法律后果。法律关系变动的原因即法律事实，法律关系之所以发生变动，其原因在于特定的法律事实的发生。法律事实分为自然事实和人的行为，自然事实包括事件和状态，行为包括合法行为、违法行为等。比如说，先前的合同是不是已经被解除了，要分析解除的原因。举一个例子，双方转让土地使用权，转让以后，一直没有土地使用权登记过户手续。受让人又将土地使用权转让给第三方，后来发生了争议。这就涉及在没有办理登记的情况下，再次转让是否有效。我们认为，根据有关司法解释，即使没有办理登记手续，也不能影响合同的效力。再举一个例子，合同规定，如果乙方在1月1日到来之前，没有向甲方交付500万定金，合同解除。后来，乙方给甲方交付了450万定金，甲方说没有交付500万定金，按照合同规定，合同已经解除了。乙方提出，他已经交付了450万，这只是构成了轻微的违约，不构成根本违约，所以，依据合同法的规定，合同不能解除。我们认为，根本违约只是法定解除的条件，当事人完全可以在法定解除之外，通过合同约定解除条件。只要符合合同约定的条件，合同就可以解除。本案中，合同规定的实际上就是约定的解除条件，只要在到期以前没有交付500万，不管欠多少，合同都可以解除。这不涉及预期违约问题。

第三，考察法律关系变动的客观后果，也是案例分析的另一重要方法即历史方法的一个重要特征。考察法律关系的变动过程，首先重点分析关系何时产生；其次考察关系是否发生了变动；最后确定关系是否已经终止。考察法律关系变动的原因具有重要意义，所谓分析案例的历史方法就是依时间次序考察法律事实的变动，从而确定法律关系的变动，最终推导出相应的法律效果，而得出判决。比如在前面谈到的例子中，合同解除以后，涉及合同要终止，双方要恢复法律关系的原状，那么，甲方是否可以向乙方提出违约的损害赔偿，这也是在分析这个案例中所需要解决的重要问题。

此外，法律关系存在的时间和地点也对于案例分析具有重要影响。时间对于时效期间和除斥期间的计算、要约与承诺期间的计算、清偿期的到来、失权的效果等具有重要意义。地点对于清偿地的确定、风险负担、司法管辖、准据法的适用具有重要意义。

第二个部分是考察法律适用，即在第一步确定的案件事实（小前提）的基础上，查找适用核心关系与有关联的法律关系的法律规范（大前提），这一过程就是逻辑三段论运用的过程。上述对法律关系的考察实际上是对事实的客观分析，在确定法律关系的事实之后，应当进一步探讨法律规范搜寻的问题，即查找适用核心关系与有关联的法律关系的法律规范。（下略）

单元三　法律责任

导入案例

2013 年 5 月 8 日 7 时许，被告人徐玉敏在乘坐 20 路公交车到哈尔滨市道里区建国街车站时，因想从前门下车遭到公交车司机、被害人罗心刚制止，与罗发生争吵。5 月 12 日晚，徐玉敏再次乘坐罗心刚驾驶的 20 路公交车，到达终点站后，徐玉敏想拽罗心刚进入调度室，理论此前发生的矛盾，由此引发二人的再次争吵。争吵过程中，徐玉敏用手打了罗心刚左面部一耳光后，被其丈夫拽走，罗心刚被扶到其驾驶的公交车上休息。20 分钟后，罗心刚被发现口吐白沫、昏迷不醒，送医院后经抢救无效死亡。经法医鉴定，罗心刚在生前患有脑动脉节段性硬化等疾病的情况下，由于左面部所受的钝性外力及与人争吵等因素，诱发脑干、右丘脑实质内出血，导致中枢功能障碍死亡。

问：徐玉敏对罗心刚的死亡应否承担法律责任？

一、法律责任的概念

法律责任是一个重要的法学概念。什么是"法律责任"？法学家们对此认识不一，各有各的主张。其实，法律责任就是"法律"与"责任"的结合，是一个合成概念。要理解"法律责任"的概念，有必要先对"责任"的词义有所了解。

1. 责任的词义。在古代汉语中，"责任"同"责"，是一个语义丰富的概念。据《辞源》、《辞海》等权威辞书，"责"在六种意义上使用。而在现代汉语中，"责任"一词有着两个彼此联系的含义：①分内应做的事。如尽责任、岗位责任等。这种责任实际上是一种角色义务。每个人在社会中都扮演一定角色，即有一定地位或职务，相应地，也就应当而且必须承担与其角色相应的义务。②因没有做好分内的事而应承担的过错，这种过错是一种不利后果或强制性义务，如"追究责任"、"侵权责任"等。我们可以把前一种责任称为积极责任，而把后一种责任称为消极责任。在消极责任中，有违反政治义务的政治责任、违反道德准则的道德责任、不遵守或破坏纪律的违纪责任，也有违反法律规定的法律责任。

2. 法律责任的定义。由于"责任"一词在不同语境中具有不同的含义，加之"责任"一词在法律文献中时常被按照不同的语义来使用，这就使法律责任的界说显得十分困难。中国法理学界通常把法律责任分成广义法律责任和狭义法律责任两类：广义的法律责任，是指任何组织和公民都有遵守法律的义务，应当自觉维护法律的尊严，从这个意义上讲，法律责任和法律义务同义；狭义的法律责任，是指人们对违法行为所应承担的带有强制性的法律上的不利后果。本章所讲的法律责任就是狭义的法律责任。

在理解法律责任的概念时，要注意明确以下几点：①法律责任是由违法行为引起。法律责任同违法行为是联系在一起的，它们之间是一种因果关系。违法是承担法律责任的根据，法律责任体现了国家对违法行为的否定。②法律责任具有强制性。它是一定的国家机关代表国家所做的制裁，具有国家强制性。③法律责任是对责任主体不利的法律后果。法律责任具有惩处性，因此它给责任主体带来的必然是不利后果，反之，则违反了设立法律责任的目的。

二、法律责任的特点

法律责任是社会责任的一种，它与其他社会责任（如政治责任、道义责任等）有密切联系，但是法律责任与其他社会责任有原则性的区别，法律责任的特点在于：

1. 法定性。承担法律责任的具体原因可能各有不同，但最终依据是法律。法律责任的性质、范围、大小、期限都是由法律明确规定的，只有当法律上作了某种规定，人们才应承担某种相应的法律责任。

2. 派生性。法律责任表现为一种因违反法律上的义务而形成的责任关系，即主体 A 对主体 B 的责任关系。这种责任关系派生于法律上规定的义务关系，它是因为违反法律上的义务规定才导致责任关系的产生。法律责任是以法律义务的存在为前提的。比如民事损害赔偿法律责任中的责任关系，是以"不得侵权"的法律义务关系为前提的。

3. 法律责任还表示一种责任方式，即承担或追究否定性、不利性后果。法律责任方式是由法律规定的，它通常有两种，即补偿与制裁。比如民事责任方式中包括赔偿、修理、重作、返还等；行政责任方式中包括拘留、罚款、降级、降职等；刑事责任方式中包括有期徒刑、无期徒刑等。

4. 法律责任具有内在逻辑性，即存在前因与后果的逻辑关系。其中破坏责任关系是前因，追究责任或承受制裁是后果。

5. 国家强制性。即法律责任的追究和执行是由国家强制力实施或者潜在保证的。所谓强制实施追究和执行，是指由有关国家机关依法定职权和程序采取直接强制手段予以实施。但这不等于说一切法律责任的实现均由国家强制力直接介入。正如国家强制力有时是作为威慑力隐蔽于法律实施的幕后一样，在法律责任的履行上，国家强制力只是在必要时，在责任人不能主动履行其法律责任时才会使用，即所说的是"潜在保证"。

6. 法律责任的认定和实现必须由国家专门机关通过法定程序进行，其他任何组织和个人均无此项权利。

三、法律责任的构成要件

法律责任的构成要件是指构成法律责任的各种必须具备的条件或必须符合的标准，它是国家机关要求行为人承担法律责任时进行分析判断的标准。法律责任的认定和归结不一定都是由违法行为引起的，但是在大多数情况下违法行为是法律责任的前提，所以法律责任要件与违法行为的构成条件有密切联系。

根据违法行为的一般特点，我们把法律责任的构成要件概括为主体、过错、违法行为、损害事实和因果关系五个方面。

（一）主体

即责任主体，指违法主体或者承担法律责任的主体。责任主体是法律责任构成的必备条件。

违法的主体必须是达到法定责任年龄的，有责任能力的自然人或社会组织、法人、国家机关及其公职人员。没有达到法定责任年龄和不能理解、辨认、控制自己行为的精神病患者，即使他们的行为造成了社会危害，也不构成违法，不能承担法律责任。

【案例】

5 岁的男孩张齐在和同伴玩耍的过程中，将一根铁丝戳进了 6 岁的王东东右眼中，导致王右眼失明。在这一案件中，实施了危害行为的张齐由于未达到法定责任年龄，无法成为法律责任的主体，即不用承担法律责任。其行为造成的损害，由其监护人承担相应的责任。

考察主体要素的意义在于：①尽管我们的法律原则是"法律面前人人平等"，但是在法律上，不同的行为主体，其后果可能是不同的。比如未成年人故意伤害他人，从归责基础来看该行为是非道义的，但从其年龄、智力等因素考虑，追究其法律责任在道义上也是不妥当的，所以法律规定对其免责。②法律责任存在从一方主体转移到另一方主体的情形，即原责任主体的责任为另一主体所承受。例如，甲公司是某侵权行为的主体，当其被乙公司兼并后，根据权利义务对应的原则，甲公司的民事责任也就转移到了乙公司身上，即由乙公司作为责任主体。③可以解释一些特殊问题，如责任主体与违法主体的问题。

（二）过错

主观过错是指行为人实施违法行为或违约行为时的主观心理状态。在人类社会的早期，按照客观原则进行归责，因而主观过错对法律责任的构成没有什么意义，仅仅与法律责任的大小有一定关系。现代社会将主观过错作为法律责任的构成要件之一，不同的主观心理状态与认定某一行为是否有责任及承担何种法律责任有着直接的联系。主观过错包括故意和过失两类。故意是指明知自己的行为会发生危害社会的结果，希望或者放任这种结果发生的心理状态。过失是指应当预见自己的行为可能发生损害他人、危害社会的结果，因为疏忽大意而没有预见，或者已经预见而轻信能够避免，以致发生这种结果的心理状态。需要注意的是，法律责任构成中的主观过错，不是针对"动机"而言的，而是关注违法行为实施过程中针对违法行为而言的主观思考。

在刑事法律中，过错在本质上就是行为人的主观恶性，所以在以道义性惩罚为主的刑事责任中，它是认定、衡量刑事责任的重要因素。例如甲晚上从同学家归来，路过一条偏僻的胡同时，从胡同口处跳出一个持刀青年乙。乙用刀逼向甲，并对其一阵乱踢让他交出钱和手表。甲在慌乱害怕中，拿起墙角的一根木棒，向乙挥去，乙应声倒下。甲立即向派出所投案，后经查验，乙已死亡。本案中，甲在主观上没有致乙死亡的心理状态，属于正当防卫，因而不能认为违法。

过错责任原则不仅适用于刑事违法，也是民事违法等的一般原则。民事法律中一般较少区分故意与过失，也就是说，在民事法律中过错的意义不像在刑事法律中那么重要，有时民事责任不以有过错为前提条件。例如我国《道路交通安全法》第 76 条第 1 款规定，机动车发生交通事故造成人身伤亡、财产损失的，由保险公司在机动车第三者责任强制保险责任限额范围内予以赔偿。超过责任限额的部分，机动车与非机动车驾驶人、行人之间发生交通事故的，由机动车一方承担责任；但是，有证据证明非机动车驾驶人、行人违反道路交通安全法律、法规，机动车驾驶人已经采取必要处置措施的，减轻机动车一方的责任。这条规定，适用的是无过错责任原则，体现了对交通事故受害人的人文关怀。

除无过错责任外，在民事责任中不强调过错的责任规定还有公平责任。它们的理论依据不宜用一般法律责任的理论去解释，援用法律义务设定的理论依据解释更为恰当。众所周知，相对于法律责任设定的法定性特征而言，法律义务的设定依据可能并不统一，可以是出于道德的要求，也可以是出于理性的认识，甚至可能是出于阶级的偏见等。我们在运用无过错责任或者公平责任进行归责时，使用的是广义上的法律责任概念，相当于法律义务中承担必须作为的义务。

（三）违法行为

违法行为在法律责任构成中居于重要地位，是法律责任的核心构成要素。

违法行为包括作为和不作为两类。作为是指人的积极的身体活动。行为人直接做了法律所禁止或合同所不允许的事，自然要承担法律责任。不作为是指人的消极的身体活动，行为人在能够履行自己应尽义务的情况下不履行该义务，例如不做法律规定应做的事或不做合同中约定的事，也要承担法律责任。区分作为与不作为，对于确定法律责任的范围、大小具有重要意义。

违法行为与法律责任的关系存在以下两种情况：一种是违法行为是法律责任产生的前提，没有违法行为就没有法律责任，这是两者关系的一般情形或多数情形；另一种是法律责任的承担不以违法行为为构成条件，而是以法律规定为构成条件，这是两者关系的特殊情形，例如民法上的无因管理者应当承担返还原物的法律责任，其管理他人财产不是因为违法占有他人财产，所以其管理行为不属于违法行为。

（四）损害事实

即指违法行为或违约行为侵犯他人或社会的权利和利益所造成的损失和伤害，包括实际损害、丧失所得利益及预期可得利益。损害结果可以是对人身的损害、财产的损害、精神的损害，也可以是其他方面的损害。损害结果表明法律所保护的合法权益遭受了侵害，因而具有侵害性。同时，损害结果具有确定性，它是违法行为或违约行为已经实际造成的侵害事实，而不是推测的、臆想的、虚构的、尚未发生的情况。损害结果的确定性，表明损害事实在客观上能够认定。认定损害结果时一般根据法律、社会普遍认识、公平观念并结合社会影响、环境等因素进行。

损害事实在一般意义上是法律责任的构成要件，有些责任的承担不以实际损害存在为条件，例如危害国家安全犯罪，不要求实际已对国家安全造成损害，但也要承担刑事责任。

（五）因果关系

因果关系是违法行为或违约行为与损害结果之间的必然联系。因果关系是一种引起与被引起的关系，即一现象的出现是由先前存在的另一现象所引起的，则这两现象之间就具有因果关系。因果关系是归责的基础和前提，是认定法律责任的基本依据。因果关系对于确定行为主体、认定责任主体、决定责任范围具有重要意义。法律责任上的因果关系是一种特殊的因果关系，它既具有一般因果关系的共性，又有其特殊性。因果关系是客观的，不以人的意志为转移，我们只能根据事物之间的客观联系来判断因果关系的有无。

因果关系有时比较简单，如甲把刀插入乙的心脏，乙死亡。甲的行为是"因"，乙死亡是"果"。因果关系有时是比较复杂的，亦即"多因一果"、"一因多果"、"多因多果"，如甲在闹市区实施了爆破行为，导致楼房店铺受损、人员伤亡、一些公共设施被破坏。此案中，甲的行为是一"因"，而引起的"果"有多个。

因此，认定因果关系需要仔细考虑事情之间的联系。

【案例】

浙江首例不作为杀人案

1999年3月，浙江省浦江县农民李家波和同在工厂打工的女青年项兰临相识并相恋，不久项兰临就怀孕了。同年6月，李家波提出要跟项兰临分手，并要项兰临去医院做流产手术。项兰临坚决不同意，几次欲跳楼自杀。9月5日中午，李家波与项兰临发生争吵。争吵中，李家波还用打火机扔打项兰临。项兰临感到绝望，走到走廊里，喝下了事先准备好的一瓶敌敌畏，又走进了李家波房间。此时，李家波不但没有及时去救人，反而一走了之，临走时怕被人知道还将房门锁上。李走后很长时间，项兰临才被人发现送往医院，但因救治无效死亡。

1999年12月，浦江县法院开庭审理了由浦江县检察院提起公诉的这件罕见的见死不救案。

法院审理后认为，李家波在发现项兰临服毒后采取放任态度，将宿舍门锁上外出，致使项兰临在李家波宿舍中得不到及时抢救而身亡。李家波作为负有特定义务的人，主观上希望并追求项兰临死亡结果的发生，以解脱自己的负担，这与他不采取救助义务造成项兰临死亡的严重后果有直接因果关系，其行为已构成不作为形式的故意杀人罪。

四、法律责任的分类

法律责任的种类，也是法律责任的各种表现形式，根据不同的标准，可以作不同的划分。例如，以责任的内容为标准，可以分为财产责任和非财产责任；以责任的人数不同为标准，可以分为个人责任和集体责任；以行为人有无过错为标准，可以分为过错责任和无过错责任等。在法律实践中，最基本的分类方法是以引起责任的违法行为所违反的具体法律的不同为标准所做的分类。本书就以引起责任的行为性质为标准，将法律责任划分为刑事法律责任、行政法律责任、民事法律责任和违宪法律责任。

（一）刑事法律责任

所谓刑事法律责任是指行为人因违反刑事法律而应当承担的不利后果。行为人违反刑事法律的行为必须具备犯罪的构成要件才承担刑事责任。刑事责任的主体，不仅包括公民，也包括法人和其他组织。刑事责任的承担方式为惩罚，即责任主体受到国家强制力的制裁。它是所有法律责任中最严厉的一种。其特点是：

1. 刑事法律责任产生的原因在于行为人行为的严重社会危害性，只有行为人的行为具有严重的社会危害性即构成犯罪，才能追究行为人的刑事责任。

2. 刑事法律责任是犯罪嫌疑人向国家所负的一种法律责任。这是与作为刑事法律责任前提的行为的严重社会危害性相适应的。它与民事责任由违法者向被害人承担有明显区别，刑事责任的大小、有无都不以被害人的意志为转移。

3. 刑事法律责任是一种惩罚性责任。惩罚是刑事法律责任的首要功能，其内容包括限制、剥夺责任人的自由、财产、政治权利甚至生命。这些都最为明显地体现了法律责任的惩罚功能。

4. 刑事法律是追究刑事责任的唯一法律依据。我国刑法的基本原则之一就是强调"罪刑法定"，即司法机关以刑法规定的犯罪构成为根据追究行为人的刑事责任。

【案例】

王沟村的王三之妻李素芬因不堪忍受其夫长期以来对其进行的虐待，在饭菜里下毒，导致王三食用后死亡。事后，李素芬主动至公安机关自首。经法庭审理，判处李素芬有期徒刑20年。此案中，李素芬的行为违反了我国刑法的规定，有期徒刑20年是其行为产生的不利后果，即应承担的刑事责任。

（二）行政法律责任

所谓行政法律责任是指因违反行政法或因行政法规定的事由而应当承担的不利后果。行政责任既包括行政机关及其工作人员、授权或委托的社会组织及其工作人员在行政管理过程中因违法、失职、滥用职权或行政不当而产生的行政责任，也包括公民、社会组织等行政相对人违反行政法律而产生的行政责任。行政法律责任不是在"平等主体"的相互关系中发生的，这种责任与行政管理权力的运用有关。其特点如下：

1. 承担行政法律责任的主体是行政主体和行政相对人。

2. 产生行政责任的原因是行为人的行政违法行为和法律规定的特定情况。

3. 通常情况下，实行过错推定的方法。在法律规定的一些场合，实行严格责任。例如《国家赔偿法》第2条规定："国家机关和国家机关工作人员违法行使职权侵犯公民法人和其他组织的合法权益造成损害的，受害人有依照本法取得国家赔偿的权利。"据此，无论行政机关在作出职权行为时有无过错，只要其行为不符合法律规定，且因此给相对人造成损失，就应承担赔偿责任。受害人也无需证明作出行为的行政机关或其工作人员有故意或过失，只要行政机关无法证明其实施的行为合法就要无条件地予以赔偿。

4. 行政法律责任的承担方式多样化。包括：①行为责任，如撤销违法的行政行为、履行职务或法定义务等；②精神责任，如通报批评、赔礼道歉、承认错误等；③财产责任，如赔偿损失、罚款等。除此之外，还有人身责任，如行政拘留。这些责任共同执行着行政责任惩罚、救济、预防的功能。

【案例】

张某在呼和浩特市开设了一个店铺，该店铺所处的地区卫生管理权属不明。呼和浩特市回民区环卫局先行对张某收取了卫生管理费，随后，呼和浩特市郊区环卫局也要对其收费。张某认为，自己已经交过一次管理费了，不应再交，于是拒绝向郊区环卫局交纳卫生管理费。郊区环卫局当即对其罚款 500 元。张某不服，起诉至法院。法院判决张某胜诉，撤销了罚款 500 元的行政处罚。此案中，郊区环卫局对张某的处罚行为违反了行政法的规定，法院撤销 500 元的行政处罚，是针对"罚款行为"而对郊区环卫局产生的不利后果，属于行政责任。

（三）民事法律责任

所谓民事法律责任是指公民或法人因违反民事法律、违约或者由于民法规定而依法承担的不利后果。民事法律责任是现代社会常见的法律责任，如"偿还欠款"、"继续履行合同"等都是民事法律责任。

民事法律责任的特点是：

1. 民事法律责任主要是一种救济责任。民事责任的功能主要在于救济当事人的权利，赔偿或补偿当事人的损失。因此，承担民事责任的方式主要为停止侵害、排除妨碍、消除危险、赔偿损失、支付违约金等。当然，民事责任也有执行惩罚的功能，具有惩罚的内容。违约金本身就含有惩罚的意思。

2. 民事法律责任主要是一种财产责任，且主要是一种补偿性的财产责任，这种责任补偿的数额一般只能等于而不能高于受害人所受的损失。

3. 民事法律责任主要是一方当事人对另一方当事人的责任，在法律允许的条件下，多数民事责任可以由当事人协商解决。

4. 民事责任的承担者是具有民事责任能力的自然人和法人，在特定的条件下，国家也是民事责任的主体。民事责任主体的地位是平等的。

【案例】

某商场为促销，在商场门口悬挂了一巨型广告牌。不料一日狂风大作，把广告牌从架子上刮了下来，正砸在准备进商场购物的李某头上，当即致使李某流血不止，商场急忙派人将李某送往医院治疗。商场因对广告牌疏于管理，造成李某受伤，为此该商场赔偿李某医药费及其他损失 5000 元。此案中，商场赔偿损失即为承担民事责任。

（四）违宪责任

所谓违宪责任是指由于有关国家机关制定的某种法律、法规、规章或有关国家机关、社会组织、公民从事的活动与宪法规定相抵触而产生的法律责任。

维护宪法尊严、保证宪法实施，对于社会的稳定与发展具有特殊重要的意义。现代宪法一般都有"合宪性"的规定，即明确规定宪法具有最高的法律地位和法律效力，因而任何一种违宪的法律、法规、规章和活动都是无效的，都必须承担违宪责任。违宪责任是与破坏、违反宪法的行为作斗争的有力法律武器。

关于哪个权力机构可以宣布"违宪法律责任"的存在，在不同的国家有不同的制度规定。在我国，全国人民代表大会及其常务委员会负责监督宪法实施，认定违宪责任。

【案例】

19 世纪 70 年代，美国南部地区出现了一些带有种族歧视的法律规定。根据这些规定，在公共场所黑人和白人之间是互相隔离的，黑人并不享有像白人一样的社会权利。1954 年，一位黑人和一个教育委员会发生了纠纷。这位黑人认为，这个教育委员会在公立学校实行黑人和白人相互隔离是违反宪法规定的。教育委员会认为，实行种族隔离，是根据相关的州法律规定而作出的。美国联邦最高法院审理了这场纠纷。法院认为，州有关公立学校实行种族隔离的法律规定，违反了美国联邦宪法第 14 条修正案"平等保护"原则的规定，因此是无效的法律规定。在这一案例中，"被宣布无效"就是对州立法机构违宪行为的"不利后果"，是其要承担的违宪责任。

五、归责与免责

（一）归责的含义

归责，即法律责任的归结，是指由特定的国家机关或国家授权的机关针对违法行为所引起的法律责任，依法进行判断、确认、追究以及免除的活动。

归责是一个复杂的责任判断和责任归结过程，是由具有法定归责权的国家机关，如司法机关、行政机关进行认定和归结的。此外，企事业组织、仲裁机构、调解组织等社会组织根据法律规定或由国家机关授权或委托，也可以认定和归结法律责任，其他组织或个人都无权认定和归结法律责任。

责任是归责的结果，但归责并不必然导致责任的产生。不同的法律责任具有不同的责任构成要件。法律责任的成立与否，取决于行为人的行为及其后果是否符合相应的责任构成要件。解决法律责任的归属，在思维方面所遵循的步骤主要是：①确定因果联系。即确认与损害事实有联系的因素，这种因果联系包括直接因果联系和间接因果联系，如果行为主体与损害事实间没有任何联系，就不存在承担责任的理由。②确认行为性质。正当行使权利或履行义务的行为造成他人损害的，不承担法律责任。例如正当防卫、紧急避险等行为，行为人不应承担法律责任。行为人的行为只有违反法定义务或约定义务，才发生承担责任的可能。③确定主观责任状态。过错是法律归责的最终要件，确认行为人是否存在主观上的过错，是法律归责的最终步骤。

（二）归责的基本原则

归责是特定法律制度价值取向的体现，一方面，指导着法律责任的立法，另一方面，指导法律实施中对责任的认定与归结。为此，认定和归结法律责任必须遵循一定的原则。归责原则在不同的历史时期、不同国家存在差别。根据我国法律的规定，适用法律认定和归结法律责任一般应遵循以下原则：

1. 责任法定原则。这个原则是指，法律责任作为一种否定的法律后果应当由法律规范预先规定，包括在法律规范的逻辑结构之中。当出现了违法行为或法定事由的时候，按照事先规定的责任性质、责任范围、责任方式追究行为人的责任。这是法治原则在归责问题上的具体运用，实际上是要求责任的确定性。确定的法律责任是行为人预知法律要求、正确安排自己行为的前提。责任不确定，或者责任太宽泛，都不利于法律责任预防功能的发挥。

理解这一原则要明确以下几点：

（1）排除和否定责任擅断。任何认定和归结责任的主体都无权向任何一个责任主体追究法律规定以外的责任；任何责任主体都有权拒绝承担法律规定以外的责任。应当坚持"法无明文规定不为罪，法无明文规定不处罚"。

（2）排除和否定非法责罚。任何脱离法律规定的责罚都是非法的，国家机关无权向公民、法人实施非法的责罚，公民、法人有权拒绝这种责罚，并有权在被非法责罚时要求国家赔偿。

【案例】

刘定国是绵阳市安县秀水镇六一村人。20 世纪 80 年代，刘定国成为闻名全国的"养猪大王"。1987 年，刘创办了四川第一个民办养猪研究所——绵阳市养猪研究所。1988 年，一家单位和刘的养猪研究所开始合作。1993 年，双方产生纠纷，该单位向刘定国索要 62 万余元钱款。安县法院对养猪研究所饲料添加剂厂全部财产进行扣押。

1998 年 9 月，安县法院下达裁定书：撤销 1993 年的查封裁定，解除查封。2003 年 5 月，安县法院确认其扣押行为违法。一个月后，刘定国向安县法院提出国家赔偿，索赔 700 万元。当年 8 月，安县法院作出赔偿 86.16 万元的裁定，创下了全国国家赔偿之最。

（3）排除和否定溯及既往。即国家不能用今天的法律来要求人们昨天的行为，也不能用新法来制裁根据旧法并不违法的先前行为。

2. 责任自负原则。这是现代法的一般原则，它的基本要求是：法律责任是针对违法者的违法行为而设置的，凡是实施了违法行为的人，必须承担法律责任，而且必须是独立承担法律责任。国家机关不能让没有违法行为的人承担法律责任，也不能追究与违法行为者有血缘关系而无犯罪事实的人的责任，即要做到不枉不纵。它意味着法律责任是对实施了违法行为的主体而设置的，且由责任主体独自承担，不得株连与该责任主体有亲戚、朋友、邻居等关系而无违法事实的人的责任。

当然，责任自负原则也不是绝对的。在某些特殊情况下，为了社会利益保护的需要，会产生责任转移承担的问题。例如，我国《民法通则》第 133 条规定，无民事行为能力人、限制民事行为能力人造成他人损害的，由监护人承担民事责任。监护人尽了监护责任的，可以适当减轻他的民事责任。

3. 公正原则。公正包括分配的公正与矫正的公正、实质公正与形式公正，公正原则就是法律公正精神在法律责任归结上的具体表现。这一原则的具体要求如下：

（1）公正原则要求有责必究。对任何违法行为都应追究相应的法律责任。这是矫正的公正的要求。如果对于违法行为不予追究，就等于允许和鼓励人们从错误中获利，造成是非、曲直、善恶的颠倒。

（2）公正原则要求责任与违法程度相适应。即法律责任的性质、种类、轻重应与违法行为造成的损害结果相适应，既不能轻罪重罚，也不能重罪轻罚，做到罪责均衡，也就是通常所说的"罚当其罪"。如果罚不当罪或赔偿与损害不相适应，不仅不能起到恢复法律秩序和社会公正的目的，反而容易造成新的不公正。

（3）公正原则要求在追究法律责任时应当严格依据法律程序追究法律责任，非依法律程序，不得追究任何行为人的法律责任。

（4）公正原则还要求在法律面前人人平等。这一要求是和权利与义务的一致性相连的。每个公民、每个法律主体既享有权利，又必须承担和履行法律义务，而且享有的权利和承担的义务是相对应和相互制约的，没有无权利的义务，也没有无义务的权利。因此，对任何公民的违法犯罪行为，都必须同样地追究法律责任，不允许有不受法律约束或凌驾于法律之上的特殊公民，任何超出法律之外的差别对待都是不公正的。

4. 效益原则。效益原则是指在追究行为人的法律责任时，应当进行成本收益分析，讲求法律责任的效益。为了有效遏制违法和犯罪行为，必要时应当依法加重行为人的法律责任，提高其违法、犯罪的成本，以使其感到违法、犯罪代价沉重，风险巨大，从而不敢以身试法或有所收敛。例如在侵犯消费者合法权益的案例中，这些商家之所以敢违法敢侵权，且掺杂掺假已到了令人发指的程度，就是因为现有法律对此类违法行为没有实行严厉的惩罚性制裁，其违法成本相对其收益来说实在太低，售假者一般只需承担支付货款的两倍赔偿的责任。如果我们通过成本收益分析，加重对这类行为的处罚力度，比如加大罚款数额等，以保证法律责任有足够的威慑力度，必然会在一定程度上遏制此类违法行为的发生。

此外，效益原则的另一方面要求是，在通常情况下，法律责任要与违法行为造成的损害大体相等，使避免处罚的愿望稍微强于冒险违法的愿望。"在进行惩罚时应该使其正好足以防止罪行重演。"

（三）免责

免责，即法律责任的免除，是指虽然违法者事实上违反了法律，并且具备承担法律责任的条件，但由于法律规定的某些主观或客观条件，可以被部分或全部地免除（即不实际承担）法律责任。这里的免责是法定免责，不同于封建社会在法律外对法律责任的赦免，即所谓的"法外施仁"，也不同于"不负责任"或"无责任"。免责以法律责任的存在为前提，"无责任"或"不负责任"则是指虽然行为人事实上或形式上违反了法律，但因其不具备法律上应负责任的条件，故不负法律责任。例如，未达到法定年龄、正当防卫、紧急避险行为等，不负法律责任，而不是免除法律责任。需要注意的是，部分或全部免除责任并不意味着特定的违法行为是合理的、法律允许的或法律不管的，更不意味着这些被免责的行为是法律赞成或者支持的。

从我国的法律规定和法律实践来看，主要存在以下几种免责形式：

1. 时效免责。即违法者在其违法行为发生一定期限后，不再承担法律责任。例如，我国《刑法》第 87 条规定，法定最高刑为不满五年有期徒刑的，经过五年就不再追究行为人刑事责任。时效责任初看起来是不公正的，但实际上它对于保障当事人的合法权利，督促法律关系的主体及时行使权利，分清权利义务关系，提高司法机关的工作效率，稳定社会生活秩序，促进社会经济的发展，有着重要的意义。

2. 不诉及协议免责。即当事人不起诉，是指如果受害人或有关当事人不向法院起诉要求追究行为人的法律责任，行为人的法律责任实际上被免除，或者受害人与加害人在法律允许的范围内协商同意的免责，也就是所谓的"告诉才处理"、"不告不理"。必须注意，作为免责形式的"不告诉"，是出于被害人及其代理人的自由意志。如果"不告诉"之不作为是在某种压力或强制环境下作出的，则不构成免除有责主体的法律责任的条件和依据。此外，在这种免责的场合下，责任人应当向或主要应当向受害人承担责任，法律将追究责任的决定权交给受害人和有关当事人。

3. 自首、立功免责。即对于违法之后有立功或者自首表现的人，免除其全部或者部分责任。例如，我国《刑法》第 67 条规定，犯罪以后自动投案，如实供述自己的罪行的，是自首。对于自首的犯罪分子，可以从轻或者减轻处罚。其中，犯罪较轻的，可以免除处罚。

4. 因履行不能而免责。即在财产责任中，在责任人确实没有能力履行或没有能力全部履行的情况下，免除或部分免除其责任。这是出于社会主义人道主义而考虑的。例如，在损害赔偿的民事案件中，人民法院在确定赔偿责任的范围和数额时，应当考虑到有责主体的财产状况、收入能力、借贷能力等，适当减轻或者免除责任，而不应使有责主体及其家庭因赔偿损失而处于无家可归、不能生活的状态。

引例解析

2013 年 12 月 3 日，哈尔滨市道里区法院对哈尔滨乘客掌掴司机致死案进行了宣判。法院认为，被告人徐玉敏与被害人罗心刚因琐事争吵，徐玉敏出手打罗心刚耳光，其在主观上应当预见自己的行为可能发生的结果，由于疏忽大意而没有预见；客观上实施了争吵和打耳光的行为，导致罗心刚因受外力及与人争吵等因素死亡，其行为已经构成过失致人死亡罪。法院认为，鉴于被告人徐玉敏系初犯，能如实供述自己的罪行，且取得被害人家属的谅解，有悔罪表现，可以从轻处罚，依法判处其有期徒刑 3 年，缓刑 4 年。

延伸阅读

孩子成了植物人，究竟谁之过[1]

一个在全日制寄宿学校读书的男孩突发奇病成了植物人，致病原因到底是不是中毒，两次鉴定说法不一，又使诉讼双方为谁该担责争执不已。

8 岁学童突发奇病。河南省新密市新世纪学校是一所全日制寄宿学校。1999 年 11 月 11 日上午 11 时许，正是学生课间休息时间，该校二年级学生司昭阳在上楼时突然倒地，不省人事。很快，司昭阳被送往新密市中医院抢救。医生初步诊断为猝死。经医院全力抢救，司昭阳的心脏又奇迹般地恢复了跳动。但神志却一直处于昏迷状态，病情仍危重，中医院同意转院。第二天，司昭阳便被转入新密市第一人民医院治疗。因司昭阳仍处于昏迷状态，14 天后，又先后被转入河南医科大学、郑州儿童医院、南京紫金医院等多家医院治疗，诊断为持续性植物状态，缺血缺氧脑病。目前，小昭阳仍"昏睡"不醒，处于植物人状态。

早在发病当天，因病因一时无法确定，专家建议抽取胃内溶物及血液送河南省公安厅毒物分析中心进行检验。检验结果为：司昭阳血液中含有除草剂乙草胺，为乙草胺中毒。据此，司昭阳的家长认为司昭阳发病系乙草胺中毒所致，学校有不可推卸的责任。并于 2000 年 5 月 9 日向郑州市中级人民法院提起诉讼，要求校方承担民事责任，赔偿各种损失 213.52 万元。对乙草胺中毒一说，新世纪学校提出了自己的看法：学校现有师生员工 1200 余人，上有六旬老人，下有 7 岁儿童，全部吃住在校，吃的同样的饭，喝的同样的水，其他人怎么就没中毒？因此学校怀疑司昭阳发病另有原因，申请重新鉴定。

在诉讼阶段，郑州中院委托司法部司法鉴定中心对司昭阳致病是否乙草胺中毒进行法医学鉴定。该中心于 2000 年 12 月 13 日出示的审查意见书认为：乙草胺除草剂毒性较低，计算机检索未见致人死亡的资料。一般说来低毒农药中毒都会有一个由轻到重、逐渐发病的过程，而从送检的材料来看，司昭阳发病突然。对于低毒农药，若引起如此严重的中毒，其摄入量应相当大，但由于缺乏相关资料（如摄入量及致死量等），故判断司昭阳发病系乙草胺中毒缺乏相关依据。2001 年 11 月 16 日，该中心鉴定人在法庭上又对书面审查意见书作进一步解释：因这次未检查当事人，未直接取证，是否中毒，临床和实验室两方面都很重要。中毒还有一个致死量，但没有这些资料，毒物究竟是如何进入体内

---

[1]　本篇文章来源于无忧研修网，http://www.51yanxiu.com/falv/anli/minshang/sifa_481385.html.

的，也没有资料，所以说"缺乏依据"，没有认定是中毒。

有了司法部司法鉴定中心的这一鉴定结论，新世纪学校辩称：司昭阳昏倒时学校采取了急救措施，学校无过错，让学校承担责任证据不足；省公安厅的鉴定结论不具有证明力；乙草胺仅有轻微毒性，不至于致人昏迷，不同意赔偿原告的损失。

几经曲折一锤定音。2001 年 2 月 8 日，郑州中院作出（2000）郑民初字第 39 号民事判决书，认为原告发病原因尚无定论，经司法鉴定，判断发病系乙草胺中毒又缺乏相应的依据，判决原告败诉。司昭阳的家长不服，上诉于河南省高级人民法院。

2001 年 8 月 1 日，河南省高院作出（2001）豫法民终字第 289 号民事裁定书，以认定事实不清、证据不足为由，撤销郑州中院一审判决，发回重审。

2002 年 4 月 11 日，郑州中院作出（2001）郑民初字第 69 号民事判决书。判决书称：司昭阳血液中检出除草剂乙草胺，是在学校生活和学习期间发生的。至于乙草胺是怎么摄入的，因司昭阳已成植物状态，确实无法查出。但司昭阳在新世纪学校寄宿，并未离开学校，该校作为司昭阳的临时托管人，对其所造成的不良后果，依法应承担监护责任。故判令新世纪学校承担全部责任，赔偿司昭阳各种费用 47 万余元。

对此判决，双方都不服，均提起上诉。原告认为赔偿数额太少；被告认为原告没有证据证明学校存在过错，学校不应承担责任，况且司昭阳为特异体质人，依据教育部《学生伤害事故处理办法》相关规定，学校也不应承担责任。

河南省高院 2002 年 11 月 11 日作出终审判决。判决认为，司昭阳中毒没有充分的证据证明是因学校提供的饮食导致的，也没有证据证明中毒事故与学校完全没有关系。考虑到本案的特殊情况，权衡双方的利益，依据公平的原则，判决新世纪学校赔偿原告损失的 60%，即 284 631.69 元。

历经三载，几多曲折，几多艰辛，官司最终划上了句号。

案件评析

本案审理过程中，双方争议的一个重要焦点就是本案适用的归责原则问题。归责，顾名思义，指确定责任的归属。归责原则就是指归责的一般规则，是确定行为人承担民事责任的根据和标准，也是法院处理侵权案件所应依据的基本准则。我国民法理论认为归责原则有三种：

第一种是适用最为广泛的过错责任原则。它以行为人的过错作为承担责任的根据和最终要件，它要求"谁主张谁举证"，即原告应证明被告对损害的发生主观上有过错，才能让被告承担赔偿责任，如不能举证证明，则其主张不成立。在特定情况下，也采用"举证责任倒置"的方法，由加害人负责举证证明其主观上无过错，也即所谓的"过错推定原则"。如在医患纠纷案件中，医院就要"自证清白"。我国《民法通则》第106条第2款确立了过错责任原则，该款规定："公民、法人由于过错侵害国家的、集体的财产，侵害他人财产、人身的，应当承担民事责任。"本案中，新世纪学校一再声称对司昭阳发病自己无过错，原告也证明不了他有过错，其用意即在于此——无过错无责任。原告父母却一再坚持原告是在校内因乙草胺中毒而成植物人的，学校有过错，其目的也是让学校承担过错责任。

第二种是为适应现代化大工业生产而出现的无过错责任原则。即不问行为人主观是否有过错，只要其行为与损害后果之间存在因果关系，就应承担民事责任。受害人不必举证证明行为人主观上有过错来支持自己的主张，行为人也不能以自己主观上没有过错来抗辩，法院在处理案件时也不必考虑行为人主观上的过错问题。《民法通则》第106条第3款规定："没有过错，但法律规定应当承担民事责任的，应当承担民事责任。"即是无过错责任原则在法律条文上的体现。其适用范围由法律作出特别规定，我国《民法通则》规定了高度危险作业、动物致人损害、环境污染、产品责任等一系列无过错责任原则的适用范围。规定该原则的意义在于促使生产经营者改进生产技术，加强安全措施，以有效地防止生产事故的发生，保护公民生命财产安全。

第三种是以"分配不幸"为主要功能的公平责任原则。这是指在当事人双方对损害的发生均无过错，法律又无特别规定适用无过错责任原则时，由法院根据公平观念，责令加害人对受害人的财产损失给予适当的补偿，由当事人合理地分担损失。公平原则偏重于保护受害人的合法权益，是道德观念与法律意识相结合的产物，仅适用于当事人双方都无过错的情况。如果加害人有过错，则适用过错责任原则来处理；如果仅受害人有过错，则由其自己承担损害；如第三人有过错，则由第三人承担责任，均不适用公平责任原则。公平责任原则是在法律没有特别规定适用无过错责任原则，而适用过错责任原则又会导致对受害人显失公平的情况下才予以适用的，其是对上面两种归责原则的补充。《民法通则》第132条规定了公平责任原则，该条规定："当事人对造成损害都没有过错的，可以根据实际情况，由当事人分担民事责任。"

就本案而言，因新世纪学校是寄宿学校，司昭阳又是寄宿期间出了昏倒的情况，司昭阳的监护人无法提供证据证明新世纪学校存在过错是可以理解的。而新世纪学校也不能提供证据证明其与司昭阳昏倒没有关系，其不承担责任的理由不能成立。

本案的关键在于，司昭阳在课间活动时突然倒地昏迷以致最后成植物人状态，是否由于学校的过错行为所致。如果司昭阳发病确系学校提供的饮食造成，学校就存在过错，根据过错责任原则，学校应承担全部赔偿责任。

从司昭阳的血液中检验出乙草胺，从而不能排除司昭阳是摄入了乙草胺中毒导致了植物人状态。但司昭阳是否是从学校向学生提供的饮食摄入的乙草胺，没有证据加以证明。学校提供学生的饮食是提供给所有在校生的，如果这些饮食中含有致毒因素，中毒反应应当表现为一个群体，但是其他学生无一有中毒症状，从而可以说明，即使司昭阳是乙草胺中毒，也没有充分的证据证明是因学校提供受污染的饮食而导致的，同时也没有其他证据证明中毒与学校的管理有关。从这个角度而言，一审按过错责任原则判令学校承担全部责任是不妥的。

在证明不了学校存在过错的情况下，如按过错责任原则处理，即无过错无责任，原告就得不到赔偿，对已成植物人的司昭阳来说显失公平。法院根据司昭阳是在被告全日制寄宿学校发生的中毒事故，原告作为弱势群体一方所受伤害比较严重，考虑双方当事人的经济状况，权衡双方的利益，依据公平原则"分配了不幸"——让学校承担"不幸"的60%于法有据，于情合理。

思考与练习

1. 什么是法律行为？法律行为的特征是什么？
2. 法律行为构成的客观要件是什么？法律行为构成的主观要件是什么？
3. 什么是法律关系？法律关系有哪些特征？
4. 如何理解法律关系主体的权利能力和行为能力？
5. 如何理解权利与义务的关系？
6. 什么是法律责任？法律责任有哪些特征？
7. 法律责任的构成要件有哪些？
8. 归责的基本原则有哪些？
9. 我国法律规定的免责情形有哪些？

实务训练

一、选择题

1. 患者甲到某医院看病，甲与某医院之间形成的法律关系的客体属于（   ）。

A. 物   B. 精神财富

C. 人身   D. 行为

2. 下列各项包含法律事件的有（   ）。

A. 某国发生政变，导致我外贸公司向该国的出口受阻

B. 甲公司和乙公司签订有运输合同，由于非典的发生，致使乙公司无法完

成运输任务

C. 王某突发心脏病，因抢救无效死亡，导致其与配偶的婚姻关系消灭

D. 某律师事务所与某甲约定，只要某甲通过司法资格统一考试，就聘他到该所工作，结果某甲由于被汽车撞伤住院治疗而未能参加考试

二、案例（事例）分析题

案例1：甲答应赠与乙500元，资助乙上学（乙为在读的中学生）。甲在给乙300元后就决定不再资助。乙认为甲已答应赠与就应全部赠给自己，于是向甲索要未给予的200元。

分析：在该案中，甲的赠与行为和撤销赠与行为是否法律行为？乙向甲索要未给予的200元是否属于法律行为？

案例2：2008年7月25日晚，吕笃功（系塔城市市委副书记）在接待四川来疆朋友时，约定次日与客人一道去裕民县塔斯特景区旅游并狩猎。26日上午11时，吕笃功等人携带枪支一支及子弹32发，与四川客人前往裕民县塔斯特景区。27日凌晨4时，吕笃功等人猎杀一头野猪。返途中，吕笃功等人绕道农九师161团11连张玉川家打瓜地边时，将在地内看护打瓜的张玉川、李娟夫妇误当做野猪，吕笃功开枪致二人中弹。吕笃功等人遂将伤者送往裕民县医院。经法医勘验，李娟当场死亡，张玉川肝脏破裂，右肾脏贯穿伤。经医院抢救，张玉川已脱离生命危险。

检察机关认为，吕笃功作为一个成年人，应当能够预见自己在打瓜地里开枪的行为可能会发生危害他人生命的结果，但却因为疏忽大意没有预见到，导致了一死亡一重伤的严重后果，建议对吕笃功以过失致人死亡罪追究刑事责任。法院以过失致人死亡罪判处塔城市原市委副书记吕笃功有期徒刑4年。同时，张玉川及其家属与吕笃功在2008年9月8日达成了赔偿协议，由吕笃功一次性赔偿张玉川各项损失共计65万元。

分析：在该案中，吕笃功的认识错误属于何种错误？为什么其认识错误不能免责？

案例3 韩先生某日持所购京剧票去北京某剧院观看"新新京剧团"排演的现代京剧《智取威虎山》，不料该剧团在外地演出，因路途遥远未能及时返京，致使在京的演出不能如期举行。该剧院被迫安排了一场交响乐，韩先生以剧院违约为由向法院提起诉讼。法院认定剧院违约事实成立，判令剧院赔偿韩先生票款及路费等人民币250元。于是剧院又向法院提起诉讼，告"新新京剧团"违约，要求赔偿损失。

根据以上案情，分析以下问题：

（1）上述哪些人、单位或机构之间的关系构成法律关系？

（2）这些法律关系的客体各是什么？

（3）该案中，引起各个法律关系产生、变更、消灭的法律事实有哪些？

（4）在上述法律关系中，哪些是调整性法律关系，哪些是保护性法律关系？

案例4　威廉一世乃19世纪晚期的德国皇帝，某年欲动员某磨坊主拆迁磨坊以美化其行宫景致，甚至愿意高价补偿，无奈磨坊主脖颈强硬，坚决不依。一怒之下，皇帝命人拆除了磨坊。磨坊主并不恼火，袖手任其拆房，不紧不慢地说道："为帝王者或可为此事，然吾德国尚有法律在。此不平事我必诉之法庭。"结果，磨坊主诉威廉一世案在法院审理，且结果为皇帝败诉。皇帝服从法院的命令，将磨坊以原样重建，并赔偿由拆房给磨坊主带来的一切损失。

请结合上述内容思考本案权利和权力的关系是怎样的？

案例5　原告韩某与被告李某均系某县柞木村农民。原告建房，被告及其他村民均去帮工。被告开自己的28型大四轮拖拉机为原告拉沙子灌地基。原告及其他6人装车。由于河床通河坝上的路较陡，拖拉机的牵引力不够，在爬坡时，原告与其他帮工共7人均上拖拉机主车，以增加主车重量，加大牵引力。前几次均成功，爬完坡以后，停车，该7人再到拖车上乘车。当拉最后一车沙子的时候，仍采取同样办法，原告在主车右侧脚踏板上站立，其他6人均站在主车的前部。当拖拉机驶过河滩爬上坡以后，还没有到前几次停车地点时，原告见车速较慢，便从主车上跳到地上，抓住拖车的保险架横梁，脚踩拖车连接架，欲跳上拖车。由于手没有抓实，脚又踩空，原告掉在地上，被拖车右前轮轧伤，造成左股骨中下段粉碎性骨折，左腹部大面积撕脱伤，行截肢手术，造成骨髓炎后遗症，已花医疗费22 300元，仍未治愈。原告诉至法院，要求被告赔偿150 000元。被告以原告致伤纯属自己过失为由抗辩。

请分析：该案中，针对原告受伤的损害结果，被告是否需要承担法律责任？

案例6　某市政府在一次工作检查中发现两起行政行为存在问题：该市技术监督局在查办一起产品质量案件过程中，将有关当事人扣押了48小时；该市交通管理部门在一起交通事故的处理中，超过法定的时限进行责任认定，同时还强令一方当事人赔偿另一方当事人因交通事故造成的损失。

请分析：以上两个问题中，技术监督局和交通管理部门违反了法律责任归责原则的什么原则？

三、课堂讨论

1. 材料：农民企业家孙某某应一位商业合作伙伴李女士的邀请，到她家做客。孙本来事情很多，挤出时间去她家做客。在楼下孙拨打了她家的电话，但李女士只派了保姆下楼迎接，自己在家门口拿着鞋套待客。孙强忍不满进屋，而李女士居然以矿泉水待客。孙和李女士后来又到了另一合作伙伴家，却又被要求换拖鞋。后来孙请李女士和另一伙伴去饭馆吃饭，怒斥二人对待客人傲慢无礼，是"丑陋文化"，还将皮鞋放到餐桌上。此后孙与李女士交恶并中断了贸易合作。孙把事情捅到网上，并在自己的企业里开展全员大讨论。

孙说："后来我为什么生气把脚放在饭桌上？是因为她把这个看成是文明礼貌，一种待客之道，她把这种行为定位于精神文明和儒家精神。但这分明是丑恶文化嘛！一种对人的不尊重和轻慢，怎么会成了一种先进的新文化呢？如果这是先进文化，要么她灭亡，要么我灭亡！这才是争论的焦点。以前我遇上这种状况，主人家都可以沟通，但是她不，她一再强调她代表先进的社会文明。这才是我爆发的原因。所以，这不是个人的小摩擦，而是两种文化观念的碰撞。"

讨论：

（1）作为房主，女主人是否有权利要求孙换鞋套？

（2）女主人为什么要孙换鞋套？

（3）女主人是否必须要让孙换鞋套？

（4）面对女主人的要求，孙有什么权利？

2. 材料一：1985 年，河北省《秦皇岛日报》发表了长篇通讯《蔷薇怨》（该文由《人民日报》于 1985 年 3 月 2 日予以转载），对原抚宁县农机公司统计员王发英与不正之风斗争的事作了报道。之后，被告人刘真根据一些人的反映，认为该文失实。刘真自称"为正视听，挽回《蔷薇怨》给抚宁带来的严重困难"，于 1985 年 9 月撰写了"及时纪实小说"——《特号产品王发英》。文章声称"要展览一下王发英"，并使用"小妖精"、"大妖怪"、"流氓"、"疯狗"、"政治骗子"、"扒手"、"造反派"、"江西出产的特号产品"、"一贯的恶霸"、"小辣椒"、"专门的营私者"、"南方怪味鸡"、"打斗演员"等，侮辱王发英的人格，并一稿多投，扩大不良影响，使王发英在精神上遭受极大痛苦，在经济上受到损失。

材料二：1985 年，被告人沈涯夫、牟春霖合作撰写了《二十年"疯女"之谜》（以下简称"谜"文）一文，刊载在《民主与法制》杂志上。"谜"文以"仅将调查经过公布于众"的口吻，披露：杜融为了达到从武汉市调到上海市的目的，采取毒打等手段，逼妻子狄振智装疯，两次将狄振智送进精神病医院。杜融调到上海后，因私生活露出马脚，害怕妻子揭发，于 1973 年 3 月第三次强行将狄振智送进精神病医院，致使狄振智戴着"疯女"的帽子，生活了 20 年。"谜"文发表之后，造成恶劣影响，全国各地一些不明真相的读者，纷纷投书《民主与法制》杂志，谴责杜融，并强烈要求给予法律制裁。之后，沈涯夫、牟春霖又撰写了《"疯女"之谜的悬念……》，连同"谜"文，同时在辽宁《妇女》杂志上发表，继续对杜融进行诽谤，致使杜融的人格、名誉遭受严重损害，无法正常工作，经济上也遭受一定损失。杜融的女儿亦因此遭到非议。

法院审理还查明，狄振智确系精神病患者；杜融从武汉调至上海，属于正常工作调动；杜融作风正派，根本不存在私生活腐化问题。

讨论：

（1）上述两个材料中，被告人的违法行为有何共性？

（2）他们承担的法律责任一样吗？

模块四　解决法律问题

学习目标与工作任务

　　解决法律问题，即根据事实和法律，进行法律论证，得出法律结论，判定案件或事实的法律依据和法律责任。在现实中，法律职业活动者的职业活动都是以解决法律问题为目的。通过本模块的学习，使学生首先了解法律职业的特点，重点理解和掌握执法和司法的概念及基本原则，区分二者的不同特点尤其是二者在解决法律问题时的不同手段和方法。然后以典型案例导入，使学生通过学习和训练，学会如何根据法律规定，面对需要解决的法律问题，运用法律推理的一般方法，得出结论性的答案。

单元一　法律职业与法律思维

导入案例

　　有一个法院在招考法院工作人员面试的时候向考生提出了一个问题：如果你母亲和你的女朋友同时掉到河里，你只能救一个人，请问你会救谁？为什么？

　　对于这个大家耳熟能详的问题，看起来似乎很难回答，但又似乎很容易回答。说这个问题难，是因为在现实中，如果真的遇到这个情况，你真的是很难作出选择的，而且如果问你这个问题的是你的女朋友，那你就更难答了。说这个问题简单：是因为，在每个人的心里，大家都知道这个问题的"标准"答案是先救自己的母亲，因为你只能这样回答，否则你就要背上娶了媳妇忘了娘之类的道德谴责。特别是在招考法院工作人员面试这个特定的环境下，只要你头脑正常，大概你就只能这样回答。当然也有一些人比较聪明，回答了一些似乎是两头都不得罪的答案，比如我会选择救离我较近的那个人；我会选择救我的母亲，然后跳到河里跟我的女朋友共赴黄泉云云。正如前文所说，少数人最后选择了模棱两可的回答，而剩下的大多数人，则回答说先救自己的母亲。在被问及为什么这样做的时候，大多数人都是大义凛然回答说：母亲怀胎十月，养育我二十多年，这份情谊，何人能比？当然也有些头脑更聪明的人是这样回答的：救母亲代表我选择了社会公义，救女朋友则代表我选择了个人私利，作为一名法官，面对社会公义与个人私利的抉择，我应该当然地选择公义。但出乎意料的是，在这么多似乎是无懈可击的回答中，面试官一直都在摇头。

谜底揭晓了，参加面试的法院院长点评道："这个问题的核心是希望大家能在亲情与爱情中作出一种价值判断，既然是一种价值判断，那就没有对错之分。所以从一定程度上来说，大家的回答都是不错的。但作为一名法律人，我必须说，你们的答案都不完全正确，因为从法律的角度来讲，作为一名法官，我们只能有一种思维方式，那就是法律思维，它的核心就是忠实于法律。因此，我们的回答也只能是一种：根据婚姻家庭与继承法的有关规定，家庭成员之间存在互相救助的强制义务，受法律所保护；而你与女朋友之间则只是一种单纯的情感关系，并不受法律的直接保护。因此，如果你没有履行这种对母亲的救助义务，对落水的母亲视而不见，只是去救你的女朋友，根据刑法的有关规定，你的行为将有可能构成违反法定义务情况下的间接故意杀人罪。作为一名法官，你必须遵循法律，所以你只能救你的母亲。

问题：什么是法律人？什么是法律思维？

一、法律职业的概念和特征

法律职业是指以律师、法官、检察官为代表的，受过专门的法律专业训练，具有娴熟的法律技能与高尚的法律伦理的法律事务岗位从业人员所构成的共同体。法律职业有广义和狭义两种含义：广义上的法律职业等同于人们所从事的与法律相关的各种工作；狭义上的法律职业是指以专业法律知识为基础的法律工作。它有两个基本涵义：①法律职业与其他需要以专业知识为基础的工作一样，是一种专门的行业，是专业化的工作；②从事法律职业的人需要拥有专门的法律知识和技能。

由于法律知识、法律技能和法律伦理是所有法律学习者和法律工作者必须具备的，因此本教材采纳的是广义的含义。具体地说，中国法律职业的从业人员主要包括法官、检察官、律师以及其他未获得上述执业资格的政府、机关、企事业单位中从事与法律相关工作的人员。

法律职业的特征可以概括如下：

1. 法律职业具有法律专业性。法律职业的从业者一般是经过专门法律训练，从而拥有法律的专业知识和专业技能的人，即"法律人"。法律职业的知识是一种专业性的知识，既包括关于法律规则的知识，又包括关于法律方法、法律观念甚至是法律理念的知识，具有非常鲜明的专业性。法律职业者的专业性源自系统的法学培养和完善的立法体系、严格的司法程序的要求，这使得他们以

"会说话的法律"的特征与其他人区别开来，使得法律职业者群体成为社会的法律知识库。

2. 法律职业具有相当大的自主性、自治性和精英性。法律职业者从事法律活动，不受外部力量的干涉，他们对自己的职业活动负责，自主地决定自己的活动。美国法学家昂格尔认为，法律在机构上的自治性在于法律规则由那些以审判为主要任务的专门机构加以适用。因此，国家与社会的分离因国家权力有立法、行政和审判的区分而加以完善。这突出地表现在法官、检察官独立地行使司法权，律师独立地开展法律服务活动。此外，他们的组织机构也是独立于其他机关或团体的。精英性表明的是法律职业者作为一个人数有限的特殊职业群体，为实现其社会功能而需达到的知识与道德的高度密集状态。

3. 法律职业具有共同的职业精神和伦理。法律职业是一种以法律为信仰的职业，有着共同的职业精神追求。在法律职业形成过程中，共同的法律信念、法律思想、法律意识凝化为职业者对法治的一种精神追求，进而升华为包括规则至上、权利本位、程序正当、权力控制、良法之治等为内容的一种法律职业信仰。另外，法律职业者内部还传承着一种职业伦理，这种职业伦理不同于大众伦理或公共道德，它与法律职业所追求的价值相联系，关乎法律职业者的社会地位和声誉。

4. 法律职业的思维方式具有独特性。法律职业的思维方式是一种法律思维，而法律思维的最大特点是思维的程序性。适用法律，要求适用法律者在查明事实"真相"的基础上作出判断，而法律意义上的"真相"其实强调的是程序意义上相对的"真实"，并不是现实中的"真实"，它与现实中或者哲学意义上所说的"真实"是有一定差距的。

5. 法律职业是法律秩序的维护者，是社会现行价值与传统价值沟通与融汇并借此倡导价值观更新与进步的使者。对法律的信仰与遵从，使法律职业者必然成为现行价值与传统价值的维护者，因此人们不可能指望法律职业者尤其是法官成为革命家或者激进的改革者，他们常常被指责为保守派。但是，追求公平与正义的使命感也会在某些时间，将法律职业者推到维护传统与现行权威和进行变革与重建秩序的前台，并要求他们于其中扮演特殊的角色，承担特殊的使命。

二、法律思维的概念和特征

法律思维，大体上是指法律人根据现行有效法律规范进行思考、判断和解决法律问题的一种思维定势，是一种受法律意识、法律思想和法律文化所影响的认知与实践法律的理性认识过程，也就是指按照法律的逻辑来观察、分析和解决社会问题的思维方式。

　　社会问题通常是一个复合性问题，往往包含着政治的、经济的、道德的和法律的等多种因素。如果说政治思维方式的重心在于利与弊的权衡，经济思维方式的重心在于成本和收益的比较，道德思维方式的重心在于善与恶的评价，那么法律思维的重心则在于合法性的分析，即把合法性当作思考问题的前提，围绕合法与非法来判断一切有争议的行为、主张和关系。我们在没有学法律之前，已经受生活阅历和社会潜移默化的影响而养成了很多习惯性思维模式。但是，我们学习了法律，就是专业的法律人，思维方式就要由法律的标准来衡量。

　　法律思维是一种不同于其他思维的职业性思维，其特征可以概括如下：

　　1. 法律思维以法律职业者的法律知识和经验阅历为前提。法律思维的逻辑起点是进入法律视野的自然事实或者说案件，这些自然事实包括时间、地点、人物、行为、动机等。法律思维通过法律规范要求，区分出自然事实和法律事实，并在此基础上进行建构，区分出法律事实的性质。法律思维的过程就是将法律研究和事实研究结合起来的过程，法律规范和客观事实则是这个思考过程的质料。法律职业者运用法律思维，必须首先具备深厚的法律知识底蕴，否则思考法律问题就会没有依据和方向。但法律思维不可能凭空产生，其必然以对事物的"先见"为前提。所谓"先见"是指个人在评价事物时所必备的平台，其先前的生活阅历、知识等构成理解倾向的基础因素，不可避免地带有个人的主观色彩。因此，法律职业者还必须具备丰富的人生阅历和社会经验，否则就无法认识事实构成。只有具备了法律知识与"先见"这两个前提，法律思维才可能发生。

　　2. 法律思维以法律语言为思维语言。思维是客观事物在人脑中间接的、概括的反映，是借助语言所实现的理性认识过程，因而语言和思维紧密地联系在一起。法律作为一种专门的技术知识，当然也与语言密切相关。语言不仅是法律的表达形式，而且法律的意义也必须依靠语言来建构，被用来表达和建构法律意义的法律语言就成为贯穿于法律的制定、研究和运用全过程的语言文字表意系统，因而法律语言是一种典型的思维语言，而且为法律思维所必需。为此，法律人除了必须具备丰富的法律知识及理解和运用能力外，还必须掌握规范的法律语言及基本知识和理论，只有这样，才能以法律语言为基础开展社会交往、进行法律思维、从事法律职业活动。语言给予我们的东西很多，我们能够思考什么，实际上取决于我们熟悉的先于我们存在的语言能够帮助我们思考什么。不同的语词产生不同的思维。我们学会了什么语言，就学会了如何思考问题。当我们学会用法律语言思考问题时，我们就能够忠于法律；当我们的教育模式所传授给我们的只是道德语词和概念的时候，埋藏在我们内心深处的必然是道德思维。所以，我们就不难理解，为什么一个人有时候坐在法庭上，执掌着法官的权力，但他所能够想到的词汇和概念却都是道德的。作为法律人，应该用法律语言，通过法律思维和法律方法解决面对的问题。

3. 法律思维是一种规范性思维。当讨论某个社会问题时，如果是经济学家，总是问有没有效率？能不能提高生产力？总是讲投入与产出，讲价值最大化，讲资源的合理配置等。经济学家这样来展开议论，其核心概念就是"效率"，即经济学家的整个思维是围绕"效率"这个核心概念进行的。对于同样的社会问题，法学家首先问合不合法？然后问法律有没有规定？如果法律有规定，他再问法律是怎么规定的？当他谈论法律是怎么规定的时候，他就要分析法律的规范构成，分析其构成要件、适用范围和法律效果，然后把讨论的这个事实、这个行为与法律规范的构成要件加以对照。如果对照的结果是"符合法律规范的构成要件"，他就表示肯定的意见；如果对照的结果是"不符合法律规范的构成要件"，他就表示否定的意见。可见，包括法官、检察官、律师和法学教授在内的"法律人"在讨论社会问题时，整个思维过程是围绕合不合法、法律有没有规定以及是怎样规定的来进行的，换言之，这个思维过程是紧扣着法律规范进行的。这就是"法律人"的思维模式，法律思维的本质特征就在于"规范性"，法律思维就是一种规范性的思维。

4. 法律思维以"崇尚法律"、"恪守公正"为思维定势和价值取向。"任何思维模式都有其定势，没有定势的思维模式是不存在的。"因而，思维定势直接体现和展示着特定思维模式的突出功能和特有属性，并积极影响和有效强化思维主体的角色定位及其思维价值取向，由此决定了群体性思维必然有着共同的思维定势和一致的价值取向，并使其内在地区别于其他专业性、职业性思维。法作为人类社会中一定历史时期的典型行为规范，不仅具有规范、统一等重要属性，而且成为现代法治国家、法治社会中具有最高权威的行为规范系统，特别是受自然法思想的启迪和教化，"法律至上"观念深入人心，这也就决定了法律思维的思维定势主要表现在"崇尚法律"，面对任何社会矛盾和社会纠纷，其基本任务在于作出合法与非法的判断，并对照法律规定，"以权利义务为线索"，最终作出权利安排和义务界定。同时，公平、正义作为法的永恒价值追求，从根本上决定了法律思维的基本价值取向也在于"恪守公正"。法律思维也由此明显区别于其他思维模式，比如，伦理思维（道德思维）以是否合乎道德要求为思维定势，以善恶评价为价值取向；经济思维以投入产出比较为思维定势，以追求经济效率为价值取向；政治思维以政治利弊权衡为思维定势，以是否合理、有利为价值取向。法律思维是从法律价值上，把法律的公平、正义以及法治为上的理念贯穿到我们思索一切问题的过程。

5. 法律思维是一种理性主义引导下的经验思维。法律制度实际上是人们通过理性的努力，在总结和凝聚以往社会经验、知识基础上，运用一定的技术并基于一定的意志和利益需要，对理想社会关系和秩序状态的能动建构。因而法律的实施实际上也就是法律人理解和运用这样一个集合了理性和经验的法律规定解决社会矛盾和社会纠纷的过程，既非单纯的思辨，也非单纯的经验判断。在这一"理解"和"运用"过程中，一方面，法律人作为法律的实践主体，必须综合运用法律原理，理性解读法律规定，讲求和遵从逻辑，恪守并阐释社会公正，同时，还要综合考察千变万化、复杂多样的案件事实，最终通过社会矛盾和社会纠纷的解决实现对社会秩序的合理建构。因而，法律思维必然是在一定理性主义指导下的思维活动，与法律人的哲学观、价值观等理性认识和思考密不可分。因为，作为法律规定的法律概念、法律规范以及法律原则等具有普遍性和抽象性，在复杂多变的社会现实面前，不可能"一一对应"，这就要求法律人在充分运用自身理性认识的同时，还要积极采用经验分析。

6. 法律思维是一种群体性思维。法律思维的主体涉及所有"法律人"，也即法律思维为法律共同体所共有，因而有学者即从这一角度来定义法律思维："法律思维方式是职业法律群体根据法律的品性进行概括总结所形成的思维定势，是受法律意识和法律操作方法所影响的一种认识社会现象的方法。"包括法官、检察官、律师乃至法学学者等在内的所有法律人，形成了一个稳定的群体组织结构，并运用规范、统一的法律语言，在其职业思维过程中围绕着共同的目的和心理需要，遵循着共同思维逻辑和价值取向进行相互沟通和理解。作为一个法律人，其法律思维的养成，不仅仅是通过参与群体职业活动受到长期的潜移默化的影响，而且需要经过专门的培养和训练，最终具备与同一个职业群体内其他成员相一致的、稳定的思维模式和方法，并达到一定的层次和水平。

引例解析

从以上介绍我们可以知道，法律人也即法律职业从业者，或称为法律职业共同体，是指以法官、检察官、律师、法学家为核心的法律职业人员所组成的特殊社会群体。它是经过专门法律教育和职业训练，具有统一的法律知识背景、模式化思维方式、共同法律语言的知识共同体；它以从事法律事务为本，是有着共同的职业利益和范围，并努力维护职业共同利益的利益共同体；其成员间通过长期对法治事业的参与和投入，达成了职业伦理共识，是精神上高度统一的信仰共同体。

法律思维是法律职业共同体所共有的，根据现行有效法律规范进行思考、判断和解决法律问题的一种思维定势，是一种受法律意识、法律思想和法律文化所影响的认知与实践法律的理性认识过程。

单元二　执法与司法

导入案例

2002 年 8 月 18 日晚 11 时许，延安市宝塔公安分局万花派出所民警接群众举报称，新婚夫妻张某夫妇在辖区内的一间诊所中播放黄碟。三名民警称从诊所后面的窗子看到里面确实有人在播放黄碟，即以看病为由敲门。住在前屋的张某父亲开门后，警察直奔张某夫妻住屋，一边掀被子，一边说，"有人举报你们看黄碟，快将东西交出来"，并试图扣押、收缴黄碟和 VCD 机、电视机。张某阻挡，双方发生争执，张某抡起一根木棍将警察的手打伤。警察随之将张某制服，并将其带回派出所留置，同时扣押并收缴了黄碟、VCD 机和电视机。第二天，在张某家人向派出所交了 1000 元暂扣款后张某被放回。

10 月 21 日，即事发两个月以后，宝塔公安分局以涉嫌"妨碍公务"为由刑事拘留了张某。10 月 28 日，警方向检察机关提请逮捕张某；11 月 4 日，检察院以事实不清、证据不足为由退回补充侦查；11 月 5 日，张某被取保候审；11 月 6 日，张某在医院被诊断为"多处软组织（头、颈、两肩、胸壁、双膝）挫伤，并伴有精神障碍"；12 月 5 日，宝塔公安分局决定撤销此案；12 月 31 日，张某夫妇及其律师与宝塔公安分局达成补偿协议，协议规定：宝塔公安分局一次性补偿张某 29 137 元；宝塔公安分局有关领导向张某夫妇赔礼道歉；宝塔公安分局处分有关责任人。

该案中，延安市宝塔公安分局万花派出所民警的行为存在什么问题？

一、执法的概念、特征和基本原则

（一）执法的概念

执法即法律执行。执法有广义和狭义两种含义。广义的执法是指一切执行法律的活动，包括国家行政机关、司法机关及其公职人员，依照法定职权和程序贯彻执行法律的活动。这种意义上的执法，既包括国家行政机关的执法活动，也包括国家司法机关的司法活动。狭义的执法是指国家行政机关和法律授权、委托的组织及其公职人员在行使行政管理权的过程中，依照法定职权和程序，贯彻实施法律的活动。它仅指行政执法，不包括国家司法机关及其公职人员依照法定职权和程序，贯彻实施法律的活动，既不包括法的适用或司法，也不包括制定普遍性规则的行政立法活动。本章所讲的执法即后一种意义上的执法。

（二）执法的特征

1. 执法主体具有特定性。执法的主体只能是国家行政机关或法律授权、委托的组织及其公职人员。中央人民政府、地方各级人民政府及其下属部门是行使执法权的主体。法律授权、委托的组织如企业、学校等，在法律授权范围内执行法律。执法行为的具体实施者，既可以是行政机关和法律授权的组织，也可以是行政机关的公职人员和法律授权组织的工作人员，还可以是行政机关委托的组织和个人。其他任何机关、组织和个人都不能成为行政执法的主体。司法机关适用法律的行为是司法行为，其他组织或公民个人遵守法律的行为是守法行为。

2. 执法具有国家权威性。执法是以国家的名义对社会进行全面管理，具有国家权威性。这是因为，首先，在现代社会，为了避免混乱，大量法律的内容是有关社会生活各方面的组织与管理。其次，根据法治原则，为了防止行政专横，专司社会管理职能的行政机关的活动必须严格依照立法机关根据民意和理性事先制定的法律来进行。因此，行政机关执行法律的过程就是代表国家进行社会管理的过程，社会大众必须服从。

3. 执法活动具有主动性和单方面性。我国《宪法》规定，国家行政机关是国家权力机关的执行机关，其基本使命和任务就是执行国家权力机关制定的法律、决定、命令和指示，并贯彻、实施执政党的路线、方针和政策。这意味着，执法既是国家行政机关对社会依法进行全面组织和管理的一项权力，又是国家行政机关应当承担的一种职责。因此，国家行政机关在执法中，一般都采取积极主动的行动去履行职责，即使是依相对人申请的行政许可、行政给付等执法行为，虽然在程序启动上是被动的，在决定实质性内容时，执法机关仍然是主动的。执法活动的主动性还表现为行政执法的能动性，为适应复杂、多变的社会需求，执法机关享有较大的自由裁量权。大量的执法行为不需要相对人的请求和同意，仅以行政机关单方面的决定而成立。如国家行政机关依法要求某些单位或个人纳税，要求司机或行人遵守交通规则等。不过，需要指出的是，行政复议、行政裁决、行政仲裁、行政调解、行政指导等部分执法行为不具有单方面性。

4. 执法具有国家强制性。行政机关执行法律的过程同时是行使执法权的过程，行政机关根据法律的授权对社会进行管理，一定的行政权是进行有效管理的前提。执法对社会生活的各方面产生着重要影响，如改变社会资源分配、控制城市人口规模等，都在很大程度上影响着公民的个人生活。行政执法作为行使国家权力的活动，具有强制性，公民必须服从，否则就会被依法强制执行。

（三）执法的基本原则

执法的原则是指行政执法主体在执法活动中所应遵循的基本准则。我国的行政执法要求遵循以下原则：

1. 合法性原则。合法性原则也称为依法行政原则，是指行政机关必须依据法定权限、法定程序和法治精神进行管理。依法行政原则是法治原则在行政执法活动中的具体体现，是现代法治国家行政执法活动必须遵循的最基本也是最重要的一个原则。这是因为，首先，现代国家中行政管理的范围十分广泛，行政事务非常繁杂，行政承担着比立法、司法更加普遍、更加日常性的事务。行政活动的每一领域、每一方面都事关国计民生和社会经济、政治、文化等的发展。因此，在行政活动中坚持依法办事、贯彻依法行政原则，是建立国家正常法制秩序、维护国家机器正常运转的重要保证。其次，现代国家行政权力呈逐渐扩张趋势，行政权能越来越大。如果不要求行政执法主体依法行政，就有可能出现行政权力的极度扩张和滥用，导致行政越权、行政腐败等现象的发生，从而损害人民的权益，乃至威胁到政权的稳定。因此，必须对行政执法主体进行有效的制约和监督。法律一方面保障国家行政机关能够充分行使自己的行政权力，使行政活动具备应有的权威性；另一方面又必须避免行政权力的滥用，以保障行政机关能正确行使法律所赋予的各种职权。

依法行政原则的另一层含义就是越权无效。即执法主体不能在职权范围以外行事，否则无效。因为行政机关在国家生活中占有特殊的、重要的地位。行政机关是国家的公共管理机关，其活动涉及国家和社会的各个方面，关系到人民群众的切身利益。同时，行政权是国家权力中的一项极为重要的权力，为了防止行政机关滥用权力，法律一方面规定了通过法律手段对社会生活及国家事务进行管理的方式、方法，为行政机关的管理活动提供了法律依据；另一方面又对行政权的行使规定了限度和程序，从而在实体上和程序上防止行政权的滥用。

2. 合理性原则。执法的合理性原则是指执法主体在执法活动中，特别在行使自由裁量权进行行政管理时，必须做到适当、合理、公正，即符合法律的基本精神和目的，具有客观、充分的事实根据和法律依据。

执法主体在执行法律时，必须客观、适度，符合理性的要求。这是因为法律不一定是尽善尽美的，合法的未必合理。这涉及执法过程中自由裁量权的运用。执法活动中的自由裁量，是指执法主体在法律条文明确、有具体规定的情况下，可以自行确定适当范围，并在此范围内选择适当的方式和手段来执行法律。一般说来，凡是在法定范围内行使自由裁量权都是合法的，即使行使不当，也不构成违法。然而，不正当地行使自由裁量权，也会对社会公众合法权益造成损害。这就要求执法行为不仅合法，而且合理。其主要内容和要求是：

（1）行使自由裁量权的动机必须符合立法原意，而不能与之背离或抵触。

如对抗拒纳税者加重处罚，只能是为了维护税法尊严、巩固国家税收，而不能出于公报私仇或以权谋私的目的。

（2）行使自由裁量权必须裁量适度，合情合理。如我国 1995 年颁布的《食品卫生法》第 39 条规定，违反该法有关规定，情节较重，没有违法所得的，处以 1000 元以上 5 万元以下罚款。很显然，这个处罚的自由裁量幅度是比较大的，需要执法人员合理作出。

（3）行使自由裁量权应参照以往惯例，尽量避免对性质相同、情节相近的案件作出的处理大相径庭。

（4）行使自由裁量权必须考虑相关因素，排斥非相关因素，而不能相反。如对不履行法定义务者的处理，应考虑其情节、后果和有关法律的规定，而不能考虑其有无特殊背景等。

3. 效率原则。执法的效率原则是指在依法行政的前提下，行政机关在对社会实行组织和管理的过程中，主动有效地行使其权能，以尽可能低的成本取得尽可能大的收益，即取得最大的执法效益。

与国家立法机关、司法机关相比，行政机关更强调效率，要求执法主体从保护公民权利和国家利益出发，对行政相对人的各项请求及时作出回应，对各种行政事务及时通过执法作出处理。这是因为行政工作涉及面广，影响力大，对国家的整体发展起着举足轻重的作用。如果不注重执法效能，将会对国家的发展带来极为不利的影响。行政执法者在处理有关行政事务时，应抓紧时间，迅速反应，不能久拖不决。只有这样才能使国家的经济、政治、文化等各项工作不会因行政执法的低效而受到阻滞，才能取得比较好的经济效益和社会效益，提高国家的管理效能。执法遵循效率原则还应做到执法行为的准确，避免出现不适当、不合理的执法而影响执法效率。因此，要求行政机关在执法时尊重科学、遵循客观规律，并进行必要的可行性分析和一定的成本效益分析，使执法行为具有最大可能的合理性，尽可能给国家、社会、公民带来益处，以避免或减少对国家、社会、公民利益的损害。

当然，效率原则是建立在合法性基础上的，执法主体必须严格按照法定程序和法定时限执法，不能以效率为借口而违反法律规定。

【案例】

上海钓鱼执法事件

2009 年 9 月 8 日，上海白领张军（化名）因好心帮忙搭载自称胃痛要去医院的路人，结果却被城市交通执法大队认定为载客"黑车"，遭扣车并被罚款 1

万元。原来该路人是执法大队的"钩子"，专门诱人入瓮的。该名"钩子"还强行拔掉张军的车钥匙，七八个身着制服的人将张拖出车外。当时张军第一反应是碰到强盗打劫了。他想打电话报警时，电话也被抢走。张军称自己被双手反扣，还被卡住脖子，并被搜去驾驶证和行驶证。对方告诉张，他们是城市交通执法大队的人。

之后两周有相似遭遇的人先后找到张军，讲述了自己类似被"钓鱼"执法的经历，多数发生在 2009 年 9 月 14 日、15 日、16 日、18 日。受骗车主多为公司上班族，还有两人为私人老板司机。欺骗他们的"钩子"各出奇招，有说"家人出车祸急着赶去"，有扮成急着要生孩子的孕妇，甚至还有"钩子"一手吊个盐水瓶去拦车的。至于故意要给他们路费、强拔车钥匙、"扭住胳膊"带离小车、扣车及罚款万元等"钓鱼"流程和张军遭遇一致。对此，闵行区相关部门公开在电视媒体上表态，他们的执法行为是合法的。

当事人张军在 2009 年 9 月 28 日向上海市闵行区人民法院提起行政诉讼，要求依法判决撤销行政处罚决定，退还罚款。2009 年 11 月 19 日，上海闵行区"钓鱼执法"案在闵行区法院开庭审理。经过一个小时的庭审和半个小时的休庭后，法官当庭宣判，被告闵行区交通执法大队在 9 月 14 日作出的 NO.2200902973 行政处罚决定违法，50 元的诉讼费由被告承担。

"钓鱼"执法的行为也受到法学家们的质疑，北京大学法学院行政法专家姜明安教授认为，行政执法要符合依法行政原则，合法、合理、程序适当、诚实守信、权责统一，不能采取预设圈套方式执法。中国人民大学法学院教授杨建顺认为，行政法强调取证的正当性，要求客观、全面地调查，调查取证的手段要合法。依据国家税制要求，打黑车有其合理性，但打黑车采取"以恶治恶"的方法不可取，"打击时要将打击黑车和'好意搭乘'严格区别开"。

中国法学会行政法学研究会会长应松年教授指出，"非法运营"在我国法律上无明确界定。而在西方国家，为节省能源，政府甚至推广拼车行为。如果帮助路人也算"非法运营"，以后有病求救谁还敢停车。应松年教授认为，"'钩子'拔钥匙"行为是一种强制行为，强制行为须有法律授权。他似乎在配合执法，但若无法律授权，那与抢劫有何区别？协管人员和"钩子"似乎都参与了执法，需要明确执法主体。中国政法大学副校长马怀德教授认为群众可以取证、录音、举报，但拔车钥匙等采取行政强制措施行为一定要有合法的行政授权，不能随意委托别人去做，更不能以市场方式，规定协助抓一个车给多少钱。

2010 年 6 月 9 日，上海市规范和加强行政执法工作电视电话会议透露，为健全完善行政执法程序，规范行政执法行为，上海即将出台《上海市人民政府关于进一步规范和加强行政执法工作的意见》和《上海市行政执法人员执法行为规范》，明文禁止"钓鱼执法"，并将切断"钓鱼执法"的源头。

《规范》明文禁止行政执法人员的"钓鱼"执法行为；行政执法人员调查取证时，应当全面、客观、公正；不得以利诱、欺诈、胁迫、暴力等不正当手段收集证据，不得伪造、隐匿证据；不得指派没有行政执法资格的人员进行调查取证；暂扣物品不得收保管费。《意见》规定，保证执法手段的合法、正当，通过非法手段获取的证据不能作为认定违法事实的依据。

引例解析

分析本案应着重从法理上明确以下几个问题：

1. 执法人员的主体资格值得质疑。我们知道，执法活动只能由国家行政机关及其正式的工作人员代表国家进行。公安人员的行政执法作为一种较重要、较特殊的执法行为，法律对其行使更有严格的要求。50元以下罚款、警告这样较轻的治安处罚若由非公安人员进行时，也要经过严格委托程序。而本案中进入张某家中的三名"警察"的身份到底如何呢？按警方的说法是："当时他们去了三个人，都穿了警服，但由于没有授衔，确实没有警号。"如果了解警察这一执法队伍的建设情况，就会知道，全国在编的正式警察，每个人都有一个在全国独一无二的警号。因为设置警号的主导思想之一就是让广大公民通过警号来监督警察的行为。所以，只要是正式警察，就必然会有警号。而警衔则是根据警察的从警年限、职务、职称等因素授予正式警察的等级标志。取得警衔并不是取得警号前提，相反，要有警衔，必须得有警号。对这种情况，宝塔分局副局长魏世平解释："其中两人虽然不是正式的公安民警，但属于地方公安编制。另外一名干警已经在去年通过人民警察录用考试，并且已经被陕西省公安厅批复录用为正式的民警，只是现在还没有办理手续，所以没有授衔。"可见，后一名还没有成为正式警察，前两名根本就不是警察。如此三人去执法，有何合法性可言！尽管在与张某发生冲突后，派出所所长贺宏亮（可能是正式警察吧）赶到现场，但他能够使三人此前的行为合法化吗？能够证明张某此前的阻挡甚至打人行为是妨碍公务吗？

总之，在民主与法治的社会中，公民住宅不受侵犯是公民的一项重要权利。而对于公权力而言，则应坚持权力制约，坚持法未授权即禁止的原则，主张权力应该服务于权利，反对官本位、权（力）本位。本案中无论张某夫妇在家看黄碟的行为是否触及了他人的"权利"，任何没有执法权的人都无权私闯他们的住宅而对他们执法。因为法律之治更强调程序之治，即使是警察进入他们的住宅，也不能毫无法律根据地扣押电视机、影碟机等物品，更不能在被媒体曝光以后，恼羞成怒，而将治安案件上升为刑事案件，以彰显权力的威严，从而在错误的道路上越走越远。

2. 张某夫妇在家看黄碟的行为是否违法？显然，这是关涉不同观点的前提性问题。对这一问题的回答，又需要从两个方面进行考察。

（1）张某夫妇是否具有在家看黄碟的自由。我们知道，自由是公民重要的法律权利，更是人权的重要内容。自由相对公共权力，无论是在事实上还是在逻辑顺序上，都具有先在性的意义，是权利得以存在的非常重要的正当性理由。因此，各国宪法、法律都对公民的自由权切实地予以确认与保障。我国公民更是在政治、社会和家庭生活等领域享有广泛的自由。由于行文等诸多方面的原因，法律不可能通过列举的方式一一确认公民应该享有的各种自由，而是根据情势的需要，对有些暂时无法行使的自由加以限制，这样，在法治国家中，人们在涉及公民自由的问题上就普遍坚持了法无禁止即自由的原则。联系本案，我国法律并未禁止公民在家看黄碟的行为；1985 年国务院发布的《关于严禁淫秽物品的规定》禁止的也仅仅是聚众观看或在公共场所观看的行为，而且这一规定也已在 2001 年被废止。唯一可以关联的是 1990 年公安部的一个有关"除六害"的通知。但该通知首先就不具有法的形式，它是为配合国务院的"规定"而发布的，主法废止，该通知应该当然失效；此外，它还会因是否违宪而有待深究。如此看来，张某夫妇的行为未有任何违法性可言。尽管警方有关人员认为，看黄碟的地点不是家，而是诊所，应当认定为公共场所。对此，我们认为，法律上的家，不仅包括公民日常生活起居的场所，也包括临时居所（如租住的旅馆的房间）。本案中的诊所，居办合一，居办有分，而且下班后就仅仅是居所。故此说不能成立。至此，我们很容易看出，在本案发生以前，张某夫妇的行为并没有违法，也没有与公权力发生冲突，公权力的介入是非法的。

（2）张某夫妇在行使自由权时是否超过了必要的限度。我们生活在一个人与人组成的社会之中，每个人在享有自己的自由时，都会与他人的自由发生交叉甚至冲突。为了避免冲突或矛盾的发生，法律就在事前对自由的界限作出规定，以确保自由只在一定的范围内行使。那么，张某夫妇的行为是否"冲撞"了他人的权利呢？从案件事实看，据律师澄清，当时屋内拉有双层红水绒窗帘，且这一对并未患有露阴癖的新婚夫妇已经上床，拉上窗帘是人之常情，并且影像不可能跳出窗外去影响他人。当然，如果张某夫妇有意无意地将声音放得足够大，以致能够影响到邻居的良善生活，产生私权利与私权利之间的冲突，则需要警方介入以界定权利的界限。但是，如果我们没有疏于事实就会注意到，外间住着张某的父亲，一个新婚儿媳在自己看黄碟时（如果真的是黄碟的话。张某夫妻称只是外国女人洗澡的情景，并未有男性出现或其他淫秽动作，警方未出示相反证据），会大胆到放任淫秽的声音打扰其年迈的公公吗？这是有悖常理的。如果声音在诊所内部尚不会干扰到他人，又何以能进入邻居家？即使有人举报，警方按有警必出的要求，取得了介入本案的正当性理由。但警方也应该认识到，他们要做的，有可能仅仅是明确当事人权利的界限（到现场后更应明确这一认识），而不是扣押物品或进行罚款。

延伸阅读

"选择性执法"别把公正"选择"掉[1]

近来两则新闻引起公众的普遍关注：一是经过5年多的拉锯战，深圳"著名"违法建筑"海上皇宫"终于被拆除；一是北京"天上人间"等4家豪华夜总会被查出有偿陪侍，被勒令停业整顿半年。

表面看，两则新闻似乎没什么直接联系。但它们之所以引发舆论热议，却均与人们的"执法常识"有关。对于"海上皇宫"的被拆除，有人质疑：一幢数千平方米的违法建筑，为何能够堂而皇之"挺立"5年之久？

在许多人的印象中，一些地方扫黄打非，遭到查处的往往是街头美容店和小型旅店，而一些高档娱乐场所或者星级饭店，则很少被突击检查出问题来。这恐怕也是"天上人间"遭查备受瞩目的原因——类似的高档场所，往往被坊间传言"有背景"、"后台很硬"，他们有恃无恐，警察也"礼让三分"。

这也可以解释深圳"海上皇宫"为何屹立不倒：对这一明显强占公共资源的高档私人会所，几年来，有关部门却一直以执法力量有限、没有执法权等为由，对其违法行为听之任之。俗话说得好，"迟到的正义往往是打折的正义"。如今，"海上皇宫"终于被拆除了，可它所消耗的社会成本、损害的执法公信又该由谁来埋单？

与这种"不敢碰硬"的执法相对的，是一些执法的"雷厉风行"。比如，为了开农运会，可以不顾农民的反对，强行将上千亩即将收获的麦田推平；为了追求结案率，可以漠视程序正义，甚至采取刑讯逼供的方式仓促定案。如果我们的执法如此欺软怕硬，见了老虎作揖，逮住兔子猛踹，对所谓有背景、有后台的执法对象无可奈何，甚至很"软弱"；对那些没什么"实力"的执法对象，却表现得很强势，疾风骤雨、决不手软，那么很难想象，这样的执法会令人信服、赢得尊敬。

不单是对象的选择，"选择性执法"也表现在对时间的选择上，即所谓运动式执法，往往在违法行为招摇过市很长时间后，才大规模集中治理。"法不在严

---

〔1〕　本文载《人民日报》2010年5月20日。

而在必行"，当法律不是持续地发挥作用，而是因为形势需要才偶尔显示一下其威严时，这不仅会导致违法行为不断产生的"破窗效应"，会让违法者滋生侥幸心理，选择暂避风头，卷土重来；还会让人们认为对一些执法对象的处罚，不是因为法律的威严，而是出于其他的考虑，否则，"为什么到今天才查"？

"不是法律不够用，而是法律不管用"。无论是选择对象执法，还是选择时间执法，归根结底，都源于法治意识的缺失。与之伴随的，是权大于法、钱重于法、情过于法的种种不良风气：动辄以权压法，批条子、"打招呼"、"不给好处不办事，给了好处乱办事"、"案件一进门，就有说情人"。这种唯权、唯钱、唯情所招致的"选择性执法"，严重动摇和威胁法律的平等性、权威性、正义性，也在很大程度上消解着人们的公平观念和法治意识。

在论及"法治"时，亚里士多德认为，一个国家虽有良法，但如果人民不能普遍遵守，那也不是实现法治的国家。任何一个法治社会，法律的一视同仁都是题中之义。党的十七大报告提出："坚持公民在法律面前一律平等，维护社会公平正义。"只有让每个公民都享受到"法律面前人人平等"的权利，看到"公平正义"的力量，人们才能对法律有稳定的预期，进而坚定对法律的信仰，奠定法治社会的根基。

二、司法的概念、特征和基本原则

（一）司法的概念

司法，亦称为法的适用，是法的实施的重要方式之一。它是国家司法机关依据法定职权和法定程序，具体应用法律处理案件的专门活动。

司法作为国家的一种职能，是国家运用法律调整社会关系，维护社会秩序的重要方式。但在许多情况下，只要公民和社会组织依照法律行使权利并履行义务，法律就能够在社会生活中得以实施，而无需法的适用。一般在两种情况下需要法的适用：①当公民、社会组织和其他国家机关在相互关系中发生了自己无法解决的争议，致使法律规定的权利义务无法实现时，需要司法机关适用法律裁决纠纷，解决争端；②当公民、社会组织和其他国家机关在其活动中遇到违法、违约或侵权行为时，需要司法机关适用法律制裁违法、犯罪，保障权利。

（二）司法的特征

1. 主体的特定性。司法主体即行使司法权的司法机关。在实行三权分立的西方国家里，司法权由法院来行使，法院便是司法机关，亦即司法的主体。在我国，按照现行法律体制和司法体制，司法权一般包括审判权和检察权。审判权由人民法院行使，检察权由人民检察院行使。因此，人民法院和人民检察院是我国的司法机关，亦即司法的主体。除此之外，其他国家机关、社会组织和个人都不是司法的主体，都无权行使司法权。公安机关、国家安全机关和司法行政机关的执法活动，虽与审判机关和检察机关的司法活动联系密切，但不属于司法机关的司法范围，而是属于行政执法的范围。

2. 职权的法定性。司法是司法机关行使司法权的活动。司法权只能由享有司法权的国家司法机关及其司法人员行使，其他任何国家机关、社会组织和个人都不能行使此项权力。司法机关代表国家适用法律、审理案件，以保障公民权利，处罚各类犯罪，维护社会秩序，体现国家的司法功能。这项职权的取得是由国家法律规定的。某些经法律授权的非行政机关的社会组织也可以成为执法主体，但司法活动只能由司法机关进行。除此之外，其他任何机关、组织和个人都不能成为法的适用的主体，不能行使此项权力。因此，司法权具有很强的专门性。此外，并不是国家司法机关的所有工作人员都享有和行使司法权，而只能是享有司法权的工作人员——即司法人员才能行使这项权力。

3. 程序的法定性。司法是司法机关严格按照法定职权和法定程序进行的专门活动，司法活动是有严格程序规定的。司法的根本目的，是通过审理诉讼、解决纠纷，维护社会的基本正义，使社会保持正常的法律秩序，进而推动社会文明的进一步发展。因此，严格的程序性是司法最重要、最显著的特征之一。在我国，司法活动的程序相对集中，目前根据法律关系的不同性质，把司法分为三类，即刑事司法、民事经济司法和行政司法，同时也规定有与之相适应的三大类法定诉讼程序。司法机关在处理具体案件时，必须根据案件的不同性质适用相应的法定程序。这是保证司法公正、公平的必要手段。离开了这些法定程序，诉讼当事人的合法权益就很难得到保障，国家法律的正确适用也很可能成为一句空话。

4. 裁决的权威性。司法是享有司法权的国家司法机关以国家强制力为后盾，以国家的名义运用法律于案件的专门活动。因此，司法机关所作出的裁决具有极大的权威性和强制性。即司法机关依照法定职权和程序对案件所作出的裁决是具有法律效力的裁决，非经法定程序，任何单位和个人都不能随意更改或废除。这些裁决一经生效，对有关当事人就具有法律效力，必须切实执行，若拒不执行生效的裁决，则由有关机关依法强制执行。

（三）司法的基本原则

1. 法治原则。司法的法治原则是指在司法过程中，要严格依法司法。依法司法既要求依实体法司法，也要求依程序法司法。在我国，这条原则具体地体现为"以事实为根据，以法律为准绳"的原则。

"以事实为根据，以法律为准绳"是司法必须首先遵循的原则，其实质是坚持实事求是的辩证唯物主义思想路线，严格依法办事，保证办案质量。

"以事实为根据"，指的是司法机关处理案件时，只能以被合法证据证明了的事实和依法推定的事实作为适用法律的依据。前一种事实属于客观事实的范围，它是已经被合法的并且具有证明力的证据所确定的事实。后一种事实是在案件客观事实真相无法查明的情况下，依照法律中有关举证责任和法律原则推定的事实。尽管这种事实可能与客观事实有所不同，但是在法律上能够引起同样的效果。只有查清了案件事实，才能正确适用法律，对案件作出正确处理。否则即使有了最好的法律，也不可能作出公正的裁决。坚持"以事实为根据"，就必须强调调查研究，重证据，不轻信口供，严禁刑讯逼供和偏听偏信，依照法定程序和方法全面收集证据，认真分析证据，作出符合案件事实的结论。

"以法律为准绳"，是指在适用法律时，要严格按照法律规定办事，把法律作为处理案件的唯一标准和尺度，切实做到有法必依、执法必严、违法必究。无论是在查明案件事实的过程中，还是在对案件作出处理的过程中，都必须按照法定的权限和程序，以法律为标准，确定案件性质，区分合法与违法、一般违法与犯罪等，并根据案件的性质给予恰当、正确的裁决。"以法律为准绳"，意味着在整个司法活动中，在审理案件中，法律是最高的标准。这也是社会主义法治对司法提出的必然要求。

【案例】

2010 年 7 月 23 日，广西梧州市长洲区人民法院对一起持刀飞车抢劫案进行宣判，被控抢劫罪的覃某火，被长洲区法院以抢劫罪判处有期徒刑 13 年，并处罚金 8000 元，剥夺政治权利 2 年。主审法官表示，证据确凿充分，不认罪、不交代动机并不影响定罪。

2009 年 8 月 30 日至 2009 年 10 月 21 日 22 时许，被告人覃某火先后在本市新兴三路邮政局路口、龙新村五组金红棉制衣厂旁边、桂江一桥桥头、龙圩镇容塘路口、西江叉河桥桥底、西江大桥南岸转盘处驾驶摩托车持刀抢劫他人财物，并致 4 名被害人受伤。

长洲区法院经开庭审理认为，从侦查至庭审，被告人覃某火自始至终否认抢劫，也未能提供"阿鬼"的具体情况及证明其被公安机关搜查、扣押的手机、小灵通就是从"阿鬼"处购买的证据。相反公诉方能证明公安机关从被告人覃某火身上搜查、扣押的手机、小灵通就是抢劫所得。主要证据如下：本案被害人罗某、钟某兰、梁某雁等人指认照片的笔录，且几个被害人均能够非常肯定地辨认出照片中的被告人覃某火就是抢劫其财物的人；同时被害人罗某、钟某兰、梁某雁等人证言也能证实被告人覃某火抢劫自己的财物时是两人开一辆红色摩托车持刀实施抢劫的，被告人覃某火的女朋友黄某婵亦证实被告人覃某火案发期间外出均是开其大哥的二轮红色刀仔牌摩托车；扣押的手机、小灵通的号码更进一步证明这些手机、小灵通就是本案被害人被抢的手机、小灵通。综上，被害人的辨认笔录、证人证言以及在被告人覃某火身上扣押的赃物数量及特征等物证，均能证实被告人覃某火否认实施抢劫纯属狡辩。本案中，被告人的辩解得不到其他证据的印证，而且一些辩解也不合逻辑。相反，公诉机关指控被告人覃某火犯抢劫罪事实清楚，证据确实充分，证据间能形成紧密的证据链，对被告人覃某火以抢劫罪定罪科刑是恰当的。据此，长洲区法院作出上述判决。

所谓的"零口供"，不是没有口供，而是没有犯罪嫌疑人或被告人供述其实施或参与实施犯罪行为的口供，通常包括两种情形：一是犯罪嫌疑人根本否认自己实施了犯罪行为；二是保持沉默、缄口不言的情形。

"口供"和其他证据一样，只要与其他证据相互关联，相互印证，形成完整的证据链条，并且得出的结论是唯一的，就能成为定罪的证据，不存在优先地位问题。同时《刑事诉讼法》第53条第1款明确规定："对一切案件的判处都要重证据，重调查研究，不轻信口供。只有被告人供述，没有其他证据的，不能认定被告人有罪和处以刑罚；没有被告人供述，证据确实、充分的，可以认定被告人有罪和处以刑罚。"这一规定明确地表明供述是可以采信的一种证据，但不能轻信；司法工作人员对有无口供的情况应采取正确态度。而且，"口供"不是证据链条必需的。缺乏"口供"也并不能必然影响证据链条的完整性。

2. 平等原则。平等原则是社会主义法律平等原则在司法活动中的具体体现。社会主义法律平等原则是指凡是我国公民都必须平等地遵守我国法律，平等地享有法定权利和承担法定义务，不允许任何人有超越法律的特权；任何公民的合法权益，都平等地受到法律的保护，他人不得侵犯；任何公民的违法犯罪行为，都平等地依法受到追究和制裁，决不允许其逍遥法外。任何人在民事、刑事、行政案件中，都应受到平等、公平的对待。

司法平等原则是上述法律平等原则在司法过程中的具体体现。在我国，司法平等原则具体地体现为"公民在适用法律上一律平等"。它是指各级国家司法机关及其司法人员在处理案件、行使司法权时，对于任何公民，不论其民族、种族、性别、职业、宗教信仰、教育程度、财产状况、居住期限等有何差别，也不论其出身、政治历史、社会地位和政治地位有何不同，在适用法律上一律平等。这一原则不仅适用于公民个人，也适用于法人和其他各种社会组织。

司法平等原则是社会主义司法的一项重要原则。实行这一原则，对于切实保障公民在适用法律上的平等权利，反对特权思想和行为，惩治司法腐败行为，维护社会主义法制的权威、尊严和统一，保护国家和人民的利益，调动广大人民的积极性，加速实现法治有重要意义。

【案例】

薄熙来案

2012 年 4 月 10 日，鉴于薄熙来涉嫌严重违纪，中央决定，停止其担任的中央政治局委员、中央委员职务，由中共中央纪律检查委员会对其立案调查。2013 年 7 月 25 日，薄熙来涉嫌受贿、贪污、滥用职权犯罪一案，经依法指定管辖，由山东省济南市人民检察院向济南市中级人民法院提起公诉。2013 年 8 月 22 日 8 时 43 分，济南市中级人民法院一审公开开庭审理被告人薄熙来受贿、贪污、滥用职权案。

2013 年 9 月 22 日 10 时 50 分许法庭一审判决，对被告人薄熙来以受贿罪、贪污罪、滥用职权罪依法判处刑罚，数罪并罚，决定执行无期徒刑，剥夺政治权利终身。薄熙来不服一审判决提出上诉，10 月 8 日山东省高级人民法院受理上诉。

2013 年 10 月 25 日上午，山东省高级人民法院对薄熙来受贿、贪污、滥用职权案二审进行公开宣判，裁定驳回上诉，维持一审判决。

法律面前人人平等是现代法治的一项基本原则，我国《刑法》第 3 条对该原则予以明确立法化，规定"对任何人犯罪，在适用法律上一律平等。不允许任何人有超越法律的特权"。对薄熙来这样的高官涉嫌犯罪提起公诉和进行审判，正是对法律面前人人平等、触犯刑法必追究刑事责任、谁都没有超越法律的特权的立法与相关理念的贯彻落实，也是对腐败官员尤其是腐败高官的现实警戒。2014 年 3 月 13 日，国务院总理李克强在北京人民大会堂与中外记者见面，回答记者提问时说，对于腐败分子和腐败行为，我们实行的是"零容忍"。中国是法治国家，不论是谁，不论职位高低，法律面前人人平等，只要是触犯了党纪国法，就要依法依纪严肃查处、惩治。

3. 司法独立原则。司法独立原则，即司法权独立行使原则，是指司法机关在办案过程中，依照法律规定独立行使司法权。我国的宪法、有关组织法和诉讼法中都明确规定了该项原则。

司法独立原则的基本含义包括：其一，国家的司法权只能由国家的司法机关统一行使，其他任何组织和个人都无权行使此项权力；其二，司法机关行使司法权，只服从法律，不受其他行政机关、社会团体和个人的干涉；其三，司法机关行使职权时，必须严格依照法律规定办事，准确适用法律。

司法独立的目的在于一切服从法律，严格依法办事。司法独立原则对于正确适用法律具有重要意义。司法权直接关系到法律的权威和国家的安危，关系到公民的人身自由和其他权利是否得到保障。国家和人民把这个权力赋予司法机关独立行使，可以保障法律得到统一和正确的实施，维护法制的尊严；可以使司法机关充分行使司法职能，发挥司法机关的作用；也可以有效地防止特权和不正之风对司法工作的干扰和破坏，保障司法公正。

在我国，坚持司法独立原则并不意味着司法机关行使司法权可以不受监督和约束。司法权如同其他任何权力一样，都要受到监督和制约。不受监督和制约的权力必然会导致腐败。对司法权的监督主要来自以下方面：其一，司法机关要接受党的领导和监督，这是司法权正确行使的政治保证。其二，司法机关要接受国家权力机关的监督。按照现行体制，司法机关由国家权力机关产生，并对国家权力机关负责。因此，国家权力机关有权监督司法权的行使，司法机关也有义务接受国家权力机关的监督。其三，司法机关的上、下级之间以及同级之间也存在监督和约束，这种监督和约束是通过司法制度中的一系列制度如审判监督制度等来体现和实现的。其四，司法权要接受企事业单位、社会团体、民主党派和人民群众的监督，还要接受社会舆论的监督。通过多种监督形式和多重监督机制，才能更好地行使司法权，预防司法权滥用等司法腐败现象和行为。

需要注意的是，在实践中必须把握好监督与非法干预之间的界限，防止监督者的监督演变成干预。

4. 司法责任原则。司法责任原则是指司法机关和司法人员对行使司法权过程中侵犯了公民、法人和其他社会组织的合法权益，造成严重后果的情况，依法承担相应责任的一种制度。

司法责任原则是根据权力与责任相统一的法治原则而提出的权力约束机制。司法机关和司法人员接受人民的委托，行使国家的司法权，负有重大的职责。按照权力和责任相一致的原则，一方面对司法机关和司法人员行使国家司法权给予法律保障，另一方面对司法机关和司法人员的违法和犯罪行为给予严惩。只有将司法权力与司法责任结合起来，才能更好地增强司法机关和司法人员的责任感，防止司法过程中的违法行为，并对违法行为进行法律制裁，以更好地维护社会主义司法的威信和社会主义法制的权威和尊严。在我国，已颁布的《国家赔偿法》、《法官法》、《检察官法》等法律确立了司法责任原则，对于实现公正司法、廉洁司法必将产生深远的影响。

延伸阅读

“大津事件”与司法独立

发生在日本明治时期的“大津事件”，是日本法治和司法制度史上具有重要意义的事件。这一事件是在日本建立现代司法制度的初期，围绕一起刺杀俄国皇储的案件的处理，在司法权与强大的行政权交涉的情况下，在牵涉国际关系、国家利益的种种压力之下，法院独立审判，在一定程度上维护了法治的精神与司法的权威，从而使这一事件成为司法独立方面的著名案例。

经过德川幕府两百余年的闭关锁国，日本国势甚弱，虽经明治维新开始崛起，但与欧洲列强仍然难以抗衡，尤其对数一数二的军事强国俄国存有畏惧。1891 年 4 月（明治 24 年），俄国皇太子尼古拉（即后来在俄国革命中被处决的末代沙皇尼古拉二世），奉父命率舰队访日。为保障皇太子的人身安全，日本方面除加强警卫外，外务大臣青木还与俄国公使约定，万一有加害之人，可直接按加害日本皇族的日本刑法第 116 条处罚。

5 月 11 日下午，尼古拉到大津市访问，街道两边警卫森严。负责警卫的一名警察津田三藏，在尼古拉经过时突然拔剑砍其太阳穴两刀，致其轻伤，津田立即被捕。警官刺杀国宾事件令日本举国震惊，担心俄国借此次事件发动对日战争，因此全国处于紧张状态。

日本迅速采取措施解决此事，力图消除事件影响。除以外交方式道歉、抚慰外，案发当晚即由大津地方法院一名预审法官和两名检察官对津田进行讯问，并进行必要的证据调查。日本大审院很快组成特别法庭，对案件进行审判。但就如何适用刑法，有关方面发生分歧。日本刑法第 116 条是关于“皇室之罪”，规定加害日本天皇、皇后、皇太子等皇室成员者处死刑，即使未遂、预备与计划者亦同。日本内阁以事涉两国邦交、关系国家重大利益，并以事前外相与俄国就采用刑法第 116 条保护俄国皇太子达成协议，事后内阁决议适用刑法第 116 条追究，并已将此情况通知俄国等理由，要求司法方面依照刑法第 116 条对津田进行审判，以避免日本外交食言以及俄国借机寻衅。松方首相会晤大审院院长儿岛惟谦，要求法院配合行政方面处理。在儿岛提出法官独立审判、自己难以左右判决时，首相直接要走法官名单，并安排这些法官的好友及前辈对法官进行说服。经行政方面的劝解，法官依多数意见初步同意按照刑法第 116 条对被告人进行审判。

大审院院长儿岛坚持法院必须独立适用法律。他赶往大津，对 7 名特别法官正确理解和适用刑法第 116 条进行劝解。在当时国内外形势的影响下，儿岛的说服奏效，特别法官们改变了原来的意见。内阁获悉，特派山田法务大臣和西乡内政大臣赶往大津，了解法官意见变化缘由。但法官们以司法独立为由拒绝会见，法务大臣震怒而大骂法官无礼。

"大津事件"的审判于 5 月 27 日开庭。证据调查后，三好检察总长与川目检察官分别发言，以加害外国皇族与本国皇族危害相同为由并解释立法意旨，要求适用刑法第 116 条对被告人处刑。辩护律师谷泽与中山则以现行刑法对外国皇族的加害并无加重处罚之规定等理由反对适用刑法第 116 条。当日下午堤正已审判长代表法庭审判，适用刑法关于普通谋杀罪的规定，以谋杀未遂判决被告无期徒刑。判决后，青木外务大臣、山田法务大臣及西乡内政大臣相继辞职。

司法独立是法治的基本原则。司法独立意味着法官从事审判活动不受判案依据之外的因素影响和干涉。在"大津事件"中，大审院的法官最终坚持独立审判，排除行政干预，被历史认可。大审院院长儿岛惟谦曾义正辞严地告诉内阁首相松方："下官非才，恭奉天皇任命为大审院长，职责所在，不论内阁如何讨论及决议，其解释如曲解法律精神者，断然不予接受。"又说："不曲解法律，亦必另有其他维护国家利益之方略。立宪国家如欠法律之威严与正义，则必然失去其存在之意义。"儿岛还表示，如判决曲解法律，作为负监督责任的大审院长将辞职以答天皇，以谢世人。其维护司法独立的决心和勇气可嘉。多位内阁大臣连珠炮似质问儿岛惟谦："若因此导致日本亡国灭种怎么办？"儿岛惟谦拍案而起："日本若因此而亡国，那就让它亡国吧，至少世人将记得日本曾是一个司法独立的国家。"

西方国家盛赞，后起之秀的日本居然能做到司法独立，难能可贵。高举司法独立大旗的日本，借势与英法美等多国，修改不平等条约。此案对于日本司法权最终摆脱行政权的牵制操控以及《明治宪法》引进的三权分立制衡原则的落实，影响极为深远。

然而，由"大津事件"亦可看出司法独立相对性的一面。其一，大审法院院长儿岛虽然秉持法律精神，积极维护司法独立，但其逾越法院行政首长的监督权限，对审判法官的判案观点作直接劝说，其用意虽良，实效亦好，但本身已破坏司法独立（法官独立）之原则。虽有学者按紧急避险一类的法理来为其辩护，但这种追求所谓实质正当而损害程序正当的做法，也往往是行政干涉司法的手段。如果允许这种干预，司法独立将最终不能确立。其二，法官们的独立裁判也并非完全是基于对法律的理解和信念。特别法庭的多数法官曾一度向行政妥协，后来之所以改变态度，除了他们的行为自省以及受儿岛的影响外，也是由于当时俄国并无开战迹象，形势趋于缓和，而国内对津田同情以及对政府屈从于外国压力的不满情绪增长，最终促成法官们拒绝适用刑法第 116 条。当然，即使如此，法官们尤其是儿岛惟谦先生的行为已属难能可贵，并且对现代司法制度建立之初的司法独立也不宜过分苛求。

单元三　法律解释

导入案例

　　四川省泸州市某公司职工黄某和蒋某 1963 年结婚，但是妻子蒋某一直没有生育，后来只得抱养一个儿子。由此给家庭笼罩上了一层阴影。1994 年，黄某认识了一个张姓的女子，并且在与张认识后的第二年同居。黄的妻子蒋发现这一事实以后，对黄某进行劝告但无效。1996 年底，黄和张租房公开同居，以"夫妻"名义生活，依靠黄的工资（退休金）及奖金生活，并曾经共同经营。

　　2001 年 2 月，黄到医院检查，确认自己已经是肝癌晚期。在黄即将离开人世的这段日子里，张面对旁人的嘲讽，以妻子的身份守候在黄的病床边。黄在2001 年 4 月 18 日立下遗嘱："我决定，将依法所得的住房补贴金、公积金、抚恤金和卖泸州市江阳区一套住房售价的一半（即 4 万元），以及手机一部遗留给我的朋友张某一人所有。我去世后骨灰盒由张负责安葬。"4 月 20 日，黄的这份遗嘱在泸州市纳溪区公证处得到公证。4 月 22 日，黄去世，张根据遗嘱向蒋索要财产和骨灰盒，但遭到蒋的拒绝。张遂向纳溪区人民法院起诉，请求依据继承法的有关规定，判令被告蒋某按遗嘱履行，同时对遗产申请诉前保全。

　　从 5 月 17 日起，纳溪区法院经过 4 次开庭之后（其间曾一度中止，2001 年7 月 13 日，纳溪区司法局对该公证遗嘱的"遗赠抚恤金"部分予以撤销，依然维持了住房补贴和公积金中属于黄某部分的公证。此后，审理恢复），于 10 月11 日进行公开宣判，认为尽管继承法中有明确的法律条文，而且本案中的遗赠也是真实的，但是黄将遗产赠送给"第三者"的这种民事行为违反了《民法通则》第 7 条"民事活动应当尊重社会公德，不得损害社会公共利益，破坏国家经济计划，扰乱社会经济秩序"的规定，因此法院驳回原告张某的诉讼请求。

一、法律解释的概念

（一）法律解释的含义和特征

　　1. 法律解释的含义。法律解释是指对法律的内容和含义所做的说明。任何法律在实际运用中都面临解释的问题，就如任何文本都需要读者理解一样。法律是判断人的行为是否正当的一般标准，法律的解释活动需要遵循一定的解释规则，以保证规则含义的统一性。法在制定之初，不可能对所有社会关系规定得详尽无遗，并且社会关系在不断发展、变化，而法律要保持其相对的稳定性，这使得立法总是相对滞后于社会关系的发展。另外，法律实施的具体条件千差万别，例如时间、空间、事件和情况各不相同，加之人们对法律的认识、理解不一，因而就有必要对法律进行解释。法律解释是一个国家健全和完善法制建设不可缺少的重要环节，它直接关系到法律、法令的统一和正确实施，也关系到法律的创造和发展。

为了准确理解法律解释的各种规则，我们必须明确法律解释的对象、主体和性质等问题。法律解释的对象是具有法律效力的规范性法律文件；法律解释的主体特指享有法定解释权的人或组织；法律解释从性质上看是一种创造性的活动，是立法活动的继续。

2. 法律解释的特点。与一般解释相比，法律解释具有以下三个特点：

（1）法律解释与具体案件密切相关。首先，法律解释往往由待处理的案件引发。其次，法律解释需要将条文与案件事实结合起来进行。法律解释的主要任务，就是要确定某一法律规定对某一特定的法律事实是否有意义，也就是对待裁判或处理的事实的法律规定加以解释。

（2）法律解释具有一定的价值取向性。这是指法律解释是一个价值判断、价值选择的过程。法律解释是一项评判活动，具有强烈的目的性，并反映一定的价值观。因为法律总是在一定的社会环境中发挥作用，人们也总希望在社会认为合情合理的范围内承担法律责任。法律作为按一定阶级的意志规范人们行为的工具，具有强烈的目的性。因此，从法律自身内在协调的要求来看，法律解释必须在特定的目的和价值观中审视法律规定与社会现实之间应有的联系，以体现我们对法律社会效果的权衡，表明我们对法律的理想期望。

对法律进行解释时，要求解释者在对立法背景了解的前提下，体现出立法者的目的、理由和初衷。同时，还要考虑执法或司法活动的具体情况。立法的目的是在执法或司法活动中体现出来的，没有执法或司法活动的立法是无意义的。立法意图与司法目的是统一的，但不能排除它们之间有时存在互不协调的情况。在此种情况下，应当将两者统一于法律解释的价值取向之内。

（3）法律解释受"解释学循环"的制约。"解释学循环"是解释学中的一个中心问题，它是指整体只有通过理解它的部分才能得到理解，而对部分的理解又只能通过对整体的理解。指出法律解释存在"解释学循环"，可以防止人们孤立地、断章取义地曲解法律。

（二）法律解释的必要性

法律解释在法的生成过程中占有重要地位。它是法律实施的前提，又是法律发展的重要方法。之所以需要对法律进行解释，原因在于：首先，要把一般的具有典型意义的法的规定适用到具体事项或案件上去，有时需要解释。法律条文无论规定得如何详尽，都只能对一般的典型社会生活加以规定，而不可能概括实际生活中的一切具体情况。要把一般的具有典型意义的法的规定适用到纷繁复杂的具体案件或事项中去，使法的规定既不失本意，又能与具体的实际情况相结合，有时就必须对某些法或法的规定进行解释。其次，要把过去制定的法适用到现实生活中去，使法能适应形势发展的需要并保持自身的稳定性，有时需要解释。社会关系和社会生活是经常变化的，过去制定的法，如何适用于现实的情况，往往产生法的解释问题。例如有的法是数十年前制定的，甚至像美国宪法那样是一二百年前制定的，要把这些法适用于现实生活，经常需要进行解释。而且，法的制定往往是同一定的历史条件、政治任务和目的相联系的，要正确理解某一法的规定，就要明确它产生的原因和目的及其在调整社会关系中的作用。这需要对法进行必要的解释。再次，要使法中的某些专门的名词、术语为人理解，或者要使法中的某些普通名词、术语在含义上与通常的用法有所区别，有时也需要解释。法的条文，文字简洁，含义深刻，其中有许多专门的名词、术语。如刑法中的故意犯罪和过失犯罪、犯罪的未遂和中止，合同法中的标的和给付定金，刑事诉讼法中的公诉、自诉、抗诉和取保候审等。要正确适用法就必须准确地理解这些言简意赅的法的条文和专门术语，这往往需要进行法的解释。又如法中一些普通名词、术语，立法者赋予它们与通常含义有所区别的含义，比如父母、子女这些概念，这就需要加以解释。最后，法的解释对于协调、统一法体系内部的关系和消除有关弊病，对于开展法制宣传教育，有时也是必需的。总之，法的解释对于法的正确适用，对于完善立法、加强法制建设、开展法制宣传，很有意义。正因为如此，法的解释必须积极又慎重地进行。历史表明，一个国家，只要有法，就必然有对法所作的解释。但不同历史类型的国家在不同的国情之下，法的解释往往具有不同的性质和情形。在封建制下，君主可以任意解释法，只对君主负责的法官也往往是随心所欲地对法进行有利于封建统治的解释。资产阶级革命时期，启蒙思想家对此曾经坚决予以抨击。在人治条件下，法的解释的随意性随处可见。

（三）法律解释的原则

1. 合法性原则。法律解释应合乎法律的规定和基本精神。它包括三个方面的基本要求：①法律解释应该按照法定权限和程序进行，不得越权解释；②对低位阶法律的解释不得抵触高位阶的法律；③对法律概念和规则的解释与法律原则必须保持一致。

2. 合理性原则。合理在此指合乎情理、公理、道理。具体包括：①要符合社会现实和社会公理；②坚持尊重公序良俗；③要顺应客观规律和社会发展趋势，尊重科学；④要以党的政策和国家政策为指导。

3. 法制统一原则。法制统一是法治的一项基本原则。法律解释坚持法制统一原则，就是要求法律解释应该在法治的范围内进行。法制统一体现在一个国家，表现为法的形式、内容和精神实质应该是高度一致的，法律的实施及其结果也应该是相同或相似的。因此，法律解释坚持法制统一原则，具体内容就是要将需要解释的法律规则、概念、技术性规定等方面的法律条款置于相应的法律、法规、条例中理解和把握，使解释活动从属于该法律文件的整体；要坚持各种法律解释之间已经建立的效力等级关系，法律解释工作要有全局观念、法治观念；在法律解释过程中，要建立和贯彻规范化的解释技术。

4. 历史与现实相统一原则。任何法律法规都有自己制定时的特殊历史状况和历史原因，法律解释工作要将历史与现实结合起来，既要考虑法律制定时的历史条件和历史要求，又要考虑社会、经济、政治状况的变化。

二、当代中国法律解释体制

法律解释体制，是指正式解释的权限划分。在我国，法律解释体制不是单一的解释体制，而是各国家机关在其职能基础上，依法分别行使一定的法律解释权，并相互配合的体制。这种分工配合是指中央国家机关与地方国家机关之间的分工配合，国家权力机关的常设机关的立法解释与司法解释、行政解释的分工配合，以及"进一步明确界限"与"具体应用"两种法律解释的分工配合。在我国，法律解释权是由不同领域的职能主管部门统一行使的，如审判领域由最高人民法院统一行使；检察领域由最高人民检察院统一行使；行政领域由国务院或者由各行政主管部门统一行使。在部门领域内实行法律解释权的垄断，目的在于保证法律的统一实施，维护国家法制的统一。这对于一个行政区域广大、管理层次众多的单一制国家来说，具有重大意义。总之，我国以全国人大常委会为主导的法律解释体制，是由我国人民代表大会制度的政权组织形式、人民民主的政治制度和民主集中制原则决定的。它适合我国国情，并基本适应我国法制建设的需要。

（一）立法机关解释制

1. 全国人大常委会所进行的解释叫立法解释。它包括对宪法的解释和对法律的解释两部分。这里所说的法律指狭义的法律，即由全国人民代表大会制定的基本法律和由全国人大常委会制定的非基本法律。凡关于法律条文本身需要进一步明确界限或补充规定的，由全国人大常委会进行解释或用法律加以补充规定。

2. 立法解释的主要任务。

（1）阐明法律实施中产生的疑义。即对法律规定本身不十分清楚、明确的条文进行说明，或者规定本身虽然清楚、明确，但实施法律的人不了解立法者的立法精神而进行立法解释。

（2）解决法条冲突以及司法解释之间的冲突。一方面，当出现法条冲突，而不能用法条竞合的一般规则来解释时，需要全国人大常委会进行立法解释；另一方面，根据我国现行的法律解释体制，司法解释发生冲突时应当由全国人大常委会作出最终解释。

（3）当法律实施后出现了新的情况，需要明确适用法律依据的，也必须由全国人大常委会作出立法解释。

3. 由全国人大常委会负责解释我国整个法律制度的核心部分，即宪法和法律，表明全国人大常委会在我国法律解释体制中应当占有主体地位。如全国人大常委会 2001 年 8 月 31 日对刑法有关规定中"违反土地管理法规"是指"违反土地管理法、森林法、草原法等法律以及有关行政法规中关于土地管理的规定"的解释。立法解释主要是通过决定、决议的方式进行有针对性的解释。全国人大常委会法制工作委员会和常委会办公厅对各地、各部门提出的一系列法律问题所作的答复，虽然不是正式的法律解释，但对正确理解和执行法律具有积极的作用。

（二）司法机关解释制

1. 所谓司法解释体制，是指司法解释权的授权范围及行使司法解释权主体的解释权限及各解释主体间的相互关系。1981 年 6 月 10 日第五届全国人民代表大会常务委员会第十九次会议通过的《关于加强法律解释工作的决议》规定："凡属于法院审判工作中具体应用法律、法令问题，由最高人民法院解释；凡属于检察院检察工作中具体应用法律、法令问题，由最高人民检察院进行解释。"因此，当前我国的司法解释体制是以最高人民法院和最高人民检察院作为法定解释主体，以审判权和检察权的界限作为划分司法解释权限的标准，以审判、检察工作中具体应用法律、法令问题为解释内容的司法解释体制。

因此，司法解释又可分为两种，一种是审判解释，另一种是检察解释。审判解释是由最高人民法院对人民法院在审判过程中具体应用法律问题所作的解释。检察解释是由最高人民检察院对人民检察机关在检察工作中具体应用法律问题所进行的解释。如果审判解释与检察解释有原则性分歧，则应报请全国人民代表大会常务委员会作出最终解释。

2. 司法解释的作用。司法解释的基本作用是为司法机关适用法律审理案件提供说明。这种作用具体包括以下几个方面：

（1）对法律规定不够具体而使理解和执行有困难的问题进行解释，赋予比较概括、原则的规定以具体的内容。通过法律解释使法律适应变化了的新的社会情况。法律的调整应当与社会现实相协调，应当随社会的发展而赋予某类行为以相应的法律意义，作出适合社会发展的法律评价。

（2）对适用法律中的疑问进行统一解释。其中包括几种情况：其一，在适用法律过程中对具体法律条文理解不一致时，通过解释，统一认识，正确司法；其二，为统一审理标准，针对某一类案件、某一种案件、某一问题或某一具体个案，就如何理解和执行法律规定而作出的统一解释。

（3）对各级各类法院之间应如何依据法律规定，相互配合审理案件、确定管辖以及有关操作规范问题进行解释。

为了充分地发挥司法解释在国家法制建设中的作用，应当进一步改革和完善司法解释工作。如规范制定和发布程序，统一形式、名称和格式，明确效力，全面公开司法解释，建立有关司法解释的监督和制约机制等。

（三）行政机关解释制

国家最高行政机关的解释也叫行政解释，是指国务院及其主管部门对有关法律和法规的解释。行政机关对制定法的解释，即对法律、法规、规章的解释，大致可分为两种情形：一种是行政机关对上级国家机关制定的法律、法规、规章如何具体应用所作的解释，这种解释是在行政执行过程中的解释，属于执行解释；另一种是行政机关对自己制定的行政法规、规章的含义和如何适用所作的解释，这种解释是制定机关的解释，可称为制定解释。前一种是如何具体适用的解释，即具体解释；而后一种则主要是抽象解释。从解释主体来看，制定解释的主体是那些法律特别规定的享有行政立法权的行政机关，它们在依法取得行政法规、规章制定权的同时，当然享有对自己制定法的解释权，这种行政解释依附于制定权。而执行解释的主体必须是法律授权的行政机关，授权形式包括一般授权规定和专门授权规定。如全国人大常委会《关于加强法律解释工作的决议》就属一般授权规定，而某一单行法律、法规中对特定行政机关的授权解释规定则属专门授权规定。被授予解释权的行政机关可能是依法具有行政法规、规章制定权的行政机关，也可能是不具有规章制定权的行政机关，如地方政府工作部门对所在政府制定的规章或对本级人大制定的地方法规的解释就属这种情况。由此可见，我国行政解释的主体主要是那些具有行政法规、规章制定权的行政机关，同时还辅以具有规章制定权的地方政府工作部门。国家最高行政机关的解释在国家的法制建设中具有重要的意义，国家最高行政机关的法律解释是建立统一、协调的行政法规体系的重要条件。国务院作为国家最高权力机关的执行机关和国家最高行政机关，它所作出的或由它授权作出的法律解释具有法律约束力。但是，这种解释不能与宪法和法律相抵触。

（四）地方机关的解释

1. 国家地方政权机关所进行的法律解释有两种情况：①对属于地方性法规

条文本身需要进一步明确界限或作补充规定的，这由制定法规的地方国家权力机关的常设机关进行解释或作出规定；②对属于地方性法规如何具体应用的问题，由地方国家行政机关进行解释。

2. 地方政权机关的法律解释的四个特点：①只有法定的地方国家政权机关，即有权制定地方性法规的地方国家权力机关及其执行机关才有此项职权；②解释只能在本地区所辖范围内发生效力；③解释必须符合国家的宪法、法律、行政法规和其他国家政策，否则无效；④地方国家政权机关无权解释宪法、法律和行政法规。

引例解析

本案涉及法律解释的基本理论。法律解释的方法包括文义解释（指按照法律条文用语之文义及通常使用方式，阐述法律意义的方法）、体系解释（以法律条文在法律体系上的地位，或相关法条之法意，阐明其规范意旨的解释方法）、立法原意解释（进行法律解释时，应探求立法者制定法律时所作的价值判断及其所欲实现的目的，以推知立法者的原意）、目的解释（以法律规范的目的为依据阐述法律）、合宪性解释（以宪法等上位法来解释下位法）等。

法律解释各种方法的应用存在着一个程序性规则：①任何法律条文之解释，均必须从文义解释入手。②经采用文义解释方法，出现复数解释结果时，才可以继之以论理解释。③作论理解释时，应先运用体系解释和法意解释方法以探求法律意旨；在此前提下继之以扩张解释或限缩解释或当然解释以判明法律之意义；若仍不能澄清法律疑义，应进一步作目的解释，以探求立法目的；最后再进行合宪性解释，审核其是否符合宪法之基本价值判断。④在论理解释仍不能确定解释结论时，可进一步作比较法解释或社会学解释。

按照这个顺序，本案在对继承法进行文义解释后，确实出现了复数的结论：一种意见认为，既然继承法中没有明确的禁止性规定，则遗产当然可以赠与任何人，也包括侵害合法婚姻家庭权益的人；另一种意见则认为，尽管没有明确的禁止性规定，但不能断然推导出该遗赠合法有效的结论。

法官必须考虑的是，在缺少明确规则或社会情势发生变化的情况下，立法者的选择会是什么？为此，法官就必须从文义解释和形式推理进入到论理解释和实质推理阶段。

论理解释是以承认法律漏洞及填补漏洞的必要性为前提的，没有相应的法律规则并不是拒绝解释的理由，而恰恰是解释的开始。1889 年著名的 Riggs v. Palmer 案就是一起涉及遗嘱继承的案件——遗嘱继承人杀害了被继承人，他是否仍然可以合法继承遗产？当时的法律中并无任何明确的禁止或限制，缺少作出否定性判决的形式推理的必要前提。然而，法官通过论理解释和实质推理认为，允许其继承遗产不符合法律的精神和立法者的意图，因为任何人都不应从其犯罪行为中获益，否则就失去了法律的公正性。此案产生了一个新的法律规则：杀害被继承人的人应当被剥夺继承权。此后，这一规则为世界各国的继承法所确认。如果没有这样的论理解释，法律的漏洞就无法填补，法就无法发展。而如果不填补法律的漏洞，那么表面上的逻辑自足就可能距离法律的真正目的越来越远。法律不可能在事实上杜绝一切从非法或不当行为中获益的行为，但法律必须通过其制度，保留对这种情况的法律救济途径，从而从对个案的解释中发现和发展法的规则和精神。

本案中需要平衡的主要是两种利益和权利，即个人的遗嘱自由和合法婚姻家庭的保护，黄与张 1996~2001 年间以"夫妻"名义生活，已经构成了事实婚姻，并涉嫌重婚，这已经触犯了我国《刑法》，如果让张因这种违反《刑法》的行为得到遗产，就会在保护公民的财产处分自由权和遗产继承权的同时，出现与我国《宪法》、《刑法》以及《婚姻法》所保护的合法婚姻家庭关系相冲突的情形。对于重婚行为，即使检察院没有提起公诉，被害人也没有提起自诉，如果民事判决出现了因为这种违法行为而获利的判决，那么，这种判决的精神和《宪法》、《刑法》以及《婚姻法》对婚姻家庭的保护精神也是相冲突的。

本案中，法官对利益衡量尺度掌握是适宜的。法官在平衡利益时，应该将其个人的好恶置之度外，而必须以社会大多数人的福利为标准。法律的目的就是维护社会实质的公平和公正。在本案中，人们坚信公正在合法妻子一边，这并不是对她个人有什么偏爱，而是每个人都将之视为同他们的婚姻家庭一样的一种秩序，一种关系。法官的判决可能决定着他们每一个人今后对法律的评价和对自己生活方式的选择。近年来的社会现实无情地表明，由于"包二奶"现象愈演愈烈，合法婚姻家庭已经变得脆弱，道德舆论的支持已经不足以抵御金钱和利益的力量，此时如果法官再拒不对合法配偶援之以手，其社会良知安在？毋庸置疑，通过这样一个判决并不能杜绝类似的法律规避行为，但法官至少表明了他们的立场。对于公众而言，这就是法律的态度。判决传递出的信息，或许可以让当事人预见到破坏合法婚姻家庭应付出的成本和代价，促使当事人三思而后行。

本案判决是法官在法律出现明显的漏洞时，运用其自由裁量权，适用《民法通则》的原则，依据公序良俗和法律的整体精神，解释法律、适用法律的结果。通过这一判决，合理地协调了社会公德、法律原则与具体法律规则的关系。判决并未超越法官的权限，符合法律推理和解释的基本原则和逻辑，在解决纠纷的同时维护了法律的统一性和合理性，并取得了良好的社会效果。尽管对于本案的处理可能存在其他合理选择，然而，本案判决不失为法官通过论理解释填补法律漏洞的一种积极努力，也是适用法律原则衡平利益的一种努力。

拓展知识

法律解释的种类

一、根据解释主体和解释效力的不同，法律解释可分为法定解释和非法定解释

1. 法定解释。通常也叫正式解释，是指由特定的国家机关、官员或其他有解释权的人对法律作出的具有法律上约束力的解释。正式解释有时也称有权解释。根据解释的国家机关的不同，法定解释又可以分为立法解释、司法解释和行政解释三种。

（1）立法解释。立法解释是指由立法机关及其授权的国家机关在其职权范围内所作出的解释。立法解释是立法工作的延伸。立法解释有广义和狭义之分。广义的立法解释是指依法有权制定规范性文件的国家机关对法律规范所作的解释。在我国，包括最高权力机关的常设机关和有权的地方国家权力机关的常设机关以及法定的立法机关对各自制定的法律规范的解释。全国人民代表大会常务委员会行使对宪法和法律的解释权，凡属于法律条文本身需要进一步明确界限或作补充规定的，由全国人民代表大会常务委员会进行解释或加以规定。凡属于地方性法规条文本身需要进一步明确界限或作补充规定的，由制定法规的地方人民代表大会常务委员会进行解释或作出规定。狭义的立法解释专指国家最高立法机关对法律所作出的解释，即我国的全国人大及其常务委员会对宪法和法律所作出的解释。

（2）司法解释。司法解释是指由国家最高司法机关在适用法律过程中，对具体应用法律问题所作的解释。这种解释对于指导具体司法工作、保障执法活动的统一起到了关键作用。根据《全国人大常委会关于加强法律解释工作的决议》第2条规定，最高人民法院和最高人民检察院是司法解释机关。司法解释由此分为审判解释、检察解释、审判检察共同解释三类。此外，我国最高人民法院、最高人民检察院、公安部、司法部对如何适用法律所作出的联合解释，也是具有法律效力的解释。司法解释的目的是为了正确地适用法律，因而，司法解释不能改变法律的规定，不得与宪法和法律相抵触。审判解释和检察解释也应协调一致，彼此之间不能发生矛盾和冲突，如果两院的解释有原则上的分歧，应报请全国人民代表大会常务委员会作出解释或决定。

（3）行政解释。行政解释，是指国家行政机关对它本身制定的行政法规或

行政规章所作出的解释。它包括国务院及其主管部门对自己所制定和颁布的法规和规章所作出的解释，省、自治区、直辖市人民政府以及其他有权的人民政府对自己所制定和颁布的行政规章所作出的解释。

2. 非法定解释。一般是指由学者或其他个人及组织对法律规定所作出的学术性和常识性解释。这种解释虽然不具有法律效力，不能作为执法的依据，但它对于执法机关正确适用法律、加强和完善法制工作、增强人们的法律意识、推动法学研究具有重要的作用。古今中外的各个国家都十分重视法律的非正式解释。历史也告诉我们，重视法律的非正式解释，国家的法制建设就能健康发展，法律制度就会对社会起到良好的规范作用。反之，法律制度就会给社会带来不良的后果。历史上无论是中国还是外国，都曾经有过将非正式解释赋予法律效力的例子。古罗马著名的五大法学家的著作及解答被承认具有法律效力。我国西晋的张斐和杜预的解释，在经皇帝认可以后也具有法律效力，并有"张杜律"之称。非正式解释通常包括学理解释和任意解释两种。

（1）学理解释。学理解释是由教学机构、学术团体、法学家和法学工作者在学术研究、法学教学和法制宣传教育中对法律进行的解释。学理解释具有这样的特点：①学理解释的主体是非确定的，它一般是由社会组织、学者专家、学术团体和报刊媒体等所作的解释；②学理解释并非对特定的法所作的解释。学理解释的对象，不像法定解释那样限于某种或某些法，而是可以针对各种法；③学理解释这一概念强调的是法的解释方法，而不像法定解释那样强调法的效力或法的约束力。

（2）任意解释。任意解释是指司法活动中的当事人及其代理人、律师对于法律的解释和公民在日常生活中对法律的解释。这种解释没有主体资格和解释对象范围的限制，一般公民、社会团体或诉讼当事人、辩护人等都可以按照自己的理解或看法，对他们想要解释或所面对的法作出解释。任意解释对正确适用法的规定和处理案件具有参考价值，司法机关和其他国家机关应当重视这些意见。但这种解释本身没有法的效力，对司法机关和其他国家机关没有法的约束力。

二、按照解释方法的不同，法律解释可分为文义解释、系统解释、历史解释、目的解释、逻辑解释、当然解释

1. 文义解释。文义解释也称语法解释、文法解释、字面解释。这是指从法律条文的字面意义来说明法律规定的含义，是依照法律条文的整个文义或个别字义所作的解释。法律解释必须以法律条文为依据，这是法治的必然要求，实践中经常采用这种解释方法。实践证明，文义解释方法对正确、统一理解和适用法律具有重要意义。但采用文义解释方法时，应注意以下几个问题：

（1）专门用语应按其特定内涵作出解释。法律条文中的专门术语，应以专业、行业中的专门意义解释而不能按通常含义来理解。如法律中常用的"善意"、"恶意"是就知情与不知情而言，不是通常道德上所说的善恶。

（2）法律用语应以一般含义来理解。所谓一般含义，就是指公认的约定俗成的含义。法律解释除专门用语按特定含义解释外，其他则应按一般含义来理解。同时，解释所用的文字应该明确、具体，切忌晦涩难懂。

（3）应注意法律用语的上下连贯性。法律文字，特别是概括性文字，不能孤立地理解，它们的色彩和内容源于上下文。因此，解释法律用语时必须彼此照应，不能断章取义。另外，相同法律用语在整个法律文件中应作同一理解，不能因出现在不同条款中而作不同解释，除非有充分理由证明其另有含义。

2. 历史解释。这是指对法的产生、修改或废止的经济的、政治的、社会的历史条件加以研究，将新制定的法或法的规定同历史上相关的法或法的规定作比较研究，以说明该法的内容和含义。这种解释有助于历史地、唯物地理解法的精神实质。

3. 系统解释。这是指将被解释的法律条文放在整部法律乃至整个法律体系中，联系此法条与其他法条的相互关系来解释法律。首先，应综合考虑条文之间的相互关系；其次，应当考虑法律条文在情况事例上的同类性或一致性；最后，应当运用法条竞合规则解决可能出现的法条之间的矛盾。

4. 目的解释。这是指从制定某一法律的目的来解释法律。这里的目的不仅是指原先制定该法律时的目的，也可以指探求该法律在当前条件下的需要；既可以指整部法律的目的，也可以指个别法条、个别制度的目的。许多规范性法律文件的第一条往往写明了该法的立法目的，这是一种明示的法律目的；有些法律目的以宪法原则或基本法律原则的形式表现出来，这是一种体系化的法律目的或法律价值。为了确定法律的目的或者为了发展法律的目的，解释者需要考虑比法律条文本身更广泛的因素。相对于其他几种解释方法，目的解释赋予解释者更大的自由解释空间。

5. 逻辑解释。这是指运用形式逻辑的方法对法的结构、内容、概念之间的联系进行分析，来说明法律规定的内容、目的或要求。这种解释之所以必要，是因为每一个法或法的规定，总是有它的逻辑形式，通常也总是在与其他法或法的规定发生关联的情况下发挥作用的。要正确理解和适用法，就需要注意这些逻辑联系，避免孤立地、机械地、片面地理解和错误地适用法。

6. 当然解释。这是指在法律没有明文规定的情况下，根据已有的法律规定，某一行为当然地应该纳入该规定的适用范围内，并对适用该规定进行的说明。

上述几种解释方法，有时是单独使用，有时是综合使用的。但在一些有争议的法律问题上，解释者往往同时使用多种方法。

三、按照解释的尺度不同，法律解释可分为字面解释、扩充解释、限制解释

1. 字面解释，是指对法律所作的符合法律规定文字含义的解释。这种解释是法的解释中最一般的方法，其特点是完全依据或遵循文字的本义，既不扩大作出广于其文字含义的解释，也不缩小作出窄于其文字含义的解释，而是完全按照法的文字所表现的内容进行解释。

2. 扩充解释，是指当法律条文的字面含义过于狭窄，不足以表现立法意图、体现社会需要时，对法律条文所做的宽于其字面含义的解释。这种解释之所以必要，是因为有的法的条文的内容和含义广于其法的条文的文字表现的内容和含义，为了正确表达立法的原意，就要采取扩充解释。以婚姻法为例，"父母和子女有相互继承遗产的权利"。在这里，"父母"和"子女"均需要作扩充解释，他们不仅包括亲生的父母与子女，而且包括养父母与养子女、继父母与受其抚养教育的继子女等。

3. 限制解释，是指法律条文的字面含义较之立法意图明显过宽时，对法律条文所做的窄于其字面含义的解释。这种解释之所以必要，是因为有的法律条文的用词，其含义比立法者所要表达的范围广泛，如果不作限制解释，对该法律条文的理解就不符合立法的原意。例如婚姻法规定父母对子女有抚养教育的义务，这里的"父母"仅指具有抚养教育能力的父母，"子女"仅指没有独立生活能力、需要抚养教育的子女。对这条规定只有作限制解释，才符合立法的本意。

限制解释和扩充解释虽然是可以使用的两种法的解释方法，但如果使用过当，则容易造成法的规避和破坏法制的结果。因此，使用限制解释和扩充解释的方法，需要慎之又慎，应当严格根据法的内容，在不违背立法原意的条件下使用。

【案例】

《婚姻法解释（三）》相关案例

2011 年 8 月 13 日施行的《最高人民法院关于适用〈中华人民共和国婚姻法〉若干问题的解释（三）》，通过司法解释的形式来解决人们在社会生活中遇到的实际问题。

1. 婚姻关系存续期间父母出资为子女购房，房产证登记在自己子女名下，离婚时房产如何分割？

案例：小孙夫妇于 2000 年 5 月 16 日结婚登记，2002 年 3 月 16 日生育一女孩，婚后因两人性格不合争吵不断，确认夫妻感情破裂，并就离婚问题多次进行协商，但因房产问题难以达成一致。房子是在 2003 年女方父母出资 102 万购买的，产权证也登记在女方名下。男方认为房子是在婚后取得，并且买房子时女方父母也没有说是单独赠与一个人的，应当视为对两个人的赠与。如果离婚，按照现行的法律规定，这套房产是否分割？

法律解释：在《婚姻法解释（三）》实施之前，我国的婚姻法及最高人民法院的《婚姻法解释（二）》第 22 条第 2 款规定，当事人结婚后，父母为双方购置房屋出资的，该出资应当认定为对夫妻双方的赠与，但父母明确表示赠与一方的除外。但在实际生活中，父母出资为子女结婚购房出于人情世故的考虑，担心影响子女的家庭生活及夫妻感情，很少与子女签署书面赠与协议，更谈不上去公证处做公证。在离婚诉讼中，赠与方与受赠方一般会倒签《赠与合同书》，在对方不认可《赠与合同书》的真实性且该《赠与合同书》未经过公证的情况下，一般不容易被法院认定为受赠与方个人财产，从而违背了父母为子女购房原意，实际上也侵害了出资购房的父母的利益。2011 年 8 月 13 日实施的《婚姻法解释（三）》第 7 条第 1 款规定，婚后一方父母出资为子女购买的不动产，产权登记在出资人子女名下的，可按照婚姻法第 18 条第 3 项的规定，视为只对自己子女一方的赠与，该不动产应认定为夫妻一方的个人财产。因此，这套房产属于女方个人的财产。

2. 婚前贷款购房婚后夫妻共同还贷，离婚时如何处理房产问题？

案例：小李与妻子经人介绍相识，并于 2002 年 1 月 30 日办理结婚登记手续，婚前小李支付首付款 30 万元购买了一套房产，房屋总价为 100 万元，剩余的 70 万元为贷款。向建设银行贷款 20 年。在婚前除首付款外，小李个人还贷 10 万元，结婚后两个人共同还贷 20 万元，房屋经评估现值为 180 万元，现尚欠银行贷款 60 万元。如果离婚分割该房产时，法院会如何处理房屋产权、婚后还贷部分、房屋增值部分？

法律解释：我国《婚姻法解释（三）》第 10 条规定，夫妻一方婚前签订不动产买卖合同，以个人财产支付首付款并在银行贷款，婚后用夫妻共同财产还贷，不动产登记于首付款支付方名下的，离婚时该不动产由双方协议处理。依前款规定不能达成协议的，人民法院可以判决该不动产归产权登记一方，尚未归还的贷款为产权登记一方的个人债务。双方婚后共同还贷支付的款项及其相对应财产增值部分，离婚时应根据婚姻法第 39 条第 1 款规定的原则，由产权登记一方对另一方进行补偿。根据上述司法解释，如果协议离婚不成起诉到法院，法院会将房屋的所有权判归小李所有，剩余的贷款由个人偿还，双方婚后共同还贷支付的款项和相对应的增值部分，人民法院会判决由小李支付对方一定的补偿款项。

3. 婚后双方父母为其子女出资购房，离婚时如何分割？

案例：两人 2008 年 4 月份结婚，在去年 8 月份男方家出资 50 万，女方家出资 40 万购买了一套房产，房产所有权人登记在男方名下。现在离婚，这套房产法院会如何处理？

法律解释：《婚姻法解释（三）》第 7 条第 2 款规定，由双方父母出资购买的不动产，产权登记在一方子女名下的，该不动产可认定为双方按照各自父母的出资份额按份共有，但当事人另有约定的除外。根据上述司法解释，在没有特别约定的情况下，该房产应按照双方父母各自的出资比例按份进行分割。

4. 婚后一方赠与房产份额但未到房管局登记，赠与方反悔如何办？

案例：小张 2007 年谈恋爱的时候，男朋友自行出资在旅顺购买了一套房产，男方口头承诺将房产赠与小张一半。2009 年 8 月份领取结婚证，婚后双方签订了赠与合同书，但没有到公证处办理公证，也没有到房管局办理房产更名手续，现在男方不想将房产给小张一半了，小张到法院起诉，能否得到一半房产？

法律解释：《婚姻法解释（三）》第 6 条的规定，婚前或者婚姻关系存续期间，当事人约定将一方所有的房产赠与另一方，赠与方在赠与房产变更登记之前撤销赠与，另一方请求判令继续履行的，人民法院可以按照合同法第 186 条的规定处理。《合同法》第 186 条规定，赠与人在赠与财产的权利转移之前可以撤销赠与。具有救灾、扶贫等社会公益、道德义务性质的赠与合同或者经过公证的赠与合同，不适用前款规定。根据上述司法解释和法律规定，赠与合同未经过公证，也未到房地产管理部门办理变更所有权人的手续，如果起诉到法院主张房产所有权一半归小张，法院不会支持小张的诉讼请求。

5. 一方擅自处分夫妻共同房产，是否具有法律效力？

案例：小王与妻子结婚已经 7 年，感情一直不是很好。后发现妻子有不正当的两性关系，她为此也写下保证书，看在孩子的分上小王原谅了她，但她却一直没有断绝与第三者的联系。两人一直在协商协议离婚的事宜，但关于房产的具体价格没有协商成。在今年的 4 月份，妻子趁小王出差，伪造了签名并让人冒充小王与买受人签订了售房合同，并到房产局办理了过户手续。房子卖了 124 万余元，按照当时的市场价值应该在 130 万左右，小王起诉到法院，请求确认他们之间的买卖合同无效。

法律解释：我国《婚姻法解释（一）》第 17 条第 2 项规定："夫或妻非因日常生活需要对夫妻共同财产做重要处理决定，夫妻双方应当平等协商，取得一致意见。他人有理由相信其为夫妻双方共同意思表示的，另一方不得以不同意或不知道为由对抗善意第三人。"《婚姻法解释（三）》第11条规定："一方未经另一方同意出售夫妻共同共有的房屋，第三人善意购买、支付合理对价并办理产权登记手续，另一方主张追回该房屋的，人民法院不予支持。夫妻一方擅自处分共同共有的房屋造成另一方损失，离婚时另一方请求赔偿损失的，人民法院应予支持。"根据上述司法解释，如果买受人为善意取得，并支付了相应的对价且办理了房产过户手续，小王起诉到法院请求确认房屋买卖合同无效，法院一般不会支持这一诉讼请求，但小王可以提起离婚诉讼，要求分割出售所得款项。如果小王妻子处分房屋给小王造成损失的，小王离婚时提出赔偿请求，人民法院应当支持。

6. 离婚协议或以离婚目的而达成的财产分割协议未经民政部门备案能否产生法律效力？

案例：小黄与丈夫在2006年登记结婚，后来由于性格不合小黄提出离婚，在2009年6月16日两人签订一份《离婚协议书》，后来由于双方父母的坚决反对，没有离婚。2011年4月份男方提出离婚，双方很快就签订了第二份《离婚协议书》，约定房屋产权和孩子归小黄，小黄补偿丈夫30万元。但是双方没有到民政局办理协议离婚手续，现在小黄丈夫起诉到法院，小黄问：这两份离婚协议哪一份具有法律效力？法院会按照离婚协议的内容判决房产及孩子的抚养权归小黄吗？

法律解释：根据《婚姻法解释（三）》第14条规定，当事人达成的以登记离婚或者到人民法院协议离婚为条件的财产分割协议，如果双方协议离婚未成，一方在离婚诉讼中反悔的，人民法院应当认定该财产分割协议没有生效，并根据实际情况依法对夫妻共同财产进行分割。根据上述司法解释，两人签订的两份《离婚协议书》均未到民政部门备案且双方未领《离婚证》，所以这两份《离婚协议书》均不具有法律效力。如果双方均同意离婚，法院会根据照顾女方和无过错方的原则来处理子女抚养和财产分割问题。

7. 妻子擅自终止妊娠，丈夫是否有权要求赔偿？

案例：小孙与丈夫在去年登记结婚，婚后感情一般。在小孙怀孕期间丈夫不但未尽照顾义务，还对小孙实施家庭暴力，小孙不想再与他继续生活下去，就到医院做了终止妊娠手术，小孙的丈夫知道后非常生气，以小孙侵犯了他的生育权为由告到法院，要求小孙赔偿20万，小孙丈夫的主张有法律依据吗？

法律解释：我国《妇女权益保障法》第47条第1款规定，妇女有按照国家有关规定生育子女的权利，也有不生育的自由。另外根据《婚姻法解释（三）》第9条的规定，夫以妻擅自中止妊娠侵犯其生育权为由请求损害赔偿的，人民法院不予支持；夫妻双方因是否生育发生纠纷，致使感情确已破裂，一方请求离婚的，人民法院经调解无效，应依照《婚姻法》第32条第3款第5项的规定处理。《婚姻法》第32条第3款第5项是这样规定的："其他导致夫妻感情破裂的情形。"按照上述法律规定和司法解释，小孙丈夫如果以侵犯了他的生育权为由起诉到法院要求赔偿，法院不会支持他的诉讼请求。但如果他提出离婚，法院可能支持。

8. 夫妻关系存续期间一方转移大额财产，另一方能否主张分割共同财产？

案例：小杨与爱人2000年登记结婚，婚后因工作的原因，其需要经常到外地出差，两人的感情受到了一定程度的影响。2009年小杨爱人因单位效益不好申请辞职，与原来单位的一个未婚的女同事共同经营饭店，两人现在已发展到同居状态。小杨通过网上银行查询爱人的银行账户得知，在爱人名下的夫妻共同存款，被通过提取现金的方式将90多万转移了，其爱人称该款项做生意赔掉了。通过调查小杨了解爱人他的女同事刚刚买了房，小杨怀疑爱人是在转移、隐匿共同财产，然后再通过法院起诉离婚。小杨现在不想离婚，又怕财产受损失。只要求分割夫妻共同财产的话，法院会支持她的诉讼请求吗？

法律解释：《婚姻法解释（三）》第4条规定，婚姻关系存续期间，夫妻一方请求分割共同财产的，人民法院不予支持，但有下列重大理由且不损害债权人利益的除外：①一方有隐匿、转移、变卖、毁损、挥霍夫妻共同财产或者伪造夫妻共同债务等严重损害夫妻共同财产利益行为的；②一方负有法定扶养义务的人患重大疾病需要医治，另一方不同意支付相关医疗费用的。根据上述司法解释的相应规定，小杨可以向法院提起诉讼，由人民法院依据查明的事实及相关证据依法作出裁判。

9. 夫妻一方个人财产在婚后产生的收益，除孳息和自然增值外，能否认定为夫妻共同财产？

案例：小赵婚前60万买了一套房，结婚后夫妻俩又买了一套居住，就将原来的房子出租了。后来小赵把房子以80万卖掉了，用卖房子钱炒股票挣了10万元，离婚时财产怎样分割？

法律解释：小赵婚前买的房子属于小赵的个人财产，但是婚后拿来出租，获得的租金属于"收益"部分，根据法律规定应该是夫妻共同财产。婚前60万购买的这套房子，小赵以80万卖了，这20万的升值，属于自然增值，应为小赵的个人财产，离婚时不能分割这20万，因为房价升值而增值的部分是个人财产，归购房者所有。但是小赵用卖房子的80万去投资，投资的10万收益算是共同财产。

10. 离婚时遗漏了应分割的夫妻共同财产，能否再起诉要求分割？

案例：一对夫妻在 2009 年办理了协议离婚手续，丈夫隐匿了他持有某公司 20% 股份的事实，妻子能再次起诉要求分割该股份吗？

法律解释：我国《婚姻法》第 47 条第 1 款规定："离婚时，一方隐藏、转移、变卖、毁损夫妻共同财产，或伪造债务企图侵占另一方财产的，分割夫妻共同财产时，对隐藏、转移、变卖、毁损夫妻共同财产或伪造债务的一方，可以少分或不分。离婚后，另一方发现有上述行为的，可以向人民法院提起诉讼，请求再次分割夫妻共同财产。"《婚姻法解释（三）》第 18 条规定："离婚后，一方以尚有夫妻共同财产未处理为由向人民法院起诉请求分割的，经审查该财产确属离婚时未涉及的夫妻共同财产，人民法院应当依法予以分割。"根据上述法律及司法解释，对于原来在离婚协议中遗漏分割的财产，可以另行起诉要求分割。妻子可以起诉要求分割，该项请求应该得到法院的支持。

单元四　法律推理

导入案例

张某和王某于 2000 年在双方的户口所在地某市甲镇登记结婚，后因夫妻关系不和睦协议离婚，并就共同财产、子女抚养等问题达成了协议。2002 年 6 月，两人通过熟人到某市乙镇人民政府办理了离婚登记手续。2003 年 3 月，张某车祸死亡。同年 5 月，乙镇人民政府收到某律师的意见书，认为乙镇政府对张某、王某的离婚登记行为属越权行政，应当予以纠正。乙镇政府于 5 月 9 日作出撤销张某与王某离婚登记行为的决定。王某不服，向某市人民政府申请复议，复议机关认为乙镇非任何一方户口所在地，乙镇发放离婚证书属于行政越权行为，乙镇自行撤销行为并无不当，故维持了乙镇政府的行政行为。王某不服行政复议，又向法院起诉要求撤销乙镇政府作出的撤销离婚登记的具体行政行为。一审法院受理后认为乙镇政府行为并无不当，故判决驳回了王某的诉讼请求。

问题：谈谈法律推理在本案中的运用并评析法院的判决结果。

一、法律推理的概念

推理通常是指人们逻辑思维的一种活动，即从一个或几个已知的判断（前提）得出一个未知的判断（结论）。这种思维活动在法律领域中的运用就泛称为法律推理，它大体上是对法律命题运用一般逻辑推理的过程。法律推理是逻辑思维方法在法律领域中的运用，是法律方法的一个重要的具体体现。一般地说，法律推理存在于法律的整个实施过程，但这里讨论的主要是司法领域中的法律推理。因为，司法过程中的法律推理是一种司法行为，具有相当的正式性和规范性，并能够产生更为重要的法律后果。法律适用不仅是一种外部行为活动，而且是一种思维活动，即法律适用表现为法律推理的思维活动。它涉及对抽象的法律规范的理解、选择，更重要的是它还将这种抽象规范运用到具体的案件之中。它可能是一系列法律推理和论证活动的总和，这种逻辑思维具有复杂性。总之，法律推理在法律适用过程中是一个不可缺少的组成部分。没有法律推理，就没有法律适用。

一般地说，法律推理有以下特点：

1. 法律推理要受现行法律的约束。现行法律是法律推理的前提和制约法律推理的条件。在缺乏明确的法律规定的情况下，法律原则、政策、法理都会成为法律推理的前提。

2. 法律推理是一种寻求正当性证明的推理。而在法学领域，因为法律的内容为对人的行为明确禁止或允许的要求，所以法律推理主要是为法律规范人的行为是否正确或妥当提供正当理由。

3. 法律推理的前提是事实和法律这两个已知判断。事实和法律就是法律推理的两个已知的判断。法官必须根据这两个已知的判断（前提），才能推论出判决或裁定（适用结果）。因此，同样的前提应该有同样的结果，这就是法律推理的基本公式。为了正确地适用法律，必须先确定案件的事实，即对有关案件真实情况的一切证据要查证属实。同时又必须确定适用于该案件事实的有关法律规定。最后，再从已查证属实的事实和已确定的法律规定出发推理论证出判决或裁定。

二、法律推理的基本方法

（一）形式推理

形式推理指不是对思维实质内容而是仅对思维形式的推理。在有的法学著作中，这种形式推理又称为分析推理或形式逻辑。形式推理一般有三种形式：演绎推理、归纳推理和类比推理。

1. 演绎推理。演绎推理是根据一般性的知识，推出关于特殊性的知识。这要求前提真实，推理形式正确，结论就是必然真实的。与实行判例法制度的国家不同，中国是以制定法为主要法律渊源的国家，因此，在适用法律过程中应用的形式推理主要是指通常讲的三段论推理方式。逻辑三段论结构以法律规范为大前提，以法庭认定的案件事实为小前提，推理的结论就是判决或裁定。

2. 归纳推理。归纳推理是从特殊到一般的推理。当法官处理案件时，手边没有合适的法律规则和原则供适用，而是从一系列早期的判例中总结出可适用的规则和原则，那么就按总结出来的可适用的规则和原则处理了本案，这就是归纳推理。司法活动中运用归纳推理的典型是判例法国家。这种推理，因为规则取自个案，所以适用面比较窄。其优点是对案件的处理体现了同案同判的司法公正原则，缺点是技术难度较大，掌握不好会造成法律的僵化。

3. 类比推理。类比推理在法学上也被称为类推适用或比照适用，是指在法律没有明确的文字规定的情况下，比照相应的法律规定加以处理的推理形式。类比推理是填补法律漏洞通常采取的方法之一。这种推理的前提是该法律条文虽然没有明确规定，但该法律条文赖以存在的基本原理和原则却可以包含某一行为或事件。所以，对一个规则进行类推，是以一定的政策、公理和衡平的需要为基础，而不是以法律的明文规定为依据的。

（二）辩证推理

辩证推理，又称实质推理，是指在两个相互矛盾、都有一定道理的陈述中选择其一的推理。所以，辩证推理是在缺乏使结论得以产生的法律与事实的情况下进行的推理。

司法过程中的辩证推理一般产生于下述具体情况：

1. 法律没有明文规定，但对如何处理存在两种对立的理由。

2. 法律虽然有规定，但它的规定过于原则、模糊，以致可以按同一规定提出两种对立的处理意见，并需要法官从中加以判断和选择。

3. 法律规定本身就是矛盾的，存在两种相互对立的法律规定，法官同样需要从中加以选择。

4. 法律虽然有规定，但是由于新的情况出现，适用这一规定明显不合理，即出现合法与合理的冲突，如安乐死问题等。

辩证推理有长处，也有短处。它的长处在于，承认法官自由裁量权的客观存在，把司法活动作为推动法律发展的力量；它的短处在于，在制度不健全和法官素质不高的情况下，会演变为法官的任意司法，从而破坏法治。

引例解析

法律推理是法律人将形式逻辑运用于处理案件过程的思维形式。法律推理贯穿于法律实施的整个过程。

本案存在三个法律推理：第一个法律推理是在乙镇人民政府撤销自己的行政行为过程中。根据行政法律规定，行政机关应当在其权限范围内行使权力。乙镇政府在认识到自己行政行为越权后，即作出了撤销具体行政行为的决定。在此法律推理中，行政机关选择适用的大前提是行政法律规范。第二个法律推理是原告王某认为其与张某在离婚过程中意思表示真实，对财产和子女抚养问题亦不存在争议，且办理了登记。因此，其离婚的民事行为应受到法律的保护。故认为乙镇政府的撤销行为侵犯了其合法权益。在此推理中，王某适用的是我国婚姻法的有关规定（但不符合其中规定的离婚的形式要件）。第三个法律推理就是法官在处理该案件中运用的法律推理。遗憾的是，法院的判决并没有解决前两个法律推理所存在的矛盾和冲突。

法律推理是在法庭争辩中运用法律理由的过程，是一种寻求正当性证明的推理。而且，在法庭上，控辩双方的推理和法官的推理究竟何者具有权威性，并不是以其身份来划定，而是看其推理是否有法律理由和其他正当理由。在司法实践中，法官要理性、逻辑地而不是机械地适用法律，有时需要对法律理由和正当理由作出权衡。本案中，张某和王某仅是离婚登记主体错误，而各种实体要件均具备，并且考虑到婚姻关系的不可逆转性和撤销婚姻的法定性、限定性，是不宜简单用撤销的方式予以纠正的。法官应该以一种更为灵活的方式来处理本案。

拓展知识

<h2 style="text-align:center">法律推理中的"事实推理"</h2>

1. 逻辑推理在一定情况下可以作为认定案件事实的证明规则或证明方法，推理特别是三段论的演绎推理方法，作为推理的一种形式广泛运用于司法活动，这是不容置疑的，而且作为法学和逻辑学的边缘交叉，还产生了法律推理的概念。可见法律推理作为一种法律方法在司法过程中运用的普遍性。不过，大凡提到法律推理，无论是前述整个司法活动中的"大推理"，还是解释法律过程中的"小推理"，大多都是针对法律问题进行的推理。就像有的学者所说：法律推理就是利用法律理由，推导和论证司法判决的过程；在法院查明当事人之间争议的事实以后，就可以按照逻辑演绎的过程把这些事实归属于某个规则之下，言下之意，事实认定并不在法律推理范围之中；仅仅有关案件事实方面的疑难不能算是与法律推理有关的疑难案件。从立法来说，我国也没有把推理规定为一种证据规则或者证据方式。但在司法实践中，对于一些疑难案件，法官在认定事实中仍然采用了推理的方法，并将推理的结论作为案件事实予以认定，而且如果不同的法官基于相同的基础事实，从不同的角度多次运用推理方法，推出了相同的结论，那么这种结论应当是具有说服力的。

2. 当案件事实真伪不明没有达到必须用证明责任规则予以了结的程度时，不宜简单以规则作出裁判。对当事人请求解决的纠纷作出具体裁判是法官不可推卸的神圣职责，而法官裁判纠纷是以事实为裁判依据，以法律为裁判规范。从法律规范来说，法官被推论为理应知悉法律，即法谚所谓"法官知法"。即使是遇到法律上的疑难问题，法官也可以通过发现和解释的途径找到所适用的法律。而事实依据则不同，由于案件事实已经时过境迁，人在认知程度上的局限性使得法官并非对具体案件中的每一事实都能形成确信无疑的认知。在真假之间，还不可回避地存在着一种真伪不明的第三种状态。但法官的职责绝不允许其在这种事实状态下拒绝裁判，即法官不能以事实不清为由而拒绝审判，也不能任意裁判。解决这个问题的理性方式就是依据法律拟制的事实作出裁判。证明责任就是基于此建立起来的。它的原理在于：虽然法官没有以自己确信的事实或已经得到证明的事实为依据进行裁判，而是以"拟制事实"为依据作出令当事人必须接受的裁判结果，但由于这种"拟制"是依法律规定而作出的，因此符合程序正当的精神。可见，证明责任虽然是法官在案件事实真伪不明情况下履行裁判职责的必备装置，但也是一种无奈的选择。它是以一种规则而不是事实迫使一方当事人承担事实上的不利后果，这种后果很可能与客观真实相矛盾。既然是这样，为了尽可能地追求客观真实与法律真实的一致性，法官就不能简单随意地将案件事实定义为"真伪不明"而适用证明责任了结案件。一般来说，在三种情况下法官不能以证明责任了结纠纷：一是案件事实已经得到充分证明；二是案件事实虽未得到充分证明但法官内心确信事实是真实的；三是案件事实尚未得到证明，但还没有完成证据的提供和收集程序，也就是说查明事实的可能性还存在。三者只要居一就应当认为事实不属于"真伪不明"，或未达到"真伪不明"的程度。这种确信显然更接近于客观真实，当事人也更容易接受，重要的是它更符合法官对证明责任规则的适用原则，有利于防止随意和不负责任地简单适用规则。

3. 事实推理集中地体现了法官的审判经验和判案技能所发挥的作用，以及由此决定的较大的自由裁量空间。事实推理是以已知的事实为基础，推论出未知事实的证明手段。在这个证明过程中，经验法则起着至关重要的作用。从形式逻辑的观点来看，它是由已知的东西必然得出这些东西之外的其他东西。因此，只要推理方法正确，用三段论方法推出的结论就应当是无懈可击的。但是从实质上来说，推理结论是否正确和可靠，最终决定于三段论中的大前提和小前提是否正确。而在事实推理的三段论中，大前提是一种由司法认知和一般社会经验所确认的基础事实，而小前提则是为证据所证明或者由法官判断得来的事实。

因此，要保证推理结论可靠，首先要保证大前提正确并真实可靠，而这一点正是法官社会经验、司法经验和判案技能的综合体现。至于小前提正确与否，则是由法官的司法判断能力，即根据证据判断事实的能力所决定。因为作为小前提的事实基本上是为证据证明了的事实，或者是法官根据证据内心所确认的事实，还可能是推论出的事实。这些事实可能是非常清楚而无争议的，也可能是存在争议、事实认定上存在疑难的。因而也和法官的经验水平相关而且存在较大的自由裁量空间。正是因为事实推理与法官的经验和水平有直接关系且自由裁量的空间很大，所以其得出的结论让人觉得说服力和效力都不是绝对的，而只有一种相对的正确和相对的效力。如果出现相反证据或者由不同的法官重新审理案件，出现推翻原有推理方式认定的案件事实，这应当是允许的，也是正常的。

4. 事实推理由事物的偶然性决定或者由其推理过程可能不是非常严谨的情况而致，得出的结论存在或然性而非必然性。

（1）事实推理由事物间关系的联系和变化的特点决定，可能造成推理结果的不可靠。法官对事物间关系或事物属性的判断是根据其经验的积累和认知作出的，它具有一种必然的因得出必然的果之必然性，但同时也可能因存在不符合常规的偶然性而致结果的偶然性。这种情况下，推理出来的结论也就失去可靠性。

（2）由于事实要件并不像法律要件那样规范和好把握，所以事实推理过程比法律推理过程更容易出现错误。实际上，对事实推理容易出现结论不可靠的情况，法官心里也是清楚的。正因为如此，他们才从不同的基础事实出发，反复进行多次推理，以此来追求推理结果尽可能可靠的效果。应当说，这也是一条经验。多个不太可靠但结论都相同的推理，也许就使其结论的可靠性得到了加强和验证，也就增强了法官的内心确信。

【案例】

1995年12月1日，原告唐选礼与被告华康公司签订31和32号两份合同。31号合同约定：唐选礼购买位于成都武侯区玉林小区兰天路5幢4、5层楼7号和9号两套房屋，面积358.244平方米，每平方米售价2700元，合计房款967 258元；另购两个车位，计10万元；共计应付房款1 067 258元。华康公司所建房屋定于1997年9月30日竣工。合同还约定了分期付款的具体方式及违约责任。

32号合同系唐选礼以徐云刚名义签订。该合同约定：徐云刚购买位于成都武侯区玉林小区兰天路6幢4、5层楼7号和9号两套房屋，面积358.244平方米，每平方米售价3500元，合计房款1 253 854元；另购买两个车位，16万元。华康公司所建房屋定于1997年9月30日竣工。合同还约定了分期付款的具体方式及违约责任。

双方所签31和32号合同除房价不同外，在房屋户型、面积、结构、标准、竣工期及违约责任等方面均一致。

至1997年4月9日，唐选礼按31号合同已付房价85万元，同年11月5日又付10万元，并同时提出解除32号合同。当日，由唐选礼手书《协议》一份，协议原文为："如果购三套，11月底结清改装后的二套房款，按均价3066元/平方米计算，另付第三套一半房款，另一半房款于12月底全部付清（包括车库款）。"2002年3月4日，唐向康华公司申请交付31号合同约定的房屋，但华康公司以唐还有14万余元价款未付清为由拒绝交房。双方发生纠纷，唐选礼诉至法院。

本案事实争议的焦点在于：32号合同解除后，31号合同房屋单价是否已经从2700元/平方米变更为3066元/平方米。对此，由唐选礼手书的协议字面表述不清楚，双方的认识、主张和解释也各不相同。唐选礼认为：该协议与31号和32号合同毫无关系，是另外一处位置不明的房屋。31号合同将房价确定为2700

元是以提前半年交付房款为代价的；32 号合同是帮人购买，因未交定金而未生效。《协议》中所述每平方米 3066 元的两套改装房屋，指的就是另外协商购买的房屋。因自己已交清了 31 号合同约定的绝大部分房款，所以华康公司应当交付房屋。而华康公司认为：双方在签订 31 和 32 号合同时，公司应唐选礼的要求将房价作了调整，将 31 号合同房价下调为 2700 元/平方米，32 号合同房价上调为 3500 元/平方米，但两份合同的平均单价与该地区同类同期房屋相同，即3100 元。后唐要求解除 32 号合同，因 31 号合同单价明显不合理，唐承诺将该合同中房屋单价调整为 3066 元，并为此写下《协议》。协议中所称两套改装房屋即指 31 号合同中的房屋。按照协议约定，唐选礼尚有 14 万余元房款未付，故公司没有交房。

在审理过程中，由于《协议》内容含糊，不能直接证明双方争议的事实，双方提供的其他所有证据也不能直接证明这一问题。在此情况下，一、二审法官都没有直接根据证明责任分配原则，确定负有举证责任的当事人承担败诉的责任，而是根据双方提供的证据和案件的实际情况，采用了一系列的逻辑推理方法，最后推定被告主张的事实成立。其推理过程如下：

一审法官根据案件的基本事实、常理和交易习惯等进行了以下几个推理：

推理之一：法官认为，31 和 32 号两份合同所指的房屋系同一地段、同一户型、同样面积、同样结构，但单价却相差 800 元，加上车库，两合同总价款相差 34 万余元，这是明显违背常理的。该推理过程可以用逻辑推理的形式表达为：按常理，相同地段、相同户型、相同面积和相同结构的房屋价格应当相同，31 和 32 号合同房屋系相同地段、相同户型、相同面积、相同结构但价格却不相同，所以两合同的房价不符合常理。

推理之二：法官认为，在两个合同中，被告都有对房屋进行相同改装的义务，而被告履行 32 号合同比履行 31 号合同可以多获利 34 万余元。在此情况下，被告只履行 31 号而不履行 32 号合同，意味着其在明知可以多获利的情况下而选择少获利，这是违背常理和交易习惯的。因此，原告所称解除 32 号合同是因为被告不履行该合同的改装义务之理由不能成立。该推理过程可以表达为：凡违背常理和交易习惯的解释理由都不能成立，原告关于解除 32 号合同的解释违背常理和交易习惯，所以原告的解释理由不能成立。

推理之三：法官认为，原告虽称 31 号合同是被告自愿降低价格，但却不能对 32 号合同的存在、解除和协议的产生作出合理解释。该推理过程可表达为：不符合常理的事实，如果能有合理解释也可以成立，原告不能对不合常理的事实作出合理解释，所以原告主张的事实不能成立。

推理之四：法官认为，被告关于在解除合同时双方签订的《协议》中 3066

元的单价系对解除单价高于均价的 32 号合同而保留单价低于均价的 31 号合同的平衡价的陈述更接近客观真实，因而对其关于《协议》中的"两套房屋"是指 31 号合同房屋的主张予以认定。该推理过程可以表达为：能够对《协议》所述的"两套房屋"是指 31 号合同而非另外合同中约定的房屋作出合理解释，该事实就应当予以认定，被告对此作出了合理解释，所以被告主张的事实应予认定。

推理之五：法官认为，《协议》用语虽然含糊，但如果将其中"如果购三套房屋"作为"11 月底前结清改装后的二套房款，按均价 3066 元计算"的条件，由于购三套房屋系原告单方面的决定，故此非真正的条件。该推理过程可以表达为：如果《协议》中降价的房屋是另外合同中的房屋，那么这些房屋应该是双方已经另外约定购买的房屋，而双方并没有约定另外购买三套房屋，所以协议中降价的房屋不是另外合同中的房屋。

在经过一系列推理之后，一审法官认定：在原告提出解除 32 号合同后，被告与原告已协商将 31 号合同的价格变更为 3066 元/平方米。原告仅以 31 号合同主张价款，不仅违背了其与被告所作的变更价格的承诺，而且违背诚实信用原则。故支持了被告主张的事实。原告不服，提出上诉。

二审法官也没有单从字面上孤立地解释《协议》，作了如下几个推理：

推理之六：二审法官认为，双方 11 月 5 日解除 32 号合同后的《协议》中有"11 月底结清改装后的二套房款"的字样，表明此前原告已支付了部分房款但未完全付清，这正好与 31 号合同已付 95 万元但尾款未付清的情况吻合，所以"二套房款"应指 31 号合同的房款。该推理过程可以表达为：《协议》前上诉人只付了部分而未结清的房款就是《协议》中所指的"房款"，此前上诉人只有 31 号合同的房款付了部分而未结清，所以《协议》中所述"房款"指 31 号合同的房款。

推理之七：法官在上述推理的基础上进一步认为，该《协议》并非与本案无关，也非无效协议，而系双方变更 31 号合同房屋价格之事实记载。该推理过程可以表述为：如果《协议》中所述"房款"是指 31 号合同的房款，那么它就一定是双方变更 31 号合同房屋价格之事实记载，《协议》中所述"房款"是指 31 号合同的房款，所以它就是双方变更 31 号合同房款的事实记载。

推理之八：针对唐选礼提出的《协议》与 31 号合同无关的事实，法官认为，31 号合同约定的竣工时间为 97 年 9 月 30 日，而同年 11 月 5 日双方协商解除合同时唐并未向华康公司提出交房请求，却于同日书写《协议》，因此该《协议》并非与 31 号合同无关，而是对该合同的直接变更。该推理过程表达为：如果 31 号合同的交房期到后唐不请求交房而是写下《协议》，那么这个《协议》就一定与 31 号合同有关系，唐未请求交房而是写下《协议》，所以《协议》与

31 号合同有关系。

二审在推理的基础上，肯定了一审关于双方已经通过《协议》，对31 号合同房屋的价格由 2700 元/平方米变更为 3066 元/平方米的事实认定。上诉人仍然不服又申请再审。

再审法官认为，双方签订的 31 号合同系有效合同，《协议》系附条件的协议，购买第三套房屋是按均价 3066 元/平方米计算的前提条件，而本案所涉第三套房屋未确定，事实上双方也并未就第三套房屋发生买卖行为，故《协议》未生效，31 号合同也不应当按 3066 元/平方米计算，而应按双方在 31 号合同中所约定的 2700 元/平方米计算。可见，再审法官并没有否定一、二审法官关于事实认定的推理过程和推理结论。在他的判词里也明显隐含着《协议》所述的"二套"房屋指的就是 31 号合同的两套房屋，只不过因为作为附条件的购买第三套房屋的事实未成就而致《协议》未生效。这里，申请人反败为胜不是因为其主张的事实成立，而是因为法律上的原因。因本文不涉足对这一法律问题的研究，所以也不评论一、二、再审判决的结论谁对谁错。笔者感兴趣的是，本案一、二、再审法官对本案事实的推理结论实际上都是一致的。这说明，运用推理方法认定的案件事实也有一定的必然性和确定性。

思考与练习

1. 什么是法律思维？法律思维有哪些特征？
2. 什么是执法？执法的基本原则有哪些？
3. 什么是司法？司法的基本原则是什么？
4. 什么是法律推理？法律推理的主要形式有哪些？
5. 为什么要进行实质推理？在哪些情况下才能进行实质推理？

实务训练

案例（事例）分析

案例 1：某地在招商引资的过程中，党委和政府要求当地司法机关要切实为外商办事，净化投资环境，提供优质服务。某外商来当地开发区洽谈一个重大项目，入住宾馆不久，却丢失了钱包，内装数千元外币。书记、市长严令当地公安机关限期破案，公安部门倾巢出动，设卡排查，当夜就抓获小偷。后书记、市长亲自登门送还外商失窃的钱包，并介绍了公安机关雷厉风行抓获小偷的经过，表示一定要让司法机关对小偷严惩不贷。第二天，外商却终止了投资谈判，离开了当地。

请结合本章内容对该事例进行分析。

　　案例2：一名路人经过一幢数层居民楼的时候，楼上掉下一个烟灰缸。这个烟灰缸砸在这名路人的身上造成伤害。这名路人因此付出了医疗费并且出现其他损失。在法院提起诉讼的时候，这名路人将楼上的许多住户列为被告，要求他们承担连带责任，理由是自己并不知道而且也无法举证究竟哪位住户曾将烟灰缸"扔出"。这一纠纷应当怎样解决？我们可以想到许多棘手的法律问题。其一，如果根据《民事诉讼法》第64条规定的"谁主张谁举证"，那么，一名路人怎么可能举证？如此要求原告举证等于是预先设定原告已经败诉，这似乎是不公正的。其二，如果在原告不能举证的情况下，要求诸位被告自己举证，比如自己没有扔下烟灰缸，那么，这是否也有不合情理的成分？不能否认，在这些被告中，必定存在着"无辜者"。让"无辜者"举证怎么就必定是合理的？其三，如果在被告举证不能的情况下让被告承担连带责任，那么，等于是要求某些"无辜者"承担责任，这样一种责任要求是否也有不合理的地方？其四，要求被告中"无辜者"承担责任，那么其中隐含着一个逻辑：原告也应承担一定的责任。理由之一是他经过了楼下（不经过楼下就不会出现被砸伤的情况），理由之二是"无辜者"也是可以承担责任的。然而这样处理是可以接受的吗？其五，不论怎样处理，都有可能使"始作俑者"所负的责任分担远远低于其应负的责任分担。一个制度怎么可以造成这种结果？其六，如果确定被告责任连带，那么，选定连带被告究竟依据什么标准？是二楼以上的所有楼层住户，还是三楼以上的住户，还是依据砸伤的程度判断楼层，还是依据扔出物品的可能角度、方向判断楼层以及某层住户？

　　人们当然可以提出其他的各种疑问。然而，所有这些疑问都隐含着一个预期目标：应当准确、具体地实现至善至美的公正。如果顺此目标继续思考，我们还会想到有趣的第七个问题：如果第六个问题所涉及的连带责任是必须的，那么，是否应当根据各个被告住处和原告受伤地点的距离、角度等参考函数，来确定被告的具体责任比例？这样是否更加公正？

　　在此，进一步的问题在于所有这些疑问，尤其是第七个疑问，都将可能引导人们仔细考虑案件的各种调查结果，不断地求助于所提交的证据、专家意见、距离测量、相互质证等，而且还有以后对于细节的立法努力。我们完全可以想象这是一个多么复杂的法律操作，而其中也就包含了多么不易想象的成本支出。当然，如果最终结果可以查清责任并且以后能够解决类似的复杂问题，沉重的成本代价可能也是可以接受的。但是，就类似这里提到的案例纠纷而言，无法获得完全的信息是一个根本的障碍，成本的支出从而就像投入了无底之渊。在这里，成本支出似乎是没有回报的。所有这些复杂的法律规则的设想和法律操作，其"所带来的成本非常之大，而其所带来的功效则是非常可怜"。

对此，我们也就必将面对一个深层困惑：这样成本支出的正当性是什么，我们怎样证明这是合理的？一方面是信息不完全所造成的重要障碍，另一方面是无法舍弃的真正公正的追求，还有一个方面是这种追求所带来的成本增量耗费，于是我们所面对的是三重的悖论困境。其中既有经济的正当性问题，也有道德的正当性问题，还有政治的正当性问题。正当性问题是不能大而化之、小而化了的。这一问题是深深嵌入社会集体意识之中的，为人们所关注，为人们所追究。因此所有这些当然都是需要我们追问的。

我们认为，有一种办法能够取得相对较好的平衡，也即原告胜诉。如果原告胜诉，那么，一个成本就是政府成本（法院调查被告是否有关），同时原告也有自己的成本，也即查明并且举证哪些被告是有关的。但是，这种解决方式的激励结果在总体上是可以接受的。因为，这种判决使各个被告在未来必须要谨慎小心自己的行为，尽量不去投掷物品。尽管一个被告的侵权行为可能导致与其他被告共同承担侵权责任，因而自己只需承担较少的败诉责任，然而，自己依然是需要付出代价的。于是所有被告也就都存在了避免"侵权"发生的激励。此外，为了避免自己成为一个承担责任的"无辜者"，楼上住户总要想方设法改善条件（比如改善阳台设施以使他人认为自己不可能扔下物品），监督其他住户，以便再出现类似纠纷的时候，证明自己是"无关"的，等等。就原告一方来说，以后在经过楼下的时候依然无需过于担心。就这条道路本身来说也不存在公共浪费的问题。在成本和激励之间我们看到了较优的平衡。

根据上述材料，结合本章所学法律推理的相关理论，从法理学角度进行分析。

案例3：南京彭宇案，是2006年末发生于中国江苏南京市的一起引起极大争议的民事诉讼案，其他地区也有类似事件发生。

2006年11月20日早晨，一位老太在南京市水西门广场一公交站台等83路车。人来人往中，老太被撞倒摔成了骨折，鉴定后构成8级伤残，医药费花了不少。老太指认撞人者是刚下车的小伙彭宇。老太告到法院索赔13万多元。彭宇表示无辜。他说，当天早晨3辆公交车同时靠站，老太要去赶第3辆车，而自己从第2辆车的后门下来。"一下车，我就看到一位老太跌倒在地，赶忙去扶她了，不一会儿，另一位中年男子也看到了，也主动过来扶老太。老太不停地说谢谢，后来大家一起将她送到医院。"彭宇继续说，接下来，事情就来了个180度大转弯，老太及其家属一口就咬定自己是"肇事者"。

2007年9月4日下午4点半，鼓楼区法院一审宣判。法院认为，本案主要存在两个争议焦点：①彭宇与老人是否相撞；②应赔偿的损失数额问题。

法院认为本次事故双方均无过错。按照公平的原则，当事人对受害人的损失应当给予适当补偿。因此，判决彭宇给付受害人损失的40%，共45 876.6元。

当天，老太的代理律师表示：对判决事实感到满意，但40%的赔偿比预期要少。而彭宇则表示不服此判决。

事件最大的争议来自于法院的判定书，由于其判定大量地使用"常理推定"，而未进行事实认定。中国民事诉讼准则明确规定"谁主张谁举证"，而法院却在原告方未能提出有力证据的情况下，运用"自由心证"的逻辑推理分析判定彭宇应承担责任。

以下是彭宇案的一审判决书。请根据法律推理的基本理论对本案进行评析。

南京市鼓楼区人民法院
民 事 判 决 书

（2007）鼓民一初字第212号

原告徐××，女，汉族，1942年8月9日生，住本市×××12号。

委托代理人唐×，南京×××律师事务所律师。

被告彭×，男，汉族，1980年7月2日生，江苏×××有限公司职工，住本市××·2×3－1号。

委托代理人李×，女，汉族，198×年8月8日生，住本市×××19号。

委托代理人高××，江苏×××·律师事务所律师。

原告徐××与被告彭×人身损害赔偿纠纷一案，本院受理后，依法组成合议庭，公开开庭进行了审理，原告徐××及其委托代理人唐宁，被告彭×及其委托代理人李舒、高式东到庭参加诉讼。本案现已审理终结。

原告徐××诉称，2006年11月20日上午，原告在本市水西门公交车站等83路车。大约9点半左右，2辆83路公交车进站，原告准备乘坐后面的83路公交车，在行至前一辆公交车后门时，被从车内冲下的被告撞倒，导致原告左股骨颈骨折，住院手术治疗。因原、被告未能在公交治安分局城中派出所达成调解协议，故原告诉至法院，请求判令被告赔偿原告医疗费40460.7元、护理费4497元（住院期间护理费897元、出院后护理费3600元）、营养费3000元、伙食费346元、住院期间伙食补助费630元、残疾赔偿金71 985.6元、精神损害抚慰金15 000元、鉴定费500元，共计人民币136 419.3元，并由被告承担本案诉讼费。

被告彭×辩称，被告当时是第一个下车的，在下车前，车内有人从后面碰了被告，但下车后原、被告之间没有碰撞。被告发现原告摔倒后做好事对其进行帮扶，而非被告将其撞伤。原告没有充分的证据证明被告存在侵权行为，被告客观上也没有侵犯原告的人身权利，不应当承担侵权赔偿责任。如果由于做好事而承担赔偿责任，则不利于弘扬社会正气。原告的诉讼请求没有法律及事实依据，请求法院依法予以驳回。

经审理查明，2006 年 11 月 20 日上午，原告在本市水西门公交车站等候 83 路车，大约 9 时 30 分左右有 2 辆 83 路公交车同时进站。原告准备乘坐后面的 83 路公交车，在行至前一辆公交车后门时，被告第一个从公交车后门下车，原告摔倒致伤，被告发现后将原告扶至旁边，在原告的亲属到来后，被告便与原告亲属等人将原告送往医院治疗，原告后被诊断为左股骨颈骨折并住院治疗，施行髋关节置换术，产生了医疗费、护理费、营养费等损失。

事故发生后，南京市公安局公共交通治安分局城中派出所接到报警后，依法对该起事故进行了处理并制作了讯问笔录。案件诉至本院后，该起事故的承办民警到法院对事件的主要经过作了陈述并制作了谈话笔录，谈话的主要内容为：原、被告之间发生了碰撞。原告对该份谈话笔录不持异议。被告认为谈话笔录是处理事故的民警对原、被告在事发当天和第二天所做询问笔录的转述，未与讯问笔录核对，真实性无法确定，不能作为本案认定事实的依据。

案件审理期间，处理事故的城中派出所提交了当时对被告所做讯问笔录的电子文档及其誊写材料，电子文档的属性显示其制作时间为 2006 年 11 月 21 日，即事发后第二天。讯问笔录电子文档的主要内容为：彭×称其没有撞到徐××，但其本人被徐××撞到了。原告对讯问笔录的电子文档和誊写材料不持异议，认为其内容明确了原、被告相撞的事实。被告对此不予认可，认为讯问笔录的电子文档和誊写材料是复制品，没有原件可供核对，无法确定真实性，且很多内容都不是被告所言；本案是民事案件，公安机关没有权利收集证据，该电子文档和誊写材料不能作为本案认定事实的依据。

被告申请证人陈二春出庭作证，证人陈二春证言主要内容：2006 年 11 月 20 日其在 21 路公交车水西门车站等车，当时原告在其旁边等车，不久来了两辆车，原告想乘后面那辆车，从其面前跑过去，原告当时手上拿了包和保温瓶；后来其看到原告倒在地上，被告去扶原告，其也跑过去帮忙；但其当时没有看到原告倒地的那一瞬间，也没有看到原告摔倒的过程，其看到的时候原告已经倒在地上，被告已经在扶原告；当天下午，根据派出所通知其到派出所去做了笔录，是一个姓沈的民警接待的。对于证人证言，原告持有异议，并表示事发当时是有第三人在场，但不是被告申请的出庭证人。被告认可证人的证言，认为证人证言应作为本案认定事实的依据。

另查明，在事发当天，被告曾给付原告二百多元钱，且此后一直未要求原告返还。关于被告给付原告钱款的原因，双方陈述不一：原告认为是先行垫付的赔偿款，被告认为是借款。

审理中，对事故责任及原、被告是否发生碰撞的问题，双方也存在意见分歧。原告认为其是和第一个下车的被告碰撞倒地受伤的；被告认为其没有和原告发生碰撞，其搀扶原告是做好事。

因原、被告未能就赔偿问题达成协议，原告遂诉至法院，要求被告赔偿原告医疗费、护理费、营养费、住院伙食补助费等损失，并承担本案诉讼费用。

审理中，原告申请对其伤情的伤残等级进行司法鉴定，本院依法委托南京鑫盾司法鉴定所进行鉴定，鉴定结论为：被鉴定人徐××损伤构成八级伤残。

因双方意见不一，致本案调解无效。

上述事实，有双方当事人陈述；原告提供的住院记录、医疗费票据；被告申请的证人陈二春的当庭证言；城中派出所提交的对原告的询问笔录、对被告讯问笔录的电子文档及其誊写材料；本院委托鉴定的鉴定报告、本院谈话笔录以及本院开庭笔录等证据证实。

本院认为，当事人的合法权益受法律保护。对于本案的基本事实，即2006年11月20日上午原告在本市水西门公交车站准备乘车过程中倒地受伤，原、被告并无争议。但对于原告是否为被告撞倒致伤，双方意见不一。根据双方诉辩观点，本院归纳本案的争议焦点为：①原、被告是否相撞；②原告损失的具体数额；③被告应否承担原告的损失，对此分别评述如下：

一、原、被告是否相撞

本院认定原告系与被告相撞后受伤，理由如下：

1. 根据日常生活经验分析，原告倒地的原因除了被他人的外力因素撞倒之外，还有绊倒或滑倒等自身原因情形，但双方在庭审中均未陈述存在原告绊倒或滑倒等事实，被告也未对此提供反证证明，故根据本案现有证据，应着重分析原告被撞倒之外力情形。人被外力撞倒后，一般首先会确定外力来源、辨认相撞之人，如果相撞之人逃逸，作为被撞倒之人的第一反应是呼救并请人帮忙阻止。本案事发地点在人员较多的公交车站，是公共场所，事发时间在视线较好的上午，事故发生的过程非常短促，故撞倒原告的人不可能轻易逃逸。根据被告自认，其是第一个下车之人，从常理分析，其与原告相撞的可能性较大。如果被告是见义勇为做好事，更符合实际的做法应是抓住撞倒原告的人，而不仅仅是好心相扶；如果被告是做好事，根据社会情理，在原告的家人到达后，其完全可以在言明事实经过并让原告的家人将原告送往医院，然后自行离开，但被告未作此等选择，其行为显然与情理相悖。

城中派出所对有关当事人进行讯问、调查，是处理治安纠纷的基本方法，其在本案中提交的有关证据能够相互印证并形成证据锁链，应予采信。被告虽对此持有异议，但并未提供相反的证据，对其抗辩本院不予采纳。根据城中派出所对原告的询问笔录、对被告讯问笔录的电子文档及其誊写材料等相关证据，被告当时并不否认与原告发生相撞，只不过被告认为是原告撞了被告。综合该证据内容并结合前述分析，可以认定原告是被撞倒后受伤，且系与被告相撞后受伤。

2. 被告申请的证人陈二春的当庭证言，并不能证明原告倒地的原因，当然也不能排除原告和被告相撞的可能性。因证人未能当庭提供身份证等证件证明其身份，本院未能当庭核实其真实身份，导致原告当庭认为当时在场的第三人不是出庭的证人。证人庭后第二天提交了身份证以证明其证人的真实身份，本院对证人的身份予以确认，对原告当庭认为当时在场的第三人不是出庭的证人的意见不予采纳。证人陈二春当庭陈述其本人当时没有看到原告摔倒的过程，其看到的只是原告已经倒地后的情形，所以其不能证明原告当时倒地的具体原因，当然也就不能排除在该过程中原、被告相撞的可能性。

3. 从现有证据看，被告在本院庭审前及第一次庭审中均未提及其是见义勇为的情节，而是在二次庭审时方才陈述。如果真是见义勇为，在争议期间不可能不首先作为抗辩理由，陈述的时机不能令人信服。因此，对其自称是见义勇为的主张不予采信。

4. 被告在事发当天给付原告二百多元钱款且一直未要求原告返还。原、被告一致认可上述给付钱款的事实，但关于给付原因陈述不一：原告认为是先行垫付的赔偿款，被告认为是借款。根据日常生活经验，原、被告素不认识，一般不会贸然借款，即便如被告所称为借款，在有承担事故责任之虞时，也应请公交站台上无利害关系的其他人证明，或者向原告亲属说明情况后索取借条（或说明）等书面材料。但是被告在本案中并未存在上述情况，而且在原告家属陪同前往医院的情况下，由其借款给原告的可能性不大；而如果撞伤他人，则最符合情理的做法是先行垫付款项。被告证人证明原、被告双方到派出所处理本次事故，从该事实也可以推定出原告当时即以为是被被告撞倒而非被他人撞倒，在此情况下被告予以借款更不可能。综合以上事实及分析，可以认定该款并非借款，而应为赔偿款。

二、原告损失的范围和具体数额

1. 医疗费。根据原告提供的住院记录、伤残鉴定书等证据，原告主张的医疗费用均是治疗事故造成的有关疾病所必需，且有相应医疗票据加以证明，故原告主张医疗费40 460.7元，符合法律规定，本院予以确认。

2. 护理费。原告主张的护理费为4497元，包含住院期间护理费897元以及出院后护理费3600元。由于本案原告为六十多岁的老人，本次事故造成其左股骨颈骨折且构成八级伤残，其受伤后到康复前确需护理，原告主张该4497元护理费用，符合法律规定，本院予以确认。

3. 住院伙食补助费。原告住院共计 35 天，原告主张该费用为 630 元，符合法律规定，本院予以确认。

原告另主张伙食费 346 元，并提供了住院记录和票据予以证明。由于该费用在住院伙食补助费范围内，该 346 元与上述 630 元住院伙食补助费的主张重复，故本院不予支持。

4. 鉴定费。原告主张伤残鉴定费为 500 元，有鉴定费发票予以证明，本院予以确认。

5. 残疾赔偿金。原告主张的残疾赔偿金 71 985.6 元。但根据原告病历及伤残鉴定报告，原告伤病为八级伤残，根据相关规定，该费用应依法确定为 67 603.2 元 $[14 084 × (20 - 4) × 30\%]$。

6、营养费。结合原告伤情，本院酌定 1000 元。

综上，原告各项损失合计为 114 690.9 元。

三、被告应否承担原告损失

根据前述分析，原告系在与被告相撞后受伤且产生了损失，原、被告对于该损失应否承担责任，应根据侵权法诸原则确定。

本案中，原告赶车到达前一辆公交车后门时和刚从该车第一个下车的被告瞬间相撞，发生事故。原告在乘车过程中无法预见将与被告相撞；同时，被告在下车过程中因为视野受到限制，无法准确判断车后门左右的情况，故对本次事故双方均不具有过错。因此，本案应根据公平责任合理分担损失。公平责任是指在当事人双方对损害均无过错，但是按照法律的规定又不能适用无过错责任的情况下，根据公平的观念，在考虑受害人的损害、双方当事人的财产状况及其他相关情况的基础上，判令加害人对受害人的财产损失予以补偿，由当事人合理地分担损失。根据本案案情，本院酌定被告补偿原告损失的 40% 较为适宜。

关于原告主张的精神损害抚慰金问题。本次事故虽给原告的精神上造成了较大痛苦，因双方均无过错，故原告要求赔偿精神损害抚慰金 15 000 元的诉讼请求于法无据，本院不予支持。

综上，为维护当事人的合法权利，依据《中华人民共和国民法通则》第 98 条、第 119 条、《最高人民法院关于审理人身损害赔偿案件适用法律若干问题的解释》第 17 条之规定，判决如下：

被告彭 × 于本判决生效之日起 10 日内一次性给付原告徐 × × 人民币 45 876.36 元。

被告彭 × 如果未按本判决指定的期间履行给付金钱义务，应当按照《中华人民共和国民事诉讼法》第 232 条之规定，加倍支付迟延履行期间的债务利息。

本案受理费 890 元、其他诉讼费 980 元，合计 1870 元，由原告徐 × × 负担

1170 元彭×负担 700 元。原告已预交，故由被告在履行时一并将该款给付原告。

如不服本判决，可在判决书送达之日起 15 日内，向本院递交上诉状，并按对方当事人的人数提出副本，上诉于江苏省南京市中级人民法院。

审　判　长　××
代理审判员　×××
代理审判员　××
2007 年 9 月 3 日
见习书记员　××

附："彭宇案"5 年后真相大白[1]

南京市委常委、市政法委书记刘志伟近日接受《瞭望》新闻周刊记者独家专访时指出，舆论和公众认知的"彭宇案"，并非事实真相。2006 年 11 月 20 日 9 时 30 分左右，64 岁的退休职工徐寿兰在南京水西门广场公交站等车时，有 2 辆 83 路公交车同时进站。徐寿兰急忙跑向后面一辆乘客较少的公交车，当她经过前一辆公交车后门时，26 岁的小伙子彭宇正从这辆车的后门第一个下车，双方在不经意间发生相撞。急于转车的彭宇先向车尾看了一下，再回头时发现摔倒在地的徐寿兰，随即将她扶起。彭宇最近也表示，在 2006 年 11 月发生的意外中，徐寿兰确实与其发生了碰撞。

---

〔1〕　本文选自《瞭望新闻周刊》2012 年 1 月 16 日。

模块五　认识法律（二）

学习目标与工作任务

　　本模块为知识拓展模块。通过学习，使学生进一步提高对法的理解和认识。了解法的演进的一般原理，理解当代中国社会主义法与历史上和当代资本主义法的继承、借鉴和移植关系；理解法与经济、政治、文化等各种社会现象相互关系的一般原理，从而进一步认识法在社会生活中的作用，并能够运用相关原理分析与法相联系的各种社会现象；理解法治的概念、民主与法治的关系，以及法治国家的基本构成要件。

单元一　法的演进

导入案例

　　1995 年的辛普森（O. J. Simpson）杀妻案是美国当年争论最大的刑事案件，也是西方社会引起轰动的重大案件之一，当年的报纸大都用"震惊美国"、"震惊世界"、"世纪审判"等字眼来报道此案。CNN 统计数字表明，1995 年 10 月 3 日，美国西部时间上午 10 点，辛普森案裁决即将宣布之时，大约有 1.4 亿美国人收看或收听了最后裁决。该案件之所以有如此重大的影响，除了他深刻的种族隔离背景外，更重要的原因是他集中体现了西方法律世界中"程序优于权利"这一重要的法律原则。今天，当我们的社会仍然在法制化的道路上艰难跋涉时，再次回顾这一经典案例，有许多地方值得我们深思。

　　案情简介：

　　案发前，辛普森是美国家喻户晓的体育明星，虽然出身贫寒，但依靠个人艰苦奋斗，跻身美国上层社会，因此辛普森是美国黑人崇拜的偶像。辛普森与他的白人妻子妮科多年不合，并且有多次体罚、虐待其妻的记录。1992 年 3 月，妮科提出离婚，并得到法庭批准。但是，离婚之后，他们仍时常在一起抛头露面，甚至继续同居，辛普森的暴力行为也始终没有停止。

　　1994 年 6 月 12 日，辛普森的前妻妮科及其男友在洛杉矶寓所内被人谋杀。

警方调查之后认定最大的杀人嫌疑犯是辛普森。在随后对辛普森住所的搜查中，警方发现了沾有血迹的手套、球鞋等与出事现场留下的痕迹相吻合的物证。法医后来的检验也证实，在出事现场发现了与辛普森血型一样的血迹。6 月 17 日，洛杉矶警方决定正式逮捕辛普森。

1995 年 1 月，案件开庭审理，陪审团成员由 9 名黑人、2 名白人和 1 名西班牙裔组成。此案波澜迭起，高潮不断。在辛普森一案中，警方已经掌握了足以证明辛普森杀害前妻及其男友的证据，但他们为使案件更加"铁证如山"，愚蠢地伪造了一双沾有辛普森和他前妻血迹的袜子。这双袜子最终被被告方证明为实验室里的产物。此外，警方另一项主要证据之一带血的手套在主控官要求辛普森当庭穿戴时，因太小，辛普森根本无法戴上，陪审团哗然。

根据"面条里只能有一只臭虫"这一证据规则，尽管洛杉矶警方获取了大量能证明辛普森有罪的证据，但只要其中有一样证据（袜子）是非法的，所有证据的可信度都大打折扣，尽管控方女检察官克拉克在总结发言中慷慨陈词，打动了大量观众，却并未让陪审团动心。最终，陪审团在经过近 40 个小时的长时间讨论之后，一致作出辛普森无罪的判决。美国当代最著名的辩护律师约翰尼·科克伦（Johnnie Cochran）及著名美籍华裔刑侦专家李昌钰博士在辛普森无罪的辩护中扮演了关键性的角色。

判决宣读后，大部分白人仍然认为辛普森有罪，他们表现出惊讶、难以置信而又无可奈何的表情。而在黑人集中居住区，则是欢呼雀跃，载歌载舞，毫无顾忌地庆贺自己人的胜利。洛杉矶街头和其他地方的白人与黑人甚至是各走各的路，连一个部门工作的黑人和白人之间也变得隔膜起来。检察官克拉克说：尽管自由主义者不想承认这一点，但一个以黑人为主的陪审团不可能在此类案件中作出公正判决，此话引起了媒体轩然大波。

更为夸张的是，在随后的民事审判中，经过 4 个月的审理，陪审团于 2 月 5 日作出裁决，辛普森对其前妻妮科及其男友戈德曼的谋杀负有责任，并判辛普森向戈德曼的父母赔偿 850 万美元。5 天以后，同一陪审团再度判辛普森支付 2500 万美元的惩罚性赔偿费。这一回，陪审团中有 9 名白人，没有一名黑人。

一、法的起源

法的起源是一切法律现象的起点。关于法是如何起源的有诸多不同的观点。根据马克思主义法学理论的观点，国家和法是人类社会发展到一定历史阶段的产物。在此之前，人类曾经历了长达数百万年没有国家和法的原始社会时期。法的起源理论主要是指原始社会中人类的社会组织和行为规范有什么特征，在什么条件下产生了法，法律产生的过程及其标志，以及法与原始社会习惯有什么区别等问题。

（一）原始社会的社会组织和行为规则

1. 原始社会的社会组织。原始社会是人类发展史上的早期阶段，生产力水平极端低下，人们共同占有生产资料，共同劳动，平均分配，没有私有制、剥削和阶级，也没有与阶级划分相联系的各种政治、经济组织。当时最典型的社会组织形式是氏族，氏族是人们以血缘关系为纽带而形成的。作为一种社会组织，氏族具有如下特点：

（1）从形成的方式说，它是以血缘关系为纽带组成的集团，而不是按地域划分的。

（2）从性质说，它是氏族全体成员共同劳动、共同消费的生产组织和经济单位，是全体氏族成员共同进行管理的自治组织。氏族成员之间是平等互助的关系，没有剥削、没有阶级，没有系统的采用暴力和强迫人们服从的暴力机构。

（3）从组织形式说，氏族的最高权力属于氏族成员大会，一切有关氏族重大利益的事务，都由氏族大会决定。氏族首领由大伙推选产生，不特殊、不脱产，是社会的"公仆"而不是社会的"主人"。氏族首领如果不称职可以随时撤换。氏族首领有很高威望，这种威望来自于他们自己忠诚地为氏族办事，由此而产生的人们对他们的尊敬和爱戴。

2. 原始社会的行为规范。原始社会的行为（社会）规范主要有三种：

（1）习惯。这是最主要的一种，发生纠纷主要是按习惯来解决。习惯是多种多样的，例如，有规定不得在氏族内部通婚的习惯，有氏族成员应相互帮助的习惯，有共同防御一切危险和侵袭的习惯，有本氏族成员受到外氏族欺凌和杀害时应共同对外氏族进行报复即血族复仇的习惯等。

（2）宗教规范。由于当时人们征服自然的能力很低，对一些自然现象处于迷惘状况从而产生了对自然现象的盲目崇拜，因而宗教就逐渐发展起来，在这一基础上也就形成了宗教规范。

（3）道德规范。原始社会也存在与原始公有制相适应的道德规范，如规定对食物进行集体平均分配，规定氏族成员相互之间以及氏族成员对氏族组织应负的责任或义务等。

这三种规范是互相渗透、交错和相互作用的，它们往往是三位一体的。这既是习惯的要求，也是道德和宗教戒律的要求。原始社会的社会规范是与当时的生产力水平和文化水平相适应的。

（二）法产生的条件和原因

法是以社会为基础的，法的产生和发展是多种社会因素相互作用的产物，但这些因素又是在经济因素起最终决定作用的条件下由于相互作用而产生的。

法的产生有下列条件和原因:

1. 法产生的经济根源。法是社会经济发展到一定历史阶段的产物。原始社会末期,出现社会大分工和产品交换。开始的交换带有偶然性和任意性,没有一定的规则。随着生产的发展和剩余产品的日渐增多,交换逐渐摆脱了偶然性和任意性,产生了一定的规则和秩序。这种规则和秩序起初表现为习惯。以后,随着生产力和交换的进一步发展,随着贸易的兴起、高利贷和典当抵押制的出现,人们的生产、分配、交换等经济活动不断发展变化。新的经济生活需要有新的行为规范来进一步规制日常生产、分配和交换活动,在社会经济生活中居于主导地位的人们为固定有利于自己的新的经济关系,也需要有新的行为规则。这样,原来的氏族习惯就逐渐被新的规则所代替,这种不再是全体氏族成员意志体现而首先是一部分人的意志体现的规则,就是法。

2. 法产生的阶级与政治根源。社会经济的发展引发私有制和阶级的出现,也是法的起源的根本原因。法是在产生了私有制,出现了阶级,在阶级矛盾不可调和的基础上产生的。原始社会末期,青铜器的出现,特别是铁器的发明和使用,使生产工具大为改观,社会生产力水平大大提高,由此而产生了个体劳动,出现了剩余产品、私有制和剥削,并进而产生了阶级。社会上的人逐步分化为穷人和富人、剥削者和被剥削者两大对立阶级。原始社会分裂为阶级社会。原始社会的各种社会关系被剥削与被剥削、压迫与被压迫、统治与被统治的新的社会关系所取代。原来体现全体氏族成员意志和利益的原始社会规范,已经不能调整阶级社会新的社会关系。在这种情况下,经济上占统治地位的阶级,为了维护其阶级统治,不仅需要建立国家政权,而且需要凭借国家政权认可或制定新的社会规范,规定人们应做什么,不应做什么,可以做什么,并且用国家强制力保证其得以实行,使人们的行为符合有利于统治阶级的新秩序。这种新的社会规范就是法。

(三) 法产生的一般规律

虽然不同原始社会转变为阶级社会的具体形式各有特点,但法的产生存在着一些共同规律:

1. 法的产生经历了从个别调整到规范性调整、一般规范性调整到法的调整的发展过程。

2. 法的产生经历了由习惯演变到习惯法、再由习惯法发展到成文法的过程。

3. 法的产生经历了法与宗教规范、道德规范的浑然一体到法与宗教规范、道德规范的分化、法的相对独立的发展过程。

(四) 法与原始社会规范的主要区别

法与原始社会规范都是一定社会经济基础之上的上层建筑,两者有着许多共同点：两者都属于社会规范；都要求人们普遍遵守，并且有一定约束力；都根源于一定的社会物质生活条件，由各自的经济基础所决定；都是调整一定社会关系和社会秩序的重要手段。但两者又有根本的区别，主要表现在：

1. 两者产生的方式不同。法是由国家制定或认可的；原始社会规范是人们在长期的共同生产和生活过程中自发形成的。

2. 两者反映的利益和意志不同。法反映统治阶级的利益和意志；原始社会规范反映原始社会全体成员的利益和意志。

3. 两者保证实施的力量不同。法是以国家强制力保证实施的；原始社会规范是依靠社会舆论的力量、传统力量和氏族部落领袖的威信保证实施的。

4. 两者适用的范围不同。法适用于国家主权所及地域内的所有居民；原始社会规范只适用于同血缘的本氏族部落成员。

二、法的历史发展

（一）法的历史类型

1. 法的历史类型的概念。法的历史类型就是按照法赖以建立的经济基础及其体现的阶级意志对法所作的基本分类。

法的历史类型的划分同社会形态的划分相一致。按照法的历史类型的划分标准，法律发展史上先后出现过四种历史类型的法律制度，即奴隶制法、封建制法、资本主义法和社会主义法。前三种类型的法统称为剥削阶级类型的法。社会主义法建立在以生产资料公有制为核心的社会主义生产关系基础上，反映和维护工人阶级为领导的广大人民的利益和意志，是从阶级社会向无阶级社会过渡的法，与剥削阶级类型的法有根本的区别。

2. 法的四种历史类型。

（1）奴隶制法。奴隶制法是奴隶制国家制定和认可，并以国家强制力保证实施的行为规范的总和，是奴隶主阶级利益和意志的表现，其内容由奴隶主阶级的物质生活条件所决定。其目的在于确认、巩固和发展有利于奴隶主阶级的社会关系和社会秩序。

奴隶制法是人类历史上最早的法。和奴隶制国家一样，它随着原始社会的解体和奴隶社会的形成而诞生，是阶级矛盾不可调和的产物和表现。世界上大多数民族都经历了奴隶制社会这个发展阶段，也都存在过奴隶制法。中国奴隶制法到了殷商时期（约公元前 16 世纪~公元前 11 世纪），由于阶级斗争的激化而有了进一步的发展，即所谓"商有乱政，而作汤刑"[1]，"刑名从商"[2]。到

---

〔1〕《左传·昭公六年》。
〔2〕《荀子·正名》。

西周（约公元前 11 世纪～公元前 771 年）穆王时，令吕侯制作刑书，史称"吕刑"，可见中国奴隶制社会已有成文法。在人类历史上，最先进入奴隶制社会的，除中国外，还有埃及、巴比伦、印度等国。它们都有各自的法。其中古巴比伦《汉穆拉比法典》共 282 条，是一部涉及刑法、民法和诉讼法等各方面的初具规模的法典。公元 6 世纪拜占庭帝国皇帝查士丁尼下令编纂的法典是一部更完善、影响更为深远的奴隶制法，对于后世资本主义立法有重要影响。

（2）封建制法。封建制法和封建制国家同时产生，是继奴隶制法之后又一剥削阶级类型的法。封建制法的阶级本质是由封建社会经济基础决定的。封建制生产关系的基础是封建主占有土地和不完全占有生产者。封建主阶级不仅以地租形式剥夺农民（农奴）的绝大部分劳动成果，而且还以超经济的强制，迫使农民纳税和服役。又由于农民（农奴）耕种封建主的土地，因而形成了对封建主不同程度的人身依附关系。封建社会中除了封建主和农民（农奴）这两个基本阶级外，还有自耕农、手工业者和商人等。封建主阶级是统治阶级，广大的农民或农奴以及其他劳动者是被统治阶级。封建制法就是封建主阶级用来维护其对广大农民（农奴）和其他劳动者实行政治压迫和经济剥削的工具，它是封建主阶级利益和意志的体现。

世界上绝大多数国家都经历了封建社会的发展阶段，也都有封建制法。如果说奴隶制法在古希腊、古罗马比较发达，则封建制法在中国较为典型，形式也较完备。中国封建制法从春秋战国之交到 1840 年鸦片战争，历史长达两千多年之久。中国的封建地主阶级早在夺取政权的斗争中就提出了法治思想，并在这一思想的指导下取得政权斗争的胜利和稳定了自己的统治。西欧封建制法从西罗马帝国灭亡到资产阶级革命，也有一千多年的历史。但是，西欧封建制法曾经出现了在古代希腊、罗马法基础上的倒退。在相当长的一段时期内，与政治上封建割据的局面相对应，它们的法处于分散和混乱状态，并且习惯法和宗教法规一度占重要位置。中世纪的伊斯兰法是封建制法律中最具有宗教特色并且至今仍有较大影响的法律。

（3）资本主义法。资本主义法是社会生产方式发展到资本主义历史阶段的产物。资本主义经济是最后一种类型的私有制经济，它是在封建社会内部孕育和发展起来的。封建社会的末期，产生了资本主义的生产关系。封建制国家为了将日益发展起来的资本主义生产关系纳入自己所控制的秩序范围之内，便陆续制定了一些带有资本主义因素的法律。当然，正如历史所证明了的，封建制国家这样做，不但没有起到巩固和延长封建统治的作用，相反，由于使资本主义得到了迅速的发展，从根本上动摇了封建制度的基础，资产阶级迅速发展壮大起来，并最终通过不同形式夺取了政权。此后，资本主义国家建立了历史上空前完备的法律体系。所以说，尽管在封建社会末期就出现了许多带有资本主义因素的法，但只有在资产阶级取得国家政权以后，才出现了完全意义上的资本主义法。

资本主义制度最早是在英国确立的。17 世纪英国实现了资产阶级革命，创建了资本主义国家和法。但是英国资产阶级革命的一个重大特点是资产阶级和新贵族的妥协。这一特点在英国资产阶级的法律中也明显地反映出来。正如恩格斯指出的，英国资本主义法将封建制法的很大一部分保存下来，"并且赋予这种形式以资产阶级的内容，甚至直接给封建的名称加上资产阶级的含义"[1]。随着资产阶级革命在美法等国的胜利，资本主义法也在这些国家产生和不断得到发展，1776 年的美国《独立宣言》，第一次用纲领的形式体现了资产阶级的政治法律观念，1787 年又制定了成文宪法《美利坚合众国宪法》。与英国的资产阶级革命不同，1789 年的法国资产阶级革命是一次比较彻底的反封建的资产阶级革命。在这次资产阶级大革命中，产生了具有深远意义的《人权宣言》；1791 年的法国宪法又以根本大法的形式确认了资产阶级革命胜利的成果；1804 年的《法国民法典》，即著名的《拿破仑法典》，标志着法国资产阶级开始系统地制定巩固和发展资本主义的基本法律；以后又陆续制定了刑法、商法、诉讼法等独立法典。德国是在 19 世纪通过自上而下的改革，又通过普鲁士王朝的三次对外战争，最终于 1871 年实现全国统一的。德国的统一为资本主义的迅速发展提供了条件，也随之制定了一系列基本法典，其中影响最大的是 1896 年制定、1900 年施行的《德国民法典》。随着资本主义制度的确立和不断发展完善，各资本主义国家也逐步建立了各个法律部门，形成了资本主义的法律体系。依据各国法的历史传统和各自的不同特点，一般又把资本主义法划分为两大法系：大陆法系和英美法系。

（4）社会主义法。社会主义法是由社会主义国家制定或认可的，反映以工人阶级为领导的广大人民的利益和意志，并由社会主义国家以强制力保证其实施的人们行为规则的总和。目的在于确认、保护和发展社会主义的社会关系和社会秩序，以利于社会主义建设事业的顺利进行。中国的社会主义法反映了中国工人阶级领导下的广大人民的意志，是在马克思列宁主义、毛泽东思想指导下产生和发展的。

社会主义法是社会主义上层建筑的重要组成部分，它建立在社会主义经济基础之上，并对社会主义经济基础的确立、巩固和发展以及无产阶级专政国家制度的巩固完善和加强起着巨大的推动作用。它切实有效地保证着广大人民的

---

〔1〕《马克思恩格斯选集》第 4 卷，人民出版社 2004 年版，第 248 页。

民主权利和自由，对敌人的反抗和破坏实行专政。社会主义法是发展社会主义民主，建设高度的社会主义物质文明和精神文明的重要工具。社会主义法的产生是同社会主义国家的建立密切联系在一起的。无产阶级为了自身的利益和广大劳动人民的解放，在马克思主义政党的领导下，经过无产阶级的革命斗争，彻底打碎了资产阶级国家机器，建立无产阶级专政国家。与此同时，必须废除旧法，创立社会主义法。在废除旧法的同时，对其中仍具有积极意义的合理因素进行批判地继承。废除旧法和对旧法的批判继承，是社会主义法产生的辩证规律。

（二）资本主义国家两大法系

1. 法系的概念。法系是西方法学家经常使用的一个概念，是在对各国法律制度的现状和历史渊源进行比较研究的过程中形成的概念。它是依据法律的历史渊源和传统以及由此形成的不同存在样式和运行方式，而对现存的和历史上存在过的各种法律制度所做的分类。凡是具有相同的历史渊源和传统并具有相同或相近的某些特征的国家的法律就构成一个法系。

法学界通常认为，当代世界主要法系有三个：大陆法系、英美法系、以苏联和东欧国家的法律为代表的社会主义法系。其他的法系还有伊斯兰法系、印度法系、中华法系、犹太法系、非洲法系等。其中，对资本主义法影响最大的是大陆法系和英美法系。

2. 大陆法系、英美法系。

（1）大陆法系。大陆法系，又称民法法系、罗马法系、法典法系、罗马－德意志法系，是以罗马法为基础而发展起来的法律的总称。大陆法系最先产生于欧洲大陆，以罗马法为历史渊源，以民法为典型，以法典化的成文法为主要形式。大陆法系包括两个支系，即法国法系和德国法系。法国法系是以 1804 年《法国民法典》为蓝本建立起来的，它以强调个人权利为主导思想，反映了自由资本主义时期社会经济的特点。德国法系是以 1896 年《德国民法典》为基础建立起来的，强调国家干预和社会利益，是垄断资本主义时期法的典型。属于大陆法系的国家和地区除了法国、德国外，还包括意大利、西班牙等欧洲大陆国家，也包括曾是法国、西班牙、荷兰、葡萄牙四国殖民地的国家和地区如阿尔及利亚、埃塞俄比亚等及中美洲的一些国家，国民党统治时期的旧中国也属于这一法系。

大陆法系具有以下特点：

第一，全面继承罗马法，吸收了许多罗马私法的原则、制度，如赋予某些人的集合体以特定的权利能力和行为能力；所有权的绝对性，取得财产的各种方法，某人享有他人所有物的某些权利；侵权行为与契约制度；遗嘱继承与法定继承相结合制度等。还接受了罗马法学家的整套技术方法，如公法与私法的划分，人法、物法、诉讼法的私法体系，物权与债权的分类，所有与占有、使用收益权、地役权以及思维、推理的方式。

第二，实行法典化，法律规范的抽象化、概括化。

第三，明确立法与司法的分工，强调制定法的权威，一般不承认法官的造法功能。

第四，法学在推动法律发展中起着重要作用，法学创立了法典编纂和立法的理论基础，如自然法理论、分权学说、民族国家理论等，使法律适应社会发展需要的任务由法学家来完成。

（2）英美法系。英美法系，又称普通法法系、英国法系，是以英国自中世纪以来的法律，特别是以它的普通法为基础而发展起来的法律的总称。英美法系首先起源于11世纪诺曼人入侵英国后逐步形成的以判例形式出现的普通法。英美法系的范围，除英国（不包括苏格兰）、美国外，主要为曾是英国殖民地、附属国的国家和地区，如印度、巴基斯坦、新加坡、缅甸、加拿大、澳大利亚、新西兰、马来西亚等。中国香港地区也属于英美法系。

英美法系具有以下特点：

第一，以英国为中心，以英国普通法为基础。

第二，以判例法为主要表现形式，遵循先例。

第三，变革相对缓慢，具有保守性和"向后看"的思维习惯。

第四，在法律发展中，法官具有突出作用。

第五，体系庞杂，缺乏系统性。

第六，注重程序的"诉讼中心主义"。

（3）大陆法系与英美法系的主要区别。

第一，法律渊源不同。大陆法系具有制定法的传统，制定法为其主要法律渊源，判例一般不被作为正式法律渊源（除行政案件外），对法院审判无约束力；而英美法系具有判例传统，判例法为其正式法律渊源，即上级法院的判例对下级法院在审理类似案件时有约束力。

第二，法律结构不同。大陆法系法的基本结构是在公法和私法的分类基础上建立的，传统意义上的公法指宪法、行政法、刑法以及诉讼法；私法主要是指民法和商法，英美法系的基本结构是在普通法和衡平法的分类基础上建立的。

第三，法官的权限不同。英美法系的判例法一般是指高级法院的判决中所确立的法律原则或规则。这种原则或规则对以后的判决具有约束力或影响力。判例法也是成文法，由于这些规则是法官在审理案件时创立的，又称为法官法（judge-made law），法官可以造法。而大陆法系的制定法则严格限制法官自由裁量的权力，不允许法官规避法律。

第四，诉讼程序不同。大陆法系倾向于职权主义，即法官在诉讼中起积极的作用；英美法系倾向于当事人主义，即控辩双方对抗式辩论，法官的作用是消极中立的。

第五，法律适用不同，大陆法系的法官在确定事实以后首先考虑制定法的规定，而且十分重视法律解释，以求制定法的完整性和适用性；英美法系法官在确定事实之后，首先考虑的是以往类似案件的判例，将本案与判例加以比较，从中找到适用于本案的法律规则或原则，这种判例运用方法又称为"区别技术"。

延伸阅读

谁是凶手——经典法律问题的再分析[1]

《法制晚报》曾经刊登过这样一篇文章，大意是说，欧美法律界有一个经典问题：3 个探险家，A、B 和 C 在沙漠中偶遇。A 决定借机谋杀 C，他偷偷在 C 的水壶里下了剧毒。B 也想杀害 C，但他不知道 A 已经有所行动。趁 C 没留神，B 在 C 的水壶底凿了个洞而使水漏光了。当天晚上 C 因为缺水死在了沙漠里，离营地只有一英里。那么谁是凶手呢？如果说 A 是凶手，可 C 是渴死的，跟 A 下的毒药无关。如果说 B 是凶手，B 把毒水从 C 的水壶里排掉，延长了他的寿命。要是没有 B，C 一喝下剧毒就会死亡，而不可能坚持到晚上。如果 C 早点儿赶到营地，他就不会死，那 B 就成了他的救命恩人。这篇文章的最后写道：社会学家以此为例，指出法律的局限性。从伦理道德角度看，A 和 B 心怀歹意，都犯了不可推卸的道德罪，而从法律角度考虑，不同的陪审团和不同的法官得出截然不同的结论。看问题的角度不同，得出的结论就不同。

这个问题确实很有趣，如果用我国现行刑法和犯罪构成理论来分析这个问题，可以得出这样的结论：A 与 B 都是凶手，他们都犯了故意杀人罪，不同的是 A 属于犯罪未遂，而 B 是犯罪既遂。这是因为，A 和 B 主观上都有杀人的故意，客观上都实施了杀人的行为，结果 C 也死亡了，这些都是没有争议的，问题的关键在于 A、B 的杀人行为和 C 死亡这个结果之间，是否存在因果关系。B 期望 C 因为缺水而渴死，凿破了 C 的水壶，而 C 也正因此而死，这当中行为人的目的、行为和结果相一致，因果关系也是成立的，因此 B 要对自己实施杀人行为并造成 C 死亡的结果负责，即故意杀人罪既遂。而 A 是希望 C 被毒死，他

---

〔1〕 本文作者李铁军，来源于中国法院网。

的行为是在水壶中下毒，但这个行为可能发生的结果被 B 凿破水壶的行为破坏了，C 被毒死这个结果也就不可能发生了。虽然 C 最终如 A 所愿死亡了，但 A 的行为并不是造成 C 死亡的原因，即 A 的行为与 C 死亡的结果之间不存在因果关系，因此 A 对 C 死亡这个结果不负责任，他只对自己实施了故意杀人的行为负责任，即故意杀人罪未遂。

必须指出的是，"如果 C 早点到营地就不会死，那么 B 凿破水壶反而成了 C 的救命恩人"的看法，在法律逻辑上是不能成立的。B 的主观愿望是杀人而不是救人，如果说 B 杀人的行为无意中也造成了暂时的有利于被害人的结果，那也不是 B 所能预料和期望的，而 B 的行为本身又是可能造成 C 死亡的，所以这还是一个杀人行为而不是救人行为。

上面我们所用到的犯罪构成理论，实际上属于大陆法系的刑法理论。文章中提到这是一个欧美法学界的经典问题，我们知道，欧洲大陆、俄罗斯、日本和我国的法律都属于或者接近于大陆法系，美国、英国等国家的法律则属于英美法系。大陆法系的犯罪构成理论是由构成要件符合性（行为是否符合犯罪的构成要件，即犯罪的事实基础）→违法性（对行为的法律评价，包括正当防卫等排除违法性事由）→有责性（对行为人的主观评价，是追究刑事责任的依据）这样逐层递进的三个层次组成的，也就是说，对某人的某行为是否构成犯罪，需要将其带入上面的公式中进行三次考量，当行为人和行为完全符合（即存在犯罪事实、违法且有责）时，即构成犯罪。相比之下，我国和俄罗斯的犯罪构成理论与欧洲大陆的犯罪构成理论有所区别，即不是通过递进的三个层次的考量，而是将犯罪构成分为四大要件（犯罪的主观要件、客观要件、主观方面要件、客观方面要件）分而论之，再加以整合，只有四个要件全都具备，才构成犯罪。但不论是欧洲大陆还是我国、俄罗斯的犯罪构成理论，都强调严格以制定法为依据，将行为人和行为带入犯罪构成体系中进行衡量，来得出是否构成犯罪的结论。

英美法系则更出于完全不同的角度，更强调程序的正当性，而不看重制定法的规定。表现在犯罪构成理论上，不是用制定法和犯罪构成体系去严格地衡量行为人和行为，而是通过引入诉讼要件，强调通过正当程序、充足、合法的辩护来保证个体正义的实现。这表现在以下两个方面：首先，在英美法系国家，关于刑事诉讼的犯罪事实问题是交由陪审团裁断的。陪审团可以独立作出被告人有罪或无罪的裁断，只有作出有罪裁断时，法官才适用刑法。英美至今保留陪审团的理由之一就是陪审团可以提供当地关于判决的公正性的概念，可以修正不符合当地情况的实体刑法，使其更适应社区的价值观念。其次，英美法系国家的法官具有相当大的自由裁量权。在英美，法官通过习惯法否定制定法成为司空见惯的事。在美国，立法部门指定的法律规则只有经过法官的解释和适用，并且援引适用这些规则的判例时，这些规则才算真正被吸收进美国的法律体系之中。英国著名学者 C. 威廉在他编写的教科书中说过："现存的刑法体系是由法官给我们提出的。"如果某一事项没有相应的判例，美国的学者会说："关于这一点，没有法律。"由此可见一斑。而且英美法系国家对于上诉权从内容和上诉权人的范围上进行了严格的限制，为了维护法官的自由裁量权，上诉法院只对特别明显的错误进行改判。正因为法官、陪审团都有充分的自由裁量权，各自的价值观念不同，又较少受到上级的监督，因此他们作出的决定是极不统一的。文章中提到"不同的陪审团和不同的法官得出截然不同的结论"，大概是指这一点。

我们可以看到，在是否构成犯罪的问题上，大陆法系和英美法系采取了截然不同的方法，大陆法系更注重实体法的严格、统一适用，英美法系更注重区别具体情况，实现个体正义。这大概和欧洲大陆、英美国家的历史有关，大陆法系由罗马法发展而来，从古罗马帝国的《十二铜表法》开始，成文法就是欧洲大陆国家法律规范的主要形式，而且欧洲大陆各国的封建传统较为浓重，统一的中央集权国家必然要求法律的统一适用。而英国的法律从源头时起就是习惯法（盎格鲁－撒克逊时期的习惯法），英国虽然也有漫长的封建时期，但采用习惯法和判例来对具体问题具体分析作为传统一直被保留和延续下来。至于美国更没有经历过封建时期，而且美国建立初期属于松散的邦联性质的国家，美国宪法也体现了这一特点，即美国是由各个州联合起来组成的，中央政府的权力是各个州让与的。正因为如此，美国实行联邦法律和各个州的法律并行的双轨制，各个州法律之间相互冲突是常见的事情，美国的法律体系更重视的是此时、此地应用于此人的正义与否，即当地的价值观念对法律的影响很大。

引申开来，这些对我们如何看待我国的法律体系和进行司法体制改革也不无启发，一国的法律体系和司法制度，应当是既符合时代发展需求的先进的制度，也应当是照顾历史情况，具有民族和社会根基的现实的制度。如果只是照搬别国的经验，不顾自己的历史和现实情况，结果恐怕只能是"淮南为桔、淮北为枳"了。

引例解析

"辛普森杀妻案"的审判中，被告之所以能被无罪释放，最重要的一点是警方取证程序违法，指控辛普森犯罪的证据存在瑕疵。基于"程序优于权利"这一原因，尽管其他证据足以证明被告杀妻一案成立，但辛普森仍被无罪释放。

"程序优于权利"是西方一句非常有名的法律格言，为了能更深入地理解这句话的内涵，在回顾与反思辛普森杀妻案之前，我们不得不用相当拗口的法律专业术语对其进行阐述。"程序优于权利"实际上讲的是程序法和实体法的关系，从法的本质而言，实体法与程序法是彼此独立的相对概念，它们之间不应该存在主从关系。但是在西方法律世界中，从判例法传统出发，逐渐形成了重程序、轻实体的法律观念。在法律面前，每个诉讼当事人都具有平等的人格地位，司法审判的唯一依据是对既有法律条文的绝对遵守，审判结果则是根据既有法律对确凿无疑的法律事实作出解释和判定，其他任何伦理的、政治的、经济的、正义的原则全部被排除在外，而奉行程序是法律世界中固定的、不可逾越的"游戏规则"。

通过辛普森一案我们可以发现，美国司法制度对程序公正和确凿证据的重视程度远远超过了寻求案情真相和把罪犯绳之以法。最高法院大法官霍姆斯（Oliver Wendell Holmes, Jr.）指出，"罪犯逃脱法网与政府的卑鄙非法行为相比，罪孽要小得多"[1]这句话最能体现美国司法体系中"制度优于权利"这句话的内涵。实际上，"程序优于权利"的核心是用来约束政府和权力部门的，是为了防止"苛政猛于虎"。

公民个人在国家司法机器面前渺小到可以忽略不计，而程序正义是对拥有公权力的国家机器的唯一制约手段，因此，追求"程序优于权利"就是为了防止拥有巨大权力的政府滥用手中的权力任意陷害公民。对于死去的辛普森夫人及其亲属而言，辛普森的无罪释放是一个无法容忍的悲剧；对于实体正义来讲，辛普森的案子或许也是"程序正义"的一个失败的极端案例。但是，世间没有完全尽善尽美的法律制度，也不可能存在绝对公正的诉讼程序。我们有时也承认一些不合法的手段，比如抄家、刑讯逼供，或许更有助于案件的及时侦破，更有助于伸张正义、惩治邪恶。但过分追求实体正义而忽视程序正义，拥有绝对权力的政府就会像复活的撒旦一样，走向邪恶的极端，就会产生更多的不公正个案。而程序不公最终会导致制度的正义性完全丧失。所以说，这样的做法无异于饮鸩止渴，得益一时的同时，会严重助长政府和警察等拥有公权力的组织和个人滥用职权，胡作非为，最终受害的是每一个普通公民。

在程序正义与实体正义之间，美国的建国先贤选择了对政府约束力更强的"程序正义"是正确的，因为，它体现了一个民主法制社会对公民人权的保护与尊重，体现了法律对于立法、司法、行政等公权力机关的严格制约，更体现了全社会对于司法程序的敬畏、遵守和执行。西方民主法制社会的建设比我们的历史要长得多，很多制度性的内容都是经过上百年的实践检验后存留下来的精

---

〔1〕 任东来等：《美国宪政历程》，中国法制出版社 2004 年版，第 428 页。

华部分，值得我们去认真学习和借鉴。

反观之，我国的法律传统正好与之相反，追求实体正义远胜于追求程序正义，评判某一诉讼结果正义的标准一般是看是否按实体正义的规定判决，很少关注程序正义问题。在过分强调程序的形式或工具作用下，人们总是有意无意地忽视或否定程序的独立价值。这种观念是如此的根深蒂固，以至于人们甚至津津乐道于诸多通过非法程序达到实体正义的案例。但是佘祥林案、孙志刚案等一系列血的事实告诉我们，程序正义是保护普通公民合法权益的重要手段！

三、法的继承与法的移植

（一）法的继承

1. 法的继承的概念。法的继承就是指不同历史类型的法之间的延续、相继、继受，一般表现为旧法（原有法）对新法（现行法）的影响和新法对旧法的承接和继受。法律继承不同于民法中的财产继承、国际法中的国家继承。财产继承或国家继承只是被继承对象的主体的更替，而被继承对象本身的属性和特征原封不动。而法律继承则是新事物对旧事物的"扬弃"。"扬弃"这个源自德国古典哲学的词语含有否定和肯定的双重意义，在否定的意义上指取消或舍弃，在肯定的意义上指保持或保存。恩格斯在借用这一概念时，明确地把它解说为"既被克服又被保存"。用"扬弃"来解释法律发展过程中的继承性。可以生动而具体地揭示出法律继承的特点：在法律发展过程中，每一种新法对于旧法来说都是一种否定，但又不是一种单纯的否定或完全抛弃，而是否定中包含着肯定，从而使法律发展过程呈现出对旧法既有抛弃又有保存的性质。

2. 法的继承的理由与根据。

（1）社会生活条件的历史延续性决定了法律继承性。从根本上说，法律继承性的依据在于社会生活条件的延续性及继承性。人类社会每一个新的历史阶段开始时，它不可避免地要从过去的历史阶段中继承下来许多既定的成分，生活于现实社会的一代人只能在历史留给他们的既定条件所允许的范围内重新塑造社会的形象和书写他们的历史。法是社会生活的反映，尽管这种反映是通过人类的意识作出的，尽管立法者在表现社会生活条件时有一定范围的选择自由，但是，只要那些延续下来的生活条件在现实的社会中具有普遍意义，那么，反映这些生活条件的既有规则就会或多或少地被继承下来并被纳入新的法律体系之中。例如，只要商品—市场经济构成了一个社会基本生活条件的要素，那么，无论该社会由哪一个阶级来治理，体现商品—市场经济之价值观念的法律精神定会广泛地渗透在新的法律中，反映商品—经济规律的一般规则也定会大量地被保存在新社会的法律体系中，虽然在具体表现形式上可能有各自的特色。

（2）法律的相对独立性决定了法律发展过程的延续性和继承性。法作为社会意识或社会上层建筑的组成部分，它的产生和发展决定于社会存在或经济基础。在这个前提下，又必须承认法律的相对独立性。法律相对独立性是社会意识相对独立性的体现。所谓社会意识的相对独立性，是指社会意识在反映社会存在的同时，还具有自身的能动性和独特的发展规律。这种独特的发展规律就是每一历史时期的社会意识及其诸形式都同它以前的成果有着继承关系。每一个社会的特定的意识形态，无论就其内容或形式来说，都有两个来源：内容上，主要是反映现实的社会存在、社会经济形态，同时也保留着历史上形成的有关过去的社会存在的某些意识和材料；形式上，主要根据新的内容和条件对从过去继承下来的方式、方法和手段加以改造、补充和发展，并增添某些新的具体形式。没有这两个来源，任何社会意识的发展都无从谈起。正是由于这种历史的继承性，社会意识及其诸形式的发展才能持续而不中断，才有其可追溯的历史线索。同时由于历史继承性在不同条件下的表现不同，才形成了各具特色的民族传统和民族风格。

（3）法作为人类文明成果的共同性决定了法律继承的必要性。法作为社会调整或控制的技术，是人类对自身社会的性质、经济、政治、文化以及其他社会关系及其客观规律的科学认识的结晶。例如，有关资源配置、生产管理、市场调节、环境保护、社会保障等经济社会性法律规范是人类对自然、经济规律认识的反映；有关代表会议、权力制衡、行权程序、反贪倡廉等政治性法律规范则是对政治关系、政治权力运行规律的科学认识。这些认识成果不管形成于何种社会，具有什么特定的时代性、阶级性和社会性，都是人类认识的成果和人类文明的标识，具有超越时空的长久而普遍的科学性、真理性和实践价值。文明本来就是借鉴、积累和升华的产物。任何后继的法律制度绝不可能是在世界法律文明发展的大道之外产生的，而是人类以往法律思想、法律技术和法治经验的继续和发展。

（4）法律发展的历史事实验证了法律继承性。法律继承不只是一个理论上可以说明的问题，也是一个实践上可以验证的问题。古代封建社会的法大量继承奴隶制社会的法暂且不论，近代以来，英国资产阶级持续沿用英国封建时代的法律，法国资产阶级以奴隶制时代的罗马法为基础制定《法国民法典》，日本资产阶级承袭日本封建时代的法等事实足以表明剥削阶级类型的法律之间的继承性。苏联十月革命之后，列宁沿用旧俄国的民法典，1922 年制定民法典时大量采用旧民法典的条款，罗马尼亚一直保留 1846 年制定的民法典，原东德一直将 1896 年制定的德国民法典保留到 1976 年，波兰在 1964 年才制定民法典，而在他们制定社会主义民法典时均大量沿用了原有法典的原则、规范和技术。新中国成立前夕明确宣布废除国民党"六法全书"，尽管如此，现行社会主义法律体系仍包含旧法中诸多原则、规则、技术、概念、术语。这些事实更进一步地表明，不仅私有制即剥削阶级类型的法之间可以继承，社会主义法也可以而且必然要批判地借鉴资本主义法和其他类型的法。

3. 法的继承的内容。法的继承的内容是十分广泛的。就社会主义法对资本主义法的继承来说，一切能够与科学、理性、民主、自由、公平、人权、法治、和平、秩序、效率为内容的时代精神融为一体的富有生命力或再生能力的积极因素都在继承之列。具体言之，可归纳为以下几个主要方面：

（1）法律技术、概念。法律技术是指制定、执行、解释、适用法律规范的各种方法，例如立法程序、法典编纂、法律汇编、法律规范的构成及其分类、法律的解释方法、法律机构的设置、法律体系的结构、形式多样的诉讼程序等。法律概念是指对各种法律事实进行概括，抽象出它们的共同特征而形成的权威性范畴。社会主义国家在建立自己的法律制度时，不可避免地要直接选择、利用这些现成的法律技术和概念。否则，就无法建构自己的法律体系。

（2）反映商品－市场经济规律的法律原则和规范。商品－市场经济既是资本主义的经济形式，也是社会主义的经济形式，尽管它们之间存在着这样或那样的差别，但都必须和必然是与劳动分工和社会分工相联系、为交换而进行生产的经济关系，是自由、公平地进行竞争的经济关系。所以，资本主义国家反映商品－市场经济一般规律的法律原则和规范，如有关市场主体、市场要素、市场行为、市场调控、国内市场与国际市场的联系等法律规定，经过社会主义国家的选择、改造和加工之后，可以纳入社会主义法律体系之中。

（3）反映民主政治的法律原则和规范。社会主义国家和资本主义国家从政体上都是民主政治。资产阶级民主先于社会主义民主。资本主义在长期的民主政治建设中积累了大量以公民权利制约国家权力、权力制约权力以及保障权力运行秩序和效率的经验。诸如代议制、选举制、权力划分、权力制衡、立法机构的组织和立法权力的行使程序、行政程序、公民各种政治权利规定、国家赔偿制度等。这些制度和规定中有许多是民主政治的必然要求，反映了政治权力运行的一般规律。社会主义国家在实行民主政治的过程中理所当然地要批判地借鉴和采纳。

（4）有关社会公共事务的法律规定。任何国家都执行两种职能：一是政治统治或阶级统治职能，二是公共事务或社会职能。因而在法律体系中包括两类法律规范：一类是有关政治统治的规范，另一类是有关公共事务的规范。在公共事务规范中有许多属于技术性规范或者是反映社会整体利益的规范。例如，有关交通、环保、卫生、资源、人口、水利、城建的法律规定即是。这些执行社会公共事务职能的法律显然可以为社会主义国家所继承。

（二）法的移植

1. 法律移植的概念。"法律继承"指新法对旧法的借鉴和吸收，体现两种法律制度之间在时间上的先后顺序，在内容上的"影响—承受"关系，但它不能完全表征一个国家对同时代其他国家的法律或国际法律的引进、吸收和摄取，因此需要创造或借用别的术语来概括。"法律移植"即是现成的可用来表征国家间相互引进和吸收法律这种实践的术语。然而，对"法律移植"这个术语的内涵及其适用性，法学界和法律界尚未形成共识。这就有必要首先对该术语进行语义和意义分析。

据《辞海》和《现代汉语词典》解释，"移植"意为将有机体的一部分组织或器官补在或移入同一机体或另一机体的缺陷部分，使它逐渐长好。对此种语义和意义，我国有的学者进一步解释说，"移植"从语源上来自植物学和医学。通常，"从植物学术语的角度，移植意味着整株植物的移地栽培，因而有整体移入的意思。但是，从医学术语的角度看，器官的移植显然是指部分的移入而非整体的移入，而且器官移植还可使人想到人体的排他性等一系列复杂的生理活动的过程"[1]。法律上的"移植"显然类似于医学意义上的移植，而非植物学意义上的移植。这种移植是以被移植的国外法律（供体）和接受移植的本国法律（受体）之间存在着某种共同性，即受同一规律的支配、互不排斥、可互相吸纳为前提的。这就不会发生简单照搬的可能。

2. 法律移植的必然性和必要性。

（1）社会发展和法律发展的不平衡性决定了移植的必然性。同一时期不同国家的发展是不平衡的，它们或者处于不同的社会形态，或者处于同一社会形态的不同发展阶段。在这种情况下，比较落后的或后发达国家为了赶上先进国家，有必要移植先进国家的某些法律，以保障和促进社会发展。世界法律的发展史已经表明这是落后国家加速发展的必由之路。在中世纪，日本曾全面引进中国盛唐时期的法律制度，建立了贯穿于日本封建社会始终的法令制度，从而使日本的法律制度和经济文化向前迈进了几个世纪，史称"大化革新"。特别是近代以来，各国之间的法律移植更是一种普遍现象，欧洲大陆各国一度视法国民法典为楷模而竞相仿效。日本在明治时代，出于争取与西洋诸国的平等主权和促进社会近代化的需要，全面引进了德国法和法国法，以此为基础制定了"六法全书"，使日本在较短的时间里建立起比较发达的资本主义法律制度。第

---

〔1〕 王晨光："不同国家法律间的相互借鉴与吸收——比较法研究中的一项重要课题"，载《中国法学》1992年第4期。

二次世界大战后日本又大量引进了美国法，加速了日本法律制度的民主化改革和现代化进程。

（2）市场经济的客观规律和根本特征决定了法律移植的必要性。当今世界市场机制是统合世界经济的最主要的机制。尽管在不同的社会制度下市场经济会有一些不同的特点，但它运行的基本规律，如价值规律、供求规律、优胜劣汰的规律是相同的，资源配置的效率原则也是相同的。这就决定了一个国家在建构自己的市场经济法律体系和制定市场经济法律的过程中必须而且有可能吸收和采纳市场经济发达国家的立法经验。市场经济本质上是外向型和开放型经济，其客观的发展规律必然要求冲破一切地域的限制，使国内市场与国际市场对接，把国内市场变成国际市场的一部分，从而达到生产、贸易、投资、技术国际化、世界化、一体化。这就要求在制定市场经济法律时必须与国际上的有关法律和国际惯例相衔接，即实现法律国际化。市场经济既是社会分工和生产专业化基础上的合作经济，也是自由而公平的竞争经济。合作和竞争都需要法律的引导和规制，而这种法律必须是统一的和协调的。法律上的抵触和冲突必然加剧经济上的摩擦和损失，增加交易成本。法律移植正有助于减少不同国家之间的法律抵触和冲突，降低法律适用上的成本，为长期、稳定、高效的经济技术合作创造良好的法律环境。

（3）法律移植是对外开放的应有内容。在当代，任何一个国家要发展自己，都必须对外开放。对外开放反映了世界经济、政治和文化发展的客观规律。世界本来就是一个开放的世界，任何一个国家的发展都离不开世界。特别是像我们这样经济和文化都比较落后的发展中国家，更有必要对外开放。我们所讲的对外开放，是全方位的，即对世界所有地区开放，对所有类型的国家开放；不仅经济上和技术上要开放，而且文化上和政治上也要对外开放。全方位的对外开放不仅使经济国际化，而且使其他的社会和国家事务，诸如资源开发、环境保护、人权保护、惩治犯罪、维和行动、婚姻关系、财产继承等，越来越带有跨国性质，从而使一个国家的国内法越来越具有涉外性和外向性，法律在处理涉外问题和跨国问题的过程中，必然逐步与国际社会通行的法律和惯例接轨。

（4）法律移植是法制现代化的必然需要。在当今世界，法律制度之间的差异，不只是方法和技术上的差异，也是法的时代精神和价值理念的差异。正是根据时代精神和价值理念之差异，各种法律制度间才有传统与现代、先进与落后的区分。对于其法律制度仍处于传统型和落后状态的国家来说，要加速法制现代化进程，必须适量移植发达国家的法律，尤其是对于发达国家法律制度中反映市场经济、民主政治共同规律和时代精神的法律概念和法律原则，要大胆吸纳。切莫把自己封闭起来，对发达国家几百年乃至上千年积累的法制文明置之不理，继续摸着石头过河，或者故意另起炉灶。否则只能在先进国家的后面爬行，拉大与发达国家的差距，延缓本国法制现代化的进程，以至丧失法制现代化的机会。

3. 法律移植的情形。

（1）经济、文化和政治处于相同或基本相同发展阶段和发展水平的国家相互吸收对方的法律，以至融合和趋同。

（2）落后国家或发展中国家直接采纳先进国家或发达国家的法律。

（3）区域性法律统一运动和世界性法律统一运动或法律全球化。

延伸阅读

加入 WTO 对我国立法制度的挑战[1]

WTO 透明度原则和司法审查制度，要求我们应当革除现有立法体制中的弊端，促进立法活动本身的法治化、民主化和公开化，推动高度透明、高效运作的现代立法体制模式的建立，从而迅速提高我国立法的科学性、先进性和实施的有效性，并使我国的相关立法实现与国际先进立法和通行规则接轨。

1. 在立法过程中，我们要按照法治原则要求，坚持立法的公开透明操作和立法程序的严格正当性，并按照 WTO 规则要求，结合我国实际情况，提高立法的科学严密性、规范严谨性和规则可操作性。立法机关在立法过程中，应当坚持立法的公开性和透明度，反复征询各种利益主体、各阶层社会成员、相关专家学者的意见；要严格坚持立法论证、听证、争论和辩论等程序，除涉及国家秘密及法律的强制性禁止公开的内容外，应当将整个立法讨论过程对全社会公开，允许合乎法律规定的社会成员旁听、咨询和查阅有关文件档案等；对于那些与普通民众生活密切相关的立法，除了应当公开立法目的、立法调查、立法论证等有关资料外，还应当将每个代表的意见、讨论过程、争论论点、不同观点等予以公开，使整个立法过程都实行"阳光操作"，从而确保立法的科学性、合理性以及与 WTO 规则的一致性。

与此同时，在立法过程中，既要充分考虑国内现实的基本国情，又要注意与国际社会通行法律规则和惯例保持一致或相衔接，并及时吸收世界优秀法律文明成果，始终坚持立法的先进性与开放性。

2. 要进一步提高各级政府、部门以及地方立法的透明度，加强人大和司法

---

[1] 张云、王泉："加入 WTO 对我国立法、行政司法制度产生的影响"，载《行政与法》2004 年第 4 期。

机关对其立法的审议和监督指导，严格将其立法活动限定在宪法、法律和WTO规则范围内，加强法规规章的清理工作，切实维护法制的统一性和权威性。

与WTO透明度要求相比，我国现有立法体制中存在的主要问题是各职能部门和地方政府自行立法，并以此作为地方和部门"内部规则"的现象比较普遍。所以，我们要进一步提高政府部门、地方立法的透明度，加强人大和司法机关对其立法活动的监督与指导；同时，对那些与现代法治要求和WTO规则不相适应的法律法规予以及时审查清理，该废止的废止，该修改的责令修改，该重新制定的要重新制定，从法律制度上解决立法中存在的混乱无序、质量低劣、相互冲突、越权立法和立法争权争利等现象。

3. 要深入研究WTO规则和制度中的权利义务内容，使自己的立法在不违背WTO规则和义务的同时，充分吸收、运用WTO规则中的权利规定及具体适用范围，以达到促进我国经贸发展、保护本国经济利益和安全之目的。在我国成为WTO成员后，我们在立法上的当务之急，一方面要自觉保持国内法律法规与WTO规则要求的一致性；另一方面，更要深入研究WTO所规定的实体权利和程序规则。在WTO实体权利中，我们既要研究一般法律规定，也要研究其规则中的例外、保留、豁免、紧急措施、特别处理、对发展中国家的特别保护措施等规定，尤其要研究WTO没有规定或没有明令禁止的保护本国经济与贸易的措施、涉及国家经济安全、产业保障机制、开拓国外市场措施、进口救济措施等法律规定；在WTO程序规则中，我们既要研究作为当事国进行WTO诉讼的提起、应诉、上诉、调解、和解、斡旋、应对专家小组审理、期间等诉讼程序规则及技巧，也要研究作为非当事国"第三方"参与WTO诉讼的相关程序、规则、权利及影响等，充分把握和运用WTO诉讼规则和技巧。

单元二 法与社会

2011 年 10 月 13 日下午 5 时 30 分许，一出惨剧发生在佛山南海黄岐广佛五金城：年仅两岁的女童小悦悦走在巷子里，被一辆面包车两次碾压，几分钟后又被一小货柜车碾过。让人难以理解的是，7 分钟内在女童身边经过的 18 个路人，竟然对此不闻不问。最后，一位捡垃圾的妇女陈贤妹把小悦悦抱到路边并找到她的妈妈。小悦悦在广州军区陆军总医院重症监护室抢救时，脑干反射消失，已接近脑死亡。2011 年 10 月 21 日，小悦悦经医院全力抢救无效，在零时32 分离世。

一、法与经济

"经济"一词有着多种含义，这里主要从两种意义上使用：一是从生产方式的意义上；二是从经济体制或经济运行方式的意义上。本节主要从法与经济基础和法与经济体制两个方面论述法与经济的关系。

（一）法与经济基础的关系

1. 法决定于经济基础。法作为上层建筑的一部分，是由经济基础决定的，法的产生、本质、特点和发展变化的规律，归根到底都是由经济基础所决定的。

（1）经济基础决定法的产生。在原始公有制社会，不存在阶级划分，因而也不存在作为阶级意志的法。随着经济的发展，出现了私有制以及与其相伴随而产生的阶级分化，产生了首先和主要反映一定阶级意志的法。

（2）经济基础决定法的性质。自私有制和阶级产生以来，出现过四种类型的社会经济基础，因此就有奴隶制、封建制、资本主义和社会主义四种相应类型即四种性质不同的法。前三种类型的法都建立在私有制经济基础之上，因而都是私有制性质的法；后一种类型的法建立在社会主义经济基础之上，因而是社会主义性质的法。每一种类型的法，都不过是以法的形式表现出来的占统治地位的经济关系。

（3）法的内容在很大程度上也由经济基础所决定。规定国家基本制度、生产资料所有制形式、经济活动过程和其他社会关系的法律规范，通常总是由一定的经济内容所决定，必须适应经济基础的性质和经济关系提出的要求。在与同一经济基础密切结合的不同经济体制下，法的内容也大有区别，例如计划经济体制下民商法难以发达，而市场经济体制下民商法则相应发达。

（4）法的发展变化及其特点也在很大程度上取决于经济基础。不仅经济基础的根本变化会引起法的质变即历史类型的更替，而且经济基础发生量变时也能引起法的立、改、废即法的局部变更。法的许多特点也由经济基础所决定，如奴隶制法公开保护奴隶主对生产资料和奴隶人身的双重占有权，便是由奴隶制经济基础的特点决定的。

当然，法受经济基础的制约，并不意味着它不受其他社会因素的影响。事实上，社会的政治、宗教、道德观念、风俗习惯以及阶级力量对比关系和国际环境等，都同法发生相互作用，产生重要影响。

2. 法对经济基础的反作用。

（1）法有特殊的强制性，可以帮助执政阶级摧毁或改造旧的经济基础，阻止不利于自己的经济基础产生，并可致力于消灭或改造旧经济基础的代表者。如新中国成立后实施的《土地改革法》和其他一系列法律、法规，对摧毁封建土地所有制、改造生产资料私有制都发挥了重要作用。

（2）法有特殊的权威性和稳定性，用法来确认一定的经济基础，可使经济基础具有不可侵犯的性质，惩治破坏或危害经济基础的行为，维护一定的经济关系和经济秩序。也可制约社会组织和个人对经济基础的任性行为，使经济基础具有稳定性、连续性，不因人事的变迁而中断或变动。

（3）法有指引和预测作用，可促进经济关系和经济活动向健全、完善的方向发展；法也是经验的总结，可起到完善和发展经济关系的作用。

（4）法对生产力也有直接作用，这种作用也会对经济基础发生影响。

法对经济基础有积极的反作用，但这种反作用对社会的发展和进步并不都是积极的。当法为先进的经济基础服务时，就是促进经济发展和社会进步的积极力量；当法为落后的经济基础服务时，就成为阻碍经济发展和社会进步的反动力量。一切上层建筑对经济基础都有反作用，但法的反作用同上层建筑中其他部分对经济基础的反作用相比，有着自己的特点。法是通过规定人们在各种经济关系中的权利和义务的方式来作用于经济基础的。

（二）法与市场经济

市场经济客观上要求法律保障资源通过市场来进行分配，所以市场经济对法有更大需要。法律在社会主义市场经济的建立和完善中具有重要作用。

1. **市场经济实质上是法治经济。** 市场经济对法的需求，比其他类型的经济要突出得多。正因此，人们往往说市场经济实质上是法治经济。我国经济体制改革的目标模式，是要建立起完善的社会主义市场经济体制。我国所要建设的市场经济实质上也是法治经济。

市场经济之所以实质上是法治经济，主要是因为：

（1）市场经济是主体独立的经济。市场经济主体的行为需要由法来规范。市场经济主体需要有法所确立的自主经营、自负盈亏、自我发展、自我约束的市场主体地位，需要有法所确认保障的从事商品生产、市场交换和其他经济活动的财产权和其他经济权利。

（2）市场经济关系是契约经济关系。现代市场经济运行过程中的各种活动，几乎都通过契约来实现。产品生产、市场交换、分配方式、产品消费、社会保障等各个环节，虽然形式有许多差别，但实质上都是契约关系的表现。没有契约这种法律形式也就无所谓市场经济。从身份到契约是从自然经济到市场经济的主要标志。契约关系是一种法律关系，具有法律约束力，也需要由法来确认和保障。

（3）市场经济是自由竞争、平等竞争的经济。竞争就是比赛，比赛就要有比赛规则。要自由竞争、平等竞争，就要有保障自由、平等，维护公平、正义以实现自由竞争、平等竞争的规范。这种规则和规范的主要表现形式就是国家机关所制定的法。

（4）市场经济是有序经济。市场运行需要有正常的市场进入、市场交易的秩序。要使市场经济成为有序经济，就离不开法制和法治的作用。

（5）市场经济还是开放性经济。现代市场经济的内在动力机制使得它呈现扩展的状态，这种扩展又使世界各国经济联系趋于密切，维系这种联系的保障主要是国际经贸法律、规则和惯例。现代市场经济的这种特点使得国内市场也带有国际化特点，因而也要求主权国家一方面要熟悉和善于运用国际经贸法律、规则和惯例，另一方面要充分注意并善于使自己的涉外经贸法律、法规同国际经贸法律、规则和惯例接轨。

2. 法在市场经济宏观调控中的作用。现代市场经济需要国家对其实行以间接手段为主的宏观调控。政府运用经济、法律和必要的行政手段管理国民经济，不直接干预企业的生产经营活动。这是因为市场经济的运行机制固然有其突出的优点，但也有需要抑制的弱点。市场经济主体更多是根据自身利益和自己对市场的认识来进行经营活动。这就不免使市场调节受局部利益驱动，往往带有某些盲目性、冲动性或滞后性，容易导致供求总量失衡。在市场机制下，市场反映的往往只是眼前的经济现象，难以准确反映经济发展的趋势。加之我国各地经济状况有颇大差异，仅通过市场机制作用，难以使经济平衡或协调发展。在这些情况下，要很好地发展经济，就不仅需要市场经济机制这只"看不见的手"，还需要国家宏观调控这只"看得见的手"来弥补市场经济的不足。

法在实现市场经济宏观调控方面的作用主要在于：

（1）对市场经济的运行起引导作用。国家通过法来引导市场经济主体遵循市场经济普遍适用的规则，抑制各经济主体的随意发展和不同主体之间的利益冲突，使市场经济得以健康发展。

（2）对市场经济的运行起促进作用。国家通过直接调整市场经济的法，如民法、商法、经济法等，为市场的发展和完善创造条件、扫除障碍，促使市场按规律发展。也通过其他不直接调整市场经济的法，为正确处理政治关系、一般社会管理关系和家庭关系等提供标准，间接促进市场经济的发展。还以法确认政府职能的转变，促使它更好地为市场经济服务。

（3）对市场经济的运行起保障作用。国家通过法来确认和维护市场经济主体的法律地位和正当权益，确立和维护必要的平等原则，调整经济活动中的各种关系，解决经济活动中的各种纠纷，建立和维护必要的秩序和环境，为市场经济运行提供利益保障、平等保障、秩序保障和环境保障。

（4）对市场经济运行起必要的制约作用。国家通过法的规范，在引导、促进和保障市场经济的同时，也制约市场经济中的自发性、盲目性等非有序化倾向和片面强调本位物质利益的消极因素，促使市场经济健康发展。

此外，法在规范微观经济行为中能确认经济活动主体平等的法律地位、调整经济活动中的各种关系、解决经济活动中的各种纠纷、维护正常的经济秩序。

（三）法与科学技术

1. 科技进步对法的影响。科技进步对法的影响是全方位的，涉及法的方方面面。这些影响主要表现在以下几个方面：

（1）科学技术影响法的内容，成为法律规定的重要依据。科学技术进步所形成的新的科学知识，不断被运用到法律领域，成为法律规定的重要的科学依据。

（2）科学技术的发展扩展了法律调整的领域。在科学技术的研究发明和推广应用的实践活动中出现的大量新的社会关系需要法律规范的调整。

（3）科学技术的发展引起了有关的传统法律概念和原则的变化。在立法方面，随着科技的发展，科学技术知识内容的立法所占的比重不断增加，而这类专业性、技术性比较强的立法任务要求立法者具备一定的专门性的科学文化知识，国家立法机关的一般成员难以满足这种要求，因此，需要将这类立法工作委托给专门的机关或人员，这导致"委任立法"范围的不断扩大。通讯、交通技术的进步，以及信息交换的加快，使法律时效和时限观念加强，一些传统法律部门的有些传统概念受到冲击。

（4）科学技术的发展完善了法律调整机制，为立法和执法提供新的技术和手段，对法的制定和实施的法律调整机制发生重大影响。

此外，科学技术的发展也影响了法学教育、法制宣传和法学研究的方式和内容，促进法学教育、法制宣传和法学研究方式和内容的更新和发展。

2. 法对科技进步的作用。

（1）法保证科学技术的顺利发展有良好的社会环境。

（2）法为组织科学技术活动提供必要的准则。法确认和保证科学技术发展在国家社会生活中的优先地位，确定国家科技发展战略，确立科技管理体制和科技运行机制。法在推动国际科学技术合作，促进科学技术成果的全球共享和高效运用方面也有重要作用。

（3）法是鼓励科学技术发展的有效手段。法通过规定对公民的创造性劳动的保护和鼓励措施，如授予职称、荣誉称号和物质奖励等，激发人们为科技发展作出贡献的热情。

【案例】

夫妻离婚，"冷冻胚胎"该归谁？

美国法院：前胚胎既不是"人"也不是"财产"，应暂时给予特殊的尊重。

在美国，有这样一对夫妻，丈夫朱利耶·路易斯·戴维斯向妻子玛丽·苏·戴维斯提出离婚。双方就所有的离婚条款达成协议，但除了一条，即谁拥有"监护"7个"冷冻胚胎"的权利。

本案涉及的是被冷冻的人工试管授精（IVF）产品——即公众或媒体称之为"冷冻胚胎"的所属权问题，美国法官和专家对此有不同的看法。

夫妻欲离婚"冷冻胚胎"成问题

朱利耶·路易斯·戴维斯和玛丽·苏·戴维斯相识于1979年，当时两人都在军队服役。双方于1980年4月26日结婚。6个月后，玛丽·苏怀孕了，但不幸的是输卵管妊娠，她不得不做手术切掉右侧输卵管。之后又发生了4次输卵管妊娠，玛丽·苏只得又进行了左侧输卵管结扎手术，这样她再也不能自然怀孕了。戴维斯夫妇本想领养一个孩子，但最后一刻孩子的生母却改变了主意。人工授精因此成为这对夫妇的唯一选择。

1985年初，戴维斯夫妇花35 000美元做了6次人工授精，但都未受孕成功。每次做人工授精，玛丽·苏都要花1个月的时间做皮下注射使垂体关闭，花8天的时间做肌肉注射以刺激卵巢产生卵子。为做卵子吸出手术，玛丽·苏被麻醉了5次，每次吸出手术后58~72个小时又得把卵子放回子宫做妊娠排异测试。

戴维斯夫妇决定推迟另一轮人工授精，因为做手术的诊所计划于1988年11

月对胚胎进行冷冻保护，用这样的方式可以保存多余的受精卵（用氮冷冻并保存在零度以下）以备怀孕失败。1988 年 12 月 8 日，妇科专家成功提取了 9 个单细胞受精卵并放于玻璃试瓶进行培育，使这些单细胞物质变成了 4 个或 8 个细胞。

戴维斯夫妇非常兴奋，他们此时没有想到离婚，因为充足的受精卵使他们很有可能得到一个孩子，同时玛丽·苏也不用一次又一次地去做荷尔蒙刺激和卵子吸出手术了。

两人后来在法庭上都证实：虽然诊所给他们讲了冷冻保存的程序，但没有人告诉他们这种方式将改变人工授精的性质。比如，他们就没有考虑到几个月后会涉及受精胚胎的保存问题，因为在必要的时候诊所会搬走这些剩下的"冷冻胚胎"，也根本没想过万一发生离婚这种情况时如何处理这些胚胎，更不用说签订协议了。

1988 年 12 月 10 日，一个受精卵被植入玛丽·苏的子宫，剩下的受精卵被冷冻保存起来，不幸的是她并没有怀孕。当诊所正要为她再一次植入受精卵时，朱利耶·路易斯·戴维斯提出了离婚，那是 1989 年 2 月。他声称自己早就知道他们的婚姻"不是很牢固"，因为相识只有一年多一点的时间，他希望孩子会改善他们之间的关系。玛丽·苏·戴维斯说她不认为他们的婚姻出了什么问题。然而，由于有"冷冻胚胎"的问题，离婚程序变得复杂起来。

处理所有权"胚胎"去留有争议

玛丽·苏·戴维斯首先要求拥有这些"冷冻胚胎"的所有权，因为在离婚前受精胎是移植在她的体内使其怀孕。朱利耶·路易斯·戴维斯表示反对，说宁愿使胚胎保持原状，直到他决定是否想成为父亲。

初审法院同意把冷冻胚胎的监护权授予女方，但上诉法院推翻了此判决。之后，田纳西州最高法院之所以重审此案，不是因为不赞成上诉法院对适用法律的分析，而是因为本案涉及有关复制（再生）这样一个新技术，法院也应随之调整，所以此案显得尤其重要。另外一个原因就是上诉法院的判决没有给初审法院一个明确的指导。

此后，当事双方的情况发生了变化，他俩分别再婚，玛丽·苏离开美国，再也不想使用这些"冷冻胚胎"，她想把它们捐献给那些不能生育的夫妇，但朱利耶·路易斯宁愿扔掉它们。事情再一次陷入僵局。由于双方的法律地位发生了改变，此案有了解决的可能性。

必须提及的是，有两个重要因素影响诉讼结果：①当戴维斯夫妇与诺克思威利诊所拟订人工授精计划时没有签订书面协议说明怎样处理冷冻保存的多余无用的胚胎；②田纳西州当时也没有法律对这样的问题作出规定。

此外，由于问题的特殊性，法官在审案时没有现成的案例可以参照。尽管美国当时已有 5000 个通过人工授精出生的婴儿，贮存了 20 000 多个"冷冻胚胎"，但几乎很少涉及如何处置未被移植的"冷冻胚胎"问题，也没有出现过一例与本案类似的案例。

但正因为没有权威的法规和先例作为范本，美国法官才有机会对这一问题做广泛研讨。有人认为所有的胚胎都应被"配子提供者"（gamete - providers）所用，如果有剩余，应捐献给别人植入子宫。但也有人认为那些没被"配子提供者"用掉的胚胎应被自动丢弃。

另一些方案认为，应该把决定权交给女性"配子提供者"——因为她为人工授精付出了更多。还有人认为应该有两种"默许协议"存在，一是人工授精的诊所在出现僵局的情况下有权利决定是否捐献、抛弃"冷冻胚胎"，或者将之用于科学研究；二是当事双方自动承担了不可撤销的人工授精承诺，实际上已经默许或者把胚胎移植给女性"配子提供者"，或者把它捐献给其他人。最后一种方式是所谓的"平等模式"（equity models）：把"冷冻胚胎"平均分给当事双方，他们可以按自己的意愿自由处理；双方都有拒绝移植胚胎的权利。

最高法院：上诉法院判决有效

田纳西州最高法院认为，这些解决问题的方法看来非常诱人，但是考虑到相关的宪法法规、现存的田纳西州处置"未出生生命"（un - born life）的公众准则以及随着科学的发展不断涌现的生殖技术和随之而来的道德伦理问题等，解决目前所面临的问题并不容易。因此，田纳西州最高法院权衡各方利益，以事实为基础，公正合理地解决争端。

该院认为，严格地说，前胚胎既不是"人"，也不是"财产"，只是由于它们有变成人类的可能性而暂时给予特殊的尊重。因此，玛丽·苏和朱利耶·路易斯拥有的对前胚胎的权利不能算作真正的财产权。但他们有占有权和某种程度上对前胚胎的处置权，当然是在法律允许的范围之内。

关于如何处置前胚胎的问题应该在充分征求了配子提供者双方意愿的基础上进行解决。如果产生争议，在人工授精前又签订了合同的，按合同条款执行；如果没合同，就应权衡当事各方的相关利益，通常应优先考虑不愿生养孩子一方的利益而预设另一方（想生养孩子的一方）可通过其他合理方式生养孩子；如果另一方没有其他合理方式可以生养孩子，就应该考虑用前胚胎进行怀孕。但如果该方占有前胚胎的目的只是把它捐献出来，反对方的利益就应占上风。

综上所述，田纳西州最高法院裁决上诉法院判决有效。该裁决意味着诺克思威利人工授精诊所可以按照常规自由处置剩余的前胚胎。

该案充分说明了科学技术的发展对法带来的影响，法院最终是接受了医学界对胚胎的科学认识标准，并从法律的角度认定前胚胎不能被看做是"人"。

二、法与政治

（一）政治的概念

关于政治的概念，历来众说纷纭。马克思主义所说的政治，主要是指一定的社会主体，以国家政权问题为中心，所展开的处理阶级关系以及其他有关社会关系的活动，说到底就是经济的集中表现。政治的中心问题是国家政权问题。任何政治，总是直接或间接地以夺取、巩固或参与、影响国家政权为中心议题。政治的根本问题是经济利益的斗争，政治关系说到底不过是经济关系的表现形态。在我国现时期，经济体制改革和政治体制改革，经济建设、民主政治建设和法治国家建设，是我国政治的主要内容。

（二）正确认识法与政治的关系

关于法与政治的关系，有种种不同观点。正确认识法与政治的关系，需要注意：其一，法与政治都是一定经济基础的上层建筑，都反映一定社会主体的意志和利益，两者相互作用、密切关联。政治对法有直接的影响和制约作用，法又确认和调整政治关系，直接影响政治的发展。其二，就法与政治两者的相互作用说，政治对法的作用更明显、更直接，政治在与法发生关系的过程中经常居于主导地位。这特别表现在政治的发展变化，直接导致法、法治的发展变化。当法的状况和法的制定、修改、废止是由于政治的发展变化所引起的时候，当法反映政治目的和要求时，这种法的活动，可以说是一种政治措施。但不能由此得出法仅仅是一种政治措施的结论。法的作用是多方面的。政治不等于法、法治，反之亦然。政治与法的关系主要体现在：

1. 政治对法的影响和制约作用。

（1）政治关系的基本状况是法的状况的重要根据，政治的先进与落后是法的先进与落后的重要根据，特别是规定国家基本制度的宪法和基本法律，往往是政治力量对比关系的表现。

（2）政治可以为法的发展提供条件和环境。不能设想，在政治条件或政治环境十分糟糕的情形下，法和法治能有较好的发展。

（3）政治可以影响和制约法和法治的内容。国家、阶级、政党、民族的政治活动的内容及其影响，往往不可避免地影响和制约法和法治的有关内容。

（4）政治的发展变化，往往直接导致法和法治的发展变化，导致立法和法的贯彻实施方面的或兴或废。政治能及时反映和适应国内外形势发展的需要，从而给立法和法的贯彻实施提出要求和依据。

2. 法对政治的确认、调整和影响作用。法具有确认和调整政治关系并直接影响政治发展的作用。表现在：

（1）法可以确认各阶级、阶层、集团在国家生活中的地位，调整掌握政权阶级与其他阶级、阶层、集团的关系，在阶级对立社会也就是调整统治阶级与被统治阶级的关系、统治阶级内部关系以及统治阶级与同盟者的关系。

（2）法可以反映和实现一定阶级、集团的政治目的和政治要求。例如以法的形式将统治阶级的政治目的和政治要求确立下来，使其具体化为普遍的、明确的行为规范，并获得国家强制力来保障实现。

（3）法可以为一定阶级和国家的中心任务服务。如现阶段我国的中心任务是进行社会主义现代化建设，这一中心任务就是现阶段我国最大的政治。

（4）法还可以对危害掌握政权阶级的行为采取制裁措施，起着捍卫其政治统治的作用。

3. 法与政治的区别。

（1）政治的内容比法的内容丰富，不仅反映在法上，也反映在政策方针等方面。政治的外延大于法。如果把法与政治当成一回事，就会把丰富的政治生活内容局限到这一个圈子中，妨碍其展开。

（2）法反映政治，但并不是每一具体的法都有相应的政治内容或要求。法还有执行社会公共事务的职能，不能把法调整的一切社会关系都归结为政治关系。

（3）法在反映政治内容时是一种政治措施，但它不是一般的政治措施，而是有特殊强制力的政治措施。如果把法与政治混淆起来，有可能看不到法在实现政治要求时比其他政治措施更有力，因而不重视法制或法治建设；或是有可能把其他政治措施，例如某些方针、政策也当成法，使它们带上特殊强制性，结果带来社会弊病。

【案例】

贝克诉卡尔案

在美国，按照传统的"政治问题"回避原则，议席分配问题被视为"政治棘丛"，司法机关不应介入。在 1962 年的贝克诉卡尔案（Bakerv. Carr）中，联邦最高法院首次认定此类问题适合司法裁决。

20 世纪以来，美国城市化进程加快，大量人口向城市转移，田纳西州没有根据人口分布的变化重新分配州议会的议席，导致各议员所代表的选民数量差异过大，农村选民的选票价值远远大于城市选民，因此城市选民贝克等人将州务卿卡尔诉至地区法院，要求法院宣布该州 1901 年的《议席分配法》违宪，但地区法院以"政治问题"为由驳回了请求，于是案件被移送至联邦最高法院。

联邦最高法院推翻了地方法院的判决，判定司法机关对议席分配案件拥有管辖权。判决意见指出：不能仅仅因为诉讼寻求的是对一项"政治权利"的保护，就认定它是个"政治问题"而应予回避，这无异于"玩弄文字游戏"。"歧视显然存在，不能仅仅因为歧视涉及政治权利，就否定依据平等保护条款寻求救济的权利。"该案冲破了"政治棘丛"，使议席分配成为司法审查的对象，在联邦最高法院史上具有重要意义。

"政治问题"法治化是现代宪政国家所面临的共同问题。贝克诉卡尔案的判决是当代美国宪政中最具影响力的判决之一。它第一次有效地制止和更正了美国各州长期存在的议席分配不公，同时也昭示着最高法院司法理念开始发生重大变化。多数大法官们开始认识到，时代的演进和社会的发展，需要政府不断调整保护公民政治权利的范围和力度，否则社会公正无从谈起。如果正常的政治途径无法保护公民的平等宪法权利，那么，司法机关就有必要适时地介入，用强制的手段摒除政治生活中实际上的不平等。贝克诉卡尔案发生在20世纪60年代，然而其所确立的标准直到今天仍然是界定"政治问题"的核心。对于一向含混不清的"政治问题"概念来说，这一判决赋予它鲜明的含义。但是，贝克诉卡尔案的意义远不只此，它契合了宪法发展的方向，为美国本土乃至域外提供了"政治问题"法治化的先例。

（三）法与政策

1. 政策的概念。政策是一定阶级、政党、国家以及其他社会主体，为达一定目的，依据自己的长远目标，结合当前情况或历史条件所制定的实际行动准则。政策就其主体而言，有掌握政权阶级和其他阶级的政策，有执政党和在野党政策，有国家和其他社会组织政策；就其内容而言，有政治、经济、文化、科技、教育等方面政策的区分；就其层次而言，有总政策、基本政策和具体政策的区分。在各种政策中，执政党和国家的总政策、基本政策更为重要。在当今世界，特别是社会主义国家，执政党的政策尤为重要。

2. 法与党的政策的一致性。在我国，法与党的政策，在经济基础、体现的意志、根本任务和思想理论基础等方面，都具有一致性。两者都建立在社会主义经济基础之上，由这个基础决定并为这个基础服务；两者都是广大人民意志和利益的体现，都维护和保障广大人民的利益；两者都以促进和保障社会主义建设事业、促进社会生产力发展、为人民的利益而促进社会进步为己任；两者都以马克思主义作为指导思想的理论基础。

3. 法与党的政策的区别。法与党的政策在制定的组织和程序、实施的方式、表现的形式、调整的范围和社会功能、稳定性和灵活性的程度等方面，都有区别。①法由国家机关依据法定程序来制定；政策不是由国家机关依据法定程序制定的，而是由党的领导机关根据民主集中制原则制定的。②法具有国家的特殊强制力，在自己的效力范围内具有一体遵行的普遍约束力；政策的实施，对党员以党的纪律作后盾，对公民主要依靠宣传动员和说服教育。③法以宪法、法律、法规等确定性和规范性的形式表现出来，具有肯定性、明确性，具体规定了权利和义务；政策通常以纲领、决议、宣言等非规范性文件形式表现出来，比较注意理论阐述，规定得比较原则，少有具体、明确的权利和义务规定。④法一般调整有重大影响的社会关系，是提供辨别人们行为是否违法犯罪的标准；政策调整的范围更广泛，它渗透到国家和社会生活的各个领域、环节发挥作用，是区分是与非、正确与错误的标准。⑤法往往是长期经验的总结，情况不发生重大变化不会轻易改变；政策一般是对全局性的任务提出号召，允许人们在实践中加以具体化和灵活运用，它要适应形势及时变化，因而较为灵活。

4. 法与党的政策的相互关系。

（1）党的政策对法的作用。我国是共产党领导的人民民主专政的社会主义国家。党对国家的领导，主要通过政策来实现。政策是党领导国家的基本方法和手段。这就决定了它对国家各种活动包括对立法和法的实施活动都有重要指导作用。

第一，党的政策对立法有指导作用。党的政策以科学的世界观、方法论为理论基础，正确反映客观规律和经济、政治发展的客观要求，是对人民共同意志和利益的高度概括和集中体现。立法以党的政策为指导，体现政策精神和内容，有助于使法正确反映客观规律和社会发展的要求，充分体现人民意志和利益。从实践来看，新中国成立以来我国各项重要法律、法规，都是在党的政策指导下制定出来的。当然，立法要以党的政策为指导，并不是要简单地把党的政策变为法，而是要把党的政策通过法定程序体现为相应的法律、法规的精神。

第二，党的政策对法的实施也有指导作用。由于法是在党的政策指导下制定的，在法的实施中坚持以党的政策为指导，就能紧紧把握住法的基本精神，正确地执法、守法和监督法的实施。另一方面，法的实施是以一定的客观形势为背景的，而党的政策具有能及时反映客观形势的特点，以党的政策为指导，有助于使法的实施同经济、政治发展的大趋势相吻合，更好地发挥法的作用。此外，在把具有概括性的法律规范运用到复杂的具体事物上时，在法律规范不明确、不具体甚至没有法律规范而又需要对事物加以处理时，也需要以党的政策加以指导，以便正确反映立法意图和法律规范的精神实质，弥补法律规范的不足。

（2）法对党的政策的作用。社会主义国家应当是实行民主政治和现代法治的国家，国家活动和执政党领导国家的活动，都要以法为依据，不能与法相背离。因此，共产党用以领导国家的政策，在与法发生关系时，表现为法在它的制定和实施中有积极作用。

第一，法对党的政策的制定有必要的制约和指引作用。党领导国家的活动，应当在宪法和法律范围内进行。我国宪法对这一原则作了确认。坚持这一原则，就意味着制定党的政策，特别是具体政策不能违背宪法和法律，不能违背根本法。就是说，法对党的政策制定的制约，具有使其合法化的作用。

第二，法对党的政策的实施有积极的促进和保障作用。法是在党的政策指导下制定的，体现了党的政策的精神和内容。因此，从实质上说执行了法也就促进了党的政策实现。法有自己特有的表现形式，是明确的、普遍的社会规范。法体现党的政策的精神和内容，使这些政策便于国家工作人员和人民群众理解、执行和遵守。法具有普遍约束力和特殊强制力，把党的政策或其精神和内容体现到法中去，就使这部分政策的实施能得到党的纪律和国家强制力的双重保障。

延伸阅读

1999 年"依法治国"写入宪法

1999 年 3 月 15 日，第九届全国人民代表大会第二次会议通过了《中华人民共和国宪法修正案》，这也是我国 1982 年宪法的第三个修正案。在这个修正案中，一个非常重大的改变，就是把"依法治国"正式写入了宪法，其第 13 条修正案规定："宪法第 5 条增加一款，作为第一款，规定：'中华人民共和国实行依法治国，建设社会主义法治国家。'"从而把中国共产党的政治目标转变为国家的政治目标。这是一个重大的历史性决定，从此，从治理国家的模式上说，告别了我国数千年的人治模型。

依照宪法和法律来治理国家，是 1997 年 9 月中共十五大提出的党领导人民治理国家的基本方略，是指广大人民群众在党的领导下，依照宪法和法律规定，逐步实现社会主义民主的制度化、规范化、程序化，使这种制度和法律不因领导人的改变而改变，不因领导人看法和注意力的改变而改变。党的十五大明确提出依法治国的基本方略，将过去"建设社会主义法制国家"的提法，改变为"建设社会主义法治国家"，极其鲜明地突出了对"法治"的强调。党的十六大提出全面落实依法治国基本方略，十六大报告指出："发展社会主义民主政治，建设社会主义政治文明，是全面建设小康社会的重要目标。"政治文明的内涵十分丰富，包括政治理念文明、政治过程文明、政治制度文明等，其核心是政治的民主化和政治的法治化。如果说，物质文明与先进生产力相联系，精神文明与先进文化相联系，那么可以这样认为，政治文明与民主法制的进步相联系。从法治的角度看政治文明，可以发现，政治的法治化状况与政治的文明程度成正比。没有法治的政治不可能是民主的政治、文明的政治。十六大提出建设社会主义政治文明的战略任务，其实就是将法治推向政治领域，以法治的政治代替野蛮的政治，以法治的政治代替任意的政治，以法治的政治代替人治的政治，从而"巩固和发展民主团结、生动活泼、安定和谐的政治局面"。全面落实依法治国基本方略，是建设政治文明的基本要求，也是社会主义政治文明建设的重大举措。1999 年 3 月 15 日，九届全国人大二次会议通过《中华人民共和国宪法修正案》，把"中华人民共和国实行依法治国，建设社会主义法治国家"写入了《宪法》第 5 条。自此，"依法治国"不仅是一个重要的政治规范，而且上升为重要的宪法规范，取得了最高的法律效力，使中国的法治之路有了坚实的宪法基础和依据。

三、法与文化

（一）法与道德

1. 道德的含义和特征。从唯物史观的角度来看，道德根源于一定的物质生活条件。其内容最终由经济条件决定，并伴随经济的发展而有相应的变化；基于不同的物质生活条件的不同社会集团，有着不同的道德观，在阶级社会中的道德具有阶级性。因此，我们可以把道德简单地概括为：道德是生活在一定物质生活条件下的人们关于善与恶、光荣与耻辱、正义与非正义、公正与偏见、野蛮与谦逊等观念、原则以及规范的总和，或者说是一个综合的矛盾统一体系。

道德具有以下特征：

（1）道德是以善恶为评价方式把握现实世界的。马克思说过，在把握世界的过程中，我们通常从科学上把握、道德上把握以及从艺术上把握。在这三种方式中，道德上把握就是识别善恶。

（2）道德不依靠国家强制力来执行、实施，而是依靠人们的观念、社会的舆论和善良风俗来维持。

（3）道德在调节个人与他人、个人与社会集体之间的利益关系的时候，不像其他的社会规范那样强调人们的个人利益，而是强调他人的利益和社会集体的利益。

2. 法与道德的区别。

（1）法与道德属于上层建筑的不同范畴。法律属于制度的范畴；而道德则属于社会意识形态的范畴。

（2）法与道德的规范内容不尽相同。法律规范的内容主要是权利与义务，强调两者的衡态；道德强调对他人、对社会、集体履行义务，承担责任，即应当做什么或者不应当做什么，并不一定要求社会或者他人对其承担等量的义务。

（3）法律规范与道德规范的结构不同。法律规范的结构是假定、处理和制裁或者说是行为模式和法律后果；而道德规范并没有具体的制裁措施或者法律后果。

（4）保证法与道德实施的力量不同。法由国家的强制力保证实施；而道德主要凭借社会舆论、人们的内心观念、宣传教育以及公共谴责等手段。

（5）法与道德的形成条件和表现形式不同。法是按照特定的程序制定的，主要表现为有关国家机关制定的各种规范性文件，或者是特殊判例；而道德通常是潜移默化的。

（6）法与道德的调整范围不同。可以说大多数的社会关系既可以由法和道德共同调整，也可以由它们各自调整；但是也有少数的社会关系只能由道德来调整。

3. 法与道德的联系。

（1）一国范围内的法与统治阶级的道德都是统治阶级的整体意志的体现。

（2）法与统治阶级的道德相互渗透。如忠孝节义是中国历代封建王朝维护其阶级统治的道德规范，在其立法中体现为"十恶"不赦的大罪。在司法实践中，甚至是将儒家思想的教义作为办案的根据，《春秋决狱》就是其中的典型。

（3）法与道德相辅相成，共同服务于统治阶级的整体利益。

（4）道德的状况制约立法的发展。

（5）道德对法的实施起着举足轻重的促进作用。

（6）道德有助于弥补法律调整的真空。

（7）法必须以道德作为价值基础。

（8）法是传播道德的有效手段。

引例解析

经过对"小悦悦事件"的分析可以发现，本事件的焦点集中在前18人在面对生命时的冷漠以及本来社会地位不高的拾荒者的"伟大举动"。这后面暴露的是我国民众集体的道德缺失以及法律与道德的激烈碰撞。

众所周知，国民长期的陋习"事不关己，高高挂起"在经过诸如杭州彭宇案的渲染以及各界对施救者反遭陷害的报道的放大作用，已经在社会道德层面产生了很大的反作用。同时我国的立法体系对于见义勇为以及见死不救并没有具体的规定。在遇到相关事件的处理时往往采用道德标准去替代法律与法规。这样背景以及体系所暴露出来的，是道德对法律的绑架以及法律对道德的纵容。

具体分析如下：

所谓道德绑架法律，是指在法律体制不健全或者不涉及的领域内出现了影响恶劣的公共事件，会通过媒体对社会的影响，社会对法律的施压进而造成了法律过度向弱者倾斜的现象的出现。在"小悦悦事件"中，我们可以发现，对于交通肇事司机的处罚处于道德对法律的绑架边缘。根据我国法律对交通肇事罪的相关定义与认定原则，第二责任司机（即二次碾压的小货柜车司机）不适用交通肇事罪进行处罚，而目前对第二名肇事司机进行的刑事拘留明显具有法律层上面的量刑过重嫌疑。

所谓法律对道德的纵容，是指在法律暂时无涉及的领域，主要采用道德的自我约束力量对公民的行为进行约束，而这种道德层面的约束不具备相关约束力度，进而在实践过程中往往表现为对当事人的不遵从现象无法站在法律的层面予以一定的处罚。这样的现象是在事件当中路人的冷漠行为的根本原因。可以试想一下，如果当事的路人对于见死不救的后果需要承担相应或者一定的法律责任，那么这样的情况可能并不会出现。因此，法律对相关领域的宽松是对道德标准的一种放纵。

（二）法与宗教

1. 法与宗教的联系。宗教与法具有较大的相似性，二者均为社会价值观的表现形态，都对社会行为具有一定的规范作用。在早期的社会里，或者在古今政教合一的国家里，两者难分伯仲。法与宗教的联系主要体现为：首先，法在起源阶段同宗教有着一致性关系，每一种法律体系确立之初总是与宗教典礼和仪式密切相关；其次，在人类早期阶段，公共权力借助于神的力量的支撑，君主为了论证自己统治的合法性，往往把其统治的渊源归结于上帝、归结于神；再次，宗教同法的价值有某些相通之处，两者的出发点和目的都包括"使人向善"，使社会有其秩序而不发生混乱，甚至使人们精神上有所依靠与寄托；最后，法和宗教都是实现社会控制的规范体系。

2. 法与宗教的区别。法与宗教虽然有着十分密切的关系，但两者毕竟是不同的意识形态和行为规范，因而，各自又具有自己的特征。一般说来，法与宗教的区别表现为：①二者产生的历史条件不同。宗教的产生远早于法律，法律的产生是社会发展到更高阶段的产物。②二者的产生方式不同。法律是社会系统强制性的产物，它以一定的社会物质生活条件为内容，又通过相应的国家机关制定和认可，其基础则是人的理性的自觉力量；宗教是在社会生活中自行萌发或对先知学说经典化的产物，是与科学相悖的社会异己力量，其基础是迷信和盲目的信仰。③二者的调控范围和作用不同。法律只调整那些对社会生活秩序的稳定有较高价值的社会关系，而宗教规范则覆盖了几乎全部的社会关系；法律规范一般只规范人的外部行为，宗教规范不但规范人的外部行为，而且更侧重于规范人的内心活动。④二者的调整和实现方式不同。宗教和法律虽然都是人们的行为规范，但法律是通过国家强制来进行调控；宗教主要通过控制人的良心来控制、调节人的行为，通过说教和人的内心感悟来达到社会调控的目的。⑤二者的形式不同。法律通过规定明确的权利和义务，给人们的行动指明方向，有权利性规范和义务性规范两种基本形式；宗教规范则以强调人对神的服从义务为主，人在神的面前是没有权利可言的，所以宗教规范大都是义务性规范。

3. 法与宗教的相互影响。

（1）宗教对法的影响。宗教作为一种重要的文化现象，在全世界范围内都对法律发生过重要的影响。宗教对法律的影响，既有积极方面，也有消极方面；既有观念层面，也有制度层面。较明显地体现在立法、司法、守法等各个环节上。首先，宗教可以推动立法。许多宗教教义实际上都表达了人类的一般价值追求。部分教义被法律吸收，成为立法的基本精神。《圣经》、《古兰经》、《摩奴法典》等宗教经典，分别对西方两大法系、伊斯兰法、古印度法产生了根本性的影响。其次，宗教影响司法程序。在宗教作为国教与政教合一的地方，宗教法庭直接掌握部分司法权。在西欧中世纪，教会独立行使司法权，世俗政权则负责执行教会的命令，如教徒被开除教籍处分者，在法律上就成为放逐法外之人。中世纪教会司法权不但及于教徒，而且及于俗人。在政教合一的伊斯兰国家，教会行使司法权，法官均为教会权威人士。从诉讼审判方式来看，宗教宣誓有助于简化审判程序。同时，宗教宣扬的公正观念、诚实观念、容忍、爱心等对司法也有影响；宗教容忍观有利于减少诉讼。又如，国家首脑即位、法官公正执法以及证人出庭作证，都必须首先进行宣誓。最后，宗教信仰有助于提高人们守法的自觉性。宗教提倡与人为善、容忍精神等，使公民习惯于循规蹈矩，不为损害他人和社会的行为。宗教对超自然的崇拜、各种精神祭祀，等等，均使法律蒙上神秘的、超自然的色彩，增加了法律的威慑力。当然，宗教对法律也有消极的影响。由于宗教信仰产生的激情，会导致过分的狂热，有些情况下甚至妨碍司法公正的实现。

（2）法对宗教的影响。法对宗教的影响在不同的社会很不相同。在政教合一的国家里，法对宗教的影响是双向的：一方面，法可以作为国教的工具和卫护者；另一方面，法又可以作为异教的破坏力量。中世纪基督教国家对异教徒的迫害、伊斯兰教国家对基督教的禁止都说明了这一点。在宗教势力不大的国家里，法对宗教也有相当大的影响。在宗教信仰自由不受保护的前提下，宗教的法律地位取决于统治阶级的态度。对其统治秩序有利的宗教受到法律的保护，对其统治不利的宗教统治者则以法治之。在近现代政教分离的国家里，法与宗教分离，法对各种宗教之争持中立态度，法保障宗教信仰自由，法在观念、体系，甚至概念、术语等方面，客观上都对宗教产生了重大影响。权利观念被引进宗教法规，与宗教义务构成一个有机整体；宗教法典不断地系统化、规范化，形成了包括组织法、诉讼法、婚姻法、财产法、刑法等部门的一套严格完整的体系。现代法律对宗教的影响，主要表现为法对本国宗教政策的规定。宗教政策是指一国关于处理宗教信仰和宗教活动等问题的指导性方针。法对本国宗教政策的规定是把宗教问题制度化的表现。近代以来，世界各国相继把宗教信仰问题规定在法律上，而核心的问题就是宗教信仰自由的法律化问题。宗教自由的法律化历程步履维艰。宗教改革和资产阶级革命胜利以后，法才真正开始保障公民的宗教信仰自由。宗教自由问题最早出现在宪法性文件中是 1776 年美国维多利亚州的权利宣言。据统计，20 世纪 70 年代以后的各国宪法中，有 64 部涉及宗教自由、信仰自由，15 部未涉及。宗教信仰自由已经成为当今世界各国宗教政策的主流，绝大多数国家把宗教信仰作为公民的一项基本人权来看待，以法律来保障宗教信仰自由。依法管理宗教事务是我国法律对待宗教问题的一贯原则。宗教信仰自由属于思想领域的问题，对待思想问题，不能采取简单的强制办法。我国是一个多民族的国家，宗教问题往往同民族问题相联系。只有贯彻宗教信仰自由政策，才能处理好民族问题，加强民族团结。

【案例】

恩格尔诉瓦伊塔尔案与"政教分离"原则

为了使新生的美国免于重蹈欧洲和北美殖民地历史上政教合一、宗教迫害的覆辙，美国制宪先贤在 1791 年批准的宪法第 1 条修正案中特别规定了政教分离和宗教自由的宪政原则。1802 年，美国的国父之一、第三任总统杰弗逊写下了一句传颂至今的名言："我以崇高的敬意注意到，美国人民宣布他们的立法机构'不得制定确立宗教或禁止宗教活动自由的法律'，因而在政教之间立起了一道分离之墙（a wall of separation between church and state）。"杰弗逊关于"分离之墙"的名言，后来成为政教分离宪政原则的同义词，它被解释为：政府部门（包括公立学校）应当在宗教事务中保持中立，不得促进或禁止任何宗教。

1962 年的恩格尔诉瓦伊塔尔案（Engel v. Vitale）就是一桩涉及"政教分离"这一宪政原则的美国式"大案要案"，具体说来，就是在公立学校中进行宗教活动是否违反了美国宪法的"政教分离"原则。

　　案件起因：1951 年，出于"教化学生道德"的目的，纽约州教育委员会建议各地方教育委员会，可以要求公立学校的学生在每天上课前诵读以下祈祷词："万能的上帝，我们承认您是我们的依靠，祈求您赐福于我们、我们的父母、老师和国家"。1958 年，拿骚县教育委员会采纳了这一建议，并在全县公立中小学校中推行。该县新海德公园第 9 联合自由校区，以史蒂文·恩格尔（Steven Engel）为首的 5 名学生家长强烈抗议县教委的这一做法，因为他们并非基督徒，而是分别信奉犹太教、惟一神教和无神论。他们认为，这种校园祷告是政府试图向所有学生强制灌输基督教教义，从而极大地侵害了非基督教家庭孩子们的信仰自由权，混淆了他们的思想，破坏了他们的信仰。因此，它不仅危害了学童的身心健康，而且也严重违反了《权利法案》所确立的"政教分离"原则，理应予以取缔。1959 年，恩格尔等人把县教育委员会主任小威廉·J. 瓦伊塔尔告上纽约州地方法院，但他们的诉讼请求先后被州初审和上诉法院驳回。恩格尔等人又将该案上诉到联邦最高法院。

　　案件经过：1961 年 12 月 4 日，最高法院举行了诉讼调审会议，最终接受了本案。在随后的 4 个月里，几乎整个美国都卷入了这场是要上帝还是要权利的争论。美国公众自由联盟、美国道德联盟、美国犹太人委员会和美国犹太教委员会等社会团体声援恩格尔等家长，而纽约州教委等 20 个州的有关政府部门则支持拿骚县教委。一场势均力敌的司法较量开始了。

　　案件结果：1962 年 4 月 3 日，联邦最高法院开庭审理恩格尔案。6 月 25 日，代表最高法院，雨果·布莱克（Hugo. L. Black）大法官宣读了由他执笔撰写的多数意见。

　　在判决书中，布莱克大法官首先追溯了美国宗教自由观念发展的历史。他指出，早期欧洲移民远涉重洋拓殖北美，很重要的一个原因是为了逃避母国官方教会的宗教迫害。虽然在美国独立前各殖民地也出现过官方教会，但在 1786 年杰弗逊起草的弗吉尼亚《宗教自由法案》通过后，美国人开始深刻地认识到"政教合一"的严重危害，这就是宪法第 1 条修正案明确规定"禁止确立国教"和保护公民信仰自由权不受政府干涉的原因所在。布莱克认为，拿骚县教委在公立学校中推行的课前祈祷无疑属于宗教活动范畴，由于"祈愿上帝赐福"的祈祷文是由政府机关"指定"的，因此构成了政府对宗教事务的"卷入"，这就"完全违背了禁止确立国教条款"，必须坚决予以取缔。

　　其次，布莱克大法官认为，拿骚县教委所云学生祈祷是"自愿的"，因而祈祷并未侵犯公民的信仰自由权，也不代表政府支持宗教行为的辩解是站不住脚的。他指出，审查一项政府行为或法律是否违反了"禁止确立国教"条款，并不依赖于政府是否"直接强迫"人民信仰某一宗教或教派，只要政府以其权势、威望和财力支持了某一宗教或教派，就对其他宗教组织构成了"间接强制力"，并使它们在宗教事务中处于劣势地位。从这一意义上讲，政府的这一行为违反了政府应在宗教事务中保持"中立"的宪法原则和"禁止确立国教"条款，联邦最高法院必须对此加以坚决制止，否则就会出现宗教或教派间的相互"憎恨、不敬和蔑视"，甚至有可能出现宗教迫害，因为"确立国教与宗教迫害是比肩而立的"。

据此，布莱克在判决书中支持恩格尔等学生家长的上诉请求，要求纽约州法院必须按照联邦最高法院的判决精神重审该案，禁止在公立中小学中继续推行课前宗教祈祷。

（三）法律意识

1. 法律意识的概念。法律意识是人们对于法特别是现行法和有关法律现象的观点和态度的总称。它表现为探索法律现象的各种法律学说，对现行法律的评价和解释，人们的法律动机（法律要求），对自己权利、义务的认识（法律感），对法、法律制度了解、掌握、运用的程度（法律知识），以及对行为是否合法的评价等。

法律意识是社会意识的一种。法律意识同人们的世界观、伦理道德观等有密切联系，具有强烈的阶级性。不同阶级的法律意识各不相同。在阶级社会中，没有全社会统一的法律意识。统治阶级的法律意识在社会上居于统治地位，起着支配作用。各阶级法律意识的内容，归根结底是由该阶级的物质生活条件决定的。在统治阶级内部，由于各阶层、各集团乃至个人所处的具体地位不同及其他原因，其法律意识也不完全相同，但在基本点上都服从于统治阶级的利益。统治阶级的法律意识直接指导法的制定、执行和遵守。为统治阶级利益服务的法律制度、保护统治阶级利益的法律法规等，都是在统治阶级的法律意识指导下确立和制定的，司法人员在应用法律规范时，他们的法律意识对实施法律规范和维护统治阶级利益具有重要作用。法律主体（包括自然人和法人）法律意识的增强，有助于他们依凭法律捍卫自己的权利，更好地履行法律义务，并对法制的健全、巩固和发展具有重要意义。

2. 法律意识与法治建设。

（1）良好的公民法律意识是法治建设内在的精神支撑。法律意识是法治的有机组成部分，良好的公民法律意识是法治建设不可缺少的精神力量。法治建设由立法、执法和守法等方面组成。良好的法律意识将引导立法者去积极地认识现实社会关系对法的需要，并对满足这种需要的必要性及可能性作出准确的判断，从而创造出最能满足这种需要的调整规范和方法，进而借助于国家强制力，使之成为人人必须遵守的法律规范。在执法的整个过程中，执法者对法律的认知、情感和观念，决定着对法律关系主体行为的评价和处理。法律规范的贯彻程度和效果依赖于法律关系主体的法律意识，良好的法律意识是公民自觉、自愿守法的内在基础。良好的公民法律意识也是推动民主政治建设的巨大精神力量。

（2）良好的公民法律意识在法治建设中具有重要的作用。良好的公民法律意识能驱使公民积极守法。公民只有具有了良好的法律意识，才能使守法由国家力量的外在强制转化为公民对法律的权威以及法律所内含的价值要素的认同，从而就会严格依照法律行使自己享有的权利和履行自己应尽的义务；才会充分尊重他人合法、合理的权利和自由；才会积极寻求法律途径解决纠纷和争议，自觉运用法律武器维护自己的合法权利和利益；才会主动抵制破坏法律和秩序的行为。另外，良好的公民法律意识能驱使公民理性守法，实现法治目标。理性守法来自以法律理念为基础的理性法律情感和理性法律认知。

（3）在发展社会主义市场经济条件下加快法治建设，应着力培养公民良好的法律意识。首先，培养和塑造公民自觉、自愿的守法精神。要实现法治国家的目标，就必须把现代法治的精神——公平、民主、正义、效率等内化为公民的法律意识，使法律秩序得以建立和维持，使法律成为社会生活中人们自觉遵守的准则，从而构筑公民守法的内在基础，自觉、自愿服从法律规则，有法必依，促进社会主义法治建设。其次，培养公民积极的参与意识，弘扬社会正义精神。法律实施的各个环节都需要公民以主体意识参与其中，积极投身于法治建设，从而形成对各种违法行为的有效而全面的监督。在社会教育环节中，应开展法治启蒙教育，并注重从未成年人抓起；在普及法律知识的环节中，应采取多元化的教育方式，同时坚持广泛性、持久性，努力使全社会形成理性法律意识。

延伸阅读

"1毛钱"官司与消费者的维权意识

按照腾讯官方网站上的提示，大江先生用手机号发了一条短信开通业务，被告知已成功开通后又被要求输入一次QQ号码和密码，大江先生不得已再发了一条短信。为此，他认为腾讯公司欺诈，将之告上法庭。日前，广州市天河区法院作出一审判决：腾讯公司退还大江先生0.1元信息费，并赔偿0.1元，另一通信服务提供商负连带清偿责任。这起官司的数额不大，但其警示意义却非常大。

短信等电信增值服务的发展在带来沟通便利与便宜之时，也给人们带来了无限的烦恼，骚扰短信、欺诈短信、强制订阅等令用户防不胜防、烦恼至极。消费者要求规范通信行业管理的呼声愈来愈强烈。可以说，在通信领域存在的未经用户同意强制订购、重复扣费、强制扣费、未明示资费等资费违规乱象已成为一种不和谐因素。减少或消除这种不和谐因素，需要通信行业的道德自律，更需要在法律层面和行业管理的强有力他律。

要说加强 SP（增值服务商）行业的管理，政府部门还是下了很大气力的，也取得了一定的成效。信产部近日在其官方网站公示了今年年中以来对 SP 进行集中治理和规范的结果。截至目前，各省通信管理局共处罚 327 家 SP，6 大基础电信运营商共对 453 家 SP 企业进行处罚，被处罚的 SP 总数达到 780 家，其中不乏一些大型 SP。在这种情况下，为什么一些违规行为屡禁不止呢？主要是缺乏法律层面的制约与严惩。

运用法律手段制裁那些违规的电信运营商和 SP 是治理 SP 市场混乱的有效途径。由于短信等电信增值服务出现的时间还不是很长，而且单个用户一旦受欺诈或被重复收费，从金额来说数量一般不大，本来维权意识还有待提高的个体消费者一般都会选择忍气吞声，即使不满也很少会运用法律手段去讨回公道。这次大江先生为了区区 1 毛钱把腾讯公司和一通信服务提供商告上法庭，且赢得了官司，虽然金额只有 1 毛钱，但其象征意义是无价的，标志着消费者在与电信运营商和 SP 们的官司中取得了胜利。这对于那些唯利是图、置消费者利益于不顾的电信运营商和 SP 是有力的一击。我们期待那些违规的 SP 和电信运营商们通过这起 1 毛钱的官司深刻反思检讨自己，从而规范自己的经营行为，免得以后闹出大的官司，不但导致经济损失，而且将会在官司中输掉社会公信力和形象。

这起 1 毛钱官司的警示意义还在于能够唤醒个体消费者的维权意识。说实话，对于 1 毛钱的短信重复收费，普遍不太富裕的一般消费者虽然也斤斤计较，但不会花时间去认真计较，更不会去打官司。职业打假人大江先生愤而去打这 1 毛钱的官司，其用意显然不在要获赔 1 毛钱，而是希望借此唤起广大消费者切身维护自己权益的意识，从而天下围攻短信违规收费。这 1 毛钱的官司不打，有关 SP 和电信运营商就会继续重复收取无数消费者的 1 毛钱，从这个意义上讲，这起 1 毛钱的官司还真不小！

单元三　法治基本知识

导入案例

2003 年 3 月 17 日晚上，任职于广州某公司的湖北青年孙志刚在前往网吧的路上，因缺少暂住证，被警察送至广州市"三无"人员（即无身份证、无暂居证、无用工证明的外来人员）收容遣送中转站收容。次日，孙志刚被收容站送往一家收容人员救治站。在这里，孙志刚受到工作人员以及其他收容人员的野蛮殴打，于 3 月 20 日死于这家收容人员救治站。这一新闻事件被称为"孙志刚事件"。

一、法治的概念

法治又称"法的统治"、"依法统治"，是与人治、专制相对的概念。古今中外历代思想家、法学家对法治的概念作了不懈地探索，从不同的层面和角度对其进行了阐述。归纳起来，法治至少具有以下五层涵义：

（一）法治是一种宏观的治国方略

方略是方法、手段的统称。治理国家主要有两种方式，一种是人治，一种是法治。在现代社会，法治作为一种治国方略，是指一个国家在社会控制体系中选择以法律为主要的手段进行控制。

作为一种治国方略，法治总是与"人治"、"礼治"、"德治"相对的。是主要运用法律还是主要依靠贤能的个人及善良的道德教化治理国家，对这个问题的不同回答构成了"法治"与"人治"、"德治"的最初分歧。利用法律治理国家，这是法治最基本的含义，也是在这个基础之上，"法治"成为"人治"和"礼治"的对立面。"法治"是与"人治"对立的治国方略，这种对立在古代、近代及现代的内容和形式都各不相同。在古代中国，"法治"论强调用带有权威性、强制性的法律规范或严刑峻法治理社会，而"人治"论强调"为政在人"、"法者，治之端也；君子者，治之原也"。在古希腊，"法治"论者强调"法治应当优于一人之治"，"人治"论者强调圣贤的智慧及其解决具体问题的个别指导作用。近代，法治与人治的对立主要体现在民主与专制、主权在民与主权在君、共和政体与君主专制的对立。现代法治论与人治论的对立则主要表现为注重法律的社会作用同法律虚无主义的对立。划分法治与人治的最根本标志是当法律与当权者的个人意志发生冲突时，是法律高于个人意志，还是个人意志凌驾于法律之上，用比较直观通俗的话说就是"法大还是权大"。

法治也是与德治对立的治国手段。在中国古代，法家与儒家两派曾围绕着法治与德治进行了长期论战，结果以汉武帝"罢黜百家、独尊儒术"而告终，"德主刑辅"成为封建社会占支配地位的意识形态。直到现在，仍有人认为德治比法治更重要，更能治本。实际上，现代社会法律在调整阶级关系，组织社会政治、经济、文化，实现国家职能，推动社会发展方面的作用是德治所无法比拟的，否认法的主导作用的论调是有害的。

法治与人治相比较，法治的优越性十分明显，一般可以归纳为如下几点：①正如亚里士多德所讲的，法治优于一人之治（即人治），……就是说，依法律决策优于一人的决策，法律不受人的感情因素的影响而能作出公正的裁决。②法治有监督体系，能有力地防止个人专断和腐败。没有制约的权力，必然导致腐败；绝对权力导致绝对腐败，这已成为一条公理。③法治能客观地反映和作用于市场经济。因为市场经济要求主体平等、交换自由与主权明确，要求合法权利得到可靠保障，……而这些只有通过实现法治才能全面达到。④法治是民主政治的基石，没有民主的制度化、法律化，民主就没有保障，也不能发展。……要建设……民主政治，就必然实行法治。尽管这里还有一个过程，但最终走向法治是不可避免的。[1]

中国共产党第十五次全国代表大会明确提出并于 1999 年写入现行《宪法》的"依法治国，建设社会主义法治国家"，正是在治国方略的层面上倡导法治。

（二）法治是一种理性的办事原则

法治通常又被理解为"依法办事"原则，这是法治原则的最基本含义，即在制定法律后，任何组织和个人的社会活动均受普遍性法律的约束。因为法律是人们事先设定的规则，具有稳定性、连续性、普遍性和一致性，它不受事发当时的人的情感和意志所左右。因此，只要法律已经规定，任何人和任何组织不得以任何正当或不正当的理由去违背法律规则，而只能遵照执行。无论发生什么情况，甚至是法律本身发生不正当的情况，也要依法办事。在既定的法律面前，严格遵循才是正当的。在法律面前只有先承认形式的合理才能承认实质的合理，这是建立法治的根本要求。

当然法治原则所要求的依法办事是指所有社会关系的参加者，不仅指普通社会成员，尤其指国家机关及其工作人员都要依照法律的规定从事活动。法治精神的核心就是政府机关及其工作人员要严格依法办事。只有政府官员严格依法办事，接受法律的约束，才有法治可言。

---

〔1〕 沈宗灵主编：《法理学》，北京大学出版社 1994 年版，第 186～187 页。

（三）法治是一种民主的法制模式

法治又常常被理解为"以民主为前提和基础的法制"。法制通常可以划分为专制与民主的两大模式。法治就是后一种法制模式，其基本含义是：法治必须以民主为社会条件和制度基础。法制并不必然是民主的，法制可以与专制相结合，成为专制的工具。如中国历代法家所主张的"法治"。这种意义上的法治与以民主为社会基础和制度基础的法制模式是根本不同的。近代资产阶级在追求经济自由、政治民主和反抗封建专制的过程中逐步建立了法治这种民主的法制模式。法治要求政治的民主化，是治国的方针，是使法律最大限度地发挥作用的原则。法治是与民主制度相伴而生的。有国家、有法律、有法制，如果没有民主政治，或者法律根本是反民主的，当权者可以不遵守法律，即不存在普遍守法原则，就没有法治。

（四）法治是一种文明的法律精神

法治不单指依法办事，而且还内含着人类所普遍追求的一种价值信念。法治是民主、自由、平等、人权、理性、文明、秩序、效益和合法性的完美结合。所谓"法治"不仅意味着"依法治国"，而且还意味着"良法之治"，即用以治国的法律本身应该符合正义原则、平等原则、维护人的尊严的原则等人类向往的理想价值观念。以"恶法"治国，还算不上是法治。从这种意义上说，法治还经常被作为一种法的精神，与理念、原则、观念等词连用，即通常所说的"法治理念"、"法治原则"、"法治观念"，等等。离开了法治精神的法律就会像一种失去控制的工具。这种精神导源于文明的社会条件和制度基础，是文明在法律上的转化形式，与人类的精神文明一脉相承。法治的这些精神表现为一整套关于法律、权利和权力问题的原则、观念、价值体系，体现了人们对法律的价值需要，成为人们设计制度的价值标准和执行法律的指导思想。根据近代以来的法治思想与实践，可以对法治所蕴含的法律精神归纳为法律至上、平等适用、制约权力、权利本位、正当程序等。

（五）法治是一种理想的社会状态

正是在这种意义上，我们常常使用"法治社会"、"法治秩序"这样的提法。这种社会关系和社会秩序是这样的：法律与国家、政府之间，运用法律约束国家、政府权力；法律与人民之间，运用法律合理地分配利益；法律与社会之间，运用法律保护社会公共利益不受权力和权利的侵犯。因此，可以认为法治就是一种在法律管束国家权力以后，使权利在人与人之间得到合理配置的社会状态。既然法治所追求的目标就是一种社会理想状态，那么它必然不是一个一成不变的确定状态，而是一个不断探索和不断实践的运动过程。

总之，法治是一个综合的概念，它承载着多重含义。"依法治国"是其外在形式，"良法之治"是其内在特质，而其主旨就在于依据上述特定的价值观来构建社会的基本结构和运行方式，形成以法律制度为主导的有序化的社会管理模式，进而形成一种理性的社会状态和理想的社会秩序。

引例解析

　　2003 年 6 月 27 日，广东省高院对"孙志刚事件"一案作出终审判决：以故意伤害罪，判处被告人乔燕琴（救治站护工）死刑；李海婴（被收容人员）死刑缓期 2 年执行；钟辽国（被收容人员）无期徒刑。其他 9 名被告人分别被判刑。另外，一些官员因为牵涉此案受到党纪政纪处分。此案的影响却极为深远，也许将被记入中国依法治国的历史之中。

　　由于此次受害者身亡，并且其身份不是流浪汉而是大学生，因而产生极大影响。许多媒体详细报道了此一事件，并曝光了许多同一性质的案件，在社会上掀起了对收容遣送制度的大讨论。先后有八名学者上书全国人大，要求就此对收容遣送制度进行违宪审查。2003 年 5 月 14 日三名法学博士俞江（华中科技大学法学院）、滕彪（中国政法大学法学院）、许志永（北京邮电大学文法学院）向全国人大常委会递交审查《城市流浪乞讨人员收容遣送办法》的建议书，认为收容遣送办法中限制公民人身自由的规定，与中国宪法和有关法律相抵触，应予以撤销。2003 年 5 月 23 日，贺卫方、盛洪、沈岿、萧瀚、何海波五位著名法学家以中国公民的名义，联合上书全国人大常委会，就孙志刚案及收容遣送制度实施状况提请启动特别调查程序。

　　值得注意的是，三名年轻法学博士上书全国人大，提出作为收容法律依据的《收容遣送办法》违背宪法，依法向全国人大常委会提出对这一行政法规进行违宪审查。建议书的发起人之一北京邮电大学文法学院的许志永博士说："我们认为这个行政法规本身是有问题的。因为它可以限制公民的人身自由。他同宪法以及有关的法律相违背。为了从根本解决问题，我们认为法律应该有所改变。所以，我们依照法律赋予我们的权利，依照法律程序提出了这样一个公民建议。"

　　在中国，从中央到地方，涉及收容的规定林林总总，最典型的是 1982 年开始实施的《城市流浪乞讨人员收容遣送办法》。应当说，这一办法是具有福利性质的，因为流浪乞讨人员毕竟应当有人来照理。但遣送也显示了这一办法的强制性，而根据中国的《立法法》，涉及公民人身自由的强制措施和处罚需要制定法律，仅仅有行政法规是不够的。从这个意义说，《城市流浪乞讨人员收容遣送办法》本身就是违法的。但类似的情况在中国并非绝无仅有。另有分析人士称，孙志刚案牵涉的问题是多方面的，包括户籍制度、城乡二元结构、公民迁徙自由、公民平等权利，也包括警察制度、收容制度，等等。但案件的本质是，一个国家的公民，在自己的国家，在和平的年代，非正常地死于自己国家的制度之下。

但人大及其常委会在事件发生及学者上书后，并未给予任何形式的违宪审查或调查程序，甚至是回应。同年 6 月 20 日，在未公布详细程序的情况下，中华人民共和国国务院总理温家宝签署国务院令，公布《城市生活无着的流浪乞讨人员救助管理办法》。6 月 22 日，经国务院第十二次常务会议通过的《城市生活无着的流浪乞讨人员救助管理办法》正式公布，并于 2003 年 8 月 1 日起施行。1982 年 5 月 12 日国务院发布的《城市流浪乞讨人员收容遣送办法》同时废止。

孙志刚案件若不是媒体曝光和中央领导重视，恐怕很难有快速处理的结果。领导用批示要求依法审理相关案件，动机良好。但是，依靠领导批示解决问题，反映了我们国家仍然没有摆脱封建社会草民乞命青天的思维定势的窠臼。实际上，我们这个国家有着悠久的批示治国传统。过去史书记载，秦始皇日理万机，彻夜不眠地批示各地的报告。但是，如果一个国家、一个社会的治理完全依赖于领导批示，那么领导精神再旺盛，又能够作几个批示？所以，批示基本上还是人治的思路，无法保证一个国家的事情都能办好。法治要解决的问题是：社会需要统一的平衡规则来约束，需要依靠独立的法律规则加以判断和处罚，制度和机制应当成为社会纠偏的主要力量；而公正的社会理性与合适的社会土壤是实现依法治国的重要条件。这是法治与人治的根本区别。另外，领导批示存在某些负面作用。现在，政府官员任免机制仍是一种比较唯上的模式。因此，批示是最强有力的对下级官员的一种震慑，这种震慑可以迅速解决问题。但有时候也会使案件解决超出法律范围，忽视法律程序，留下更大的麻烦，不利于法治精神的建立。

二、法治与民主

法治与民主是现代政治所追求的两大基本目标，两者之间紧密联系、相辅相成、相互作用、不可分离。

（一）民主是法治的前提和基础

1. 民主是法治的前提。只有有了民主的基本事实，法治才得以产生，没有民主就没有法治。社会主义法治也不例外。只有工人阶级和广大人民掌握了国家政权，争得民主，才可能制定出真正反映人民意志的法律并在社会生活中成为人们行为的依据和准则，才能产生社会主义法治。

2. 民主决定法治的性质。近现代的法治总是与民主相联系的。有什么性质的民主，就有什么性质的法治。同时，民主的内容也决定了法治的内容。法治是民主的法律化、制度化，是民主的体现和保障，因而，民主的发展也必然带来法治的发展。民主的内容和范围越扩大，法治也必将越完善。在社会主义社会，民主体现为人民当家做主，法治则体现为法律充分反映人民的共同意志，从而构成良法的基础。随着社会主义民主逐步发展，社会主义法治将日趋健全和完善。

3. 民主决定法治的效能。依法办事是实行法治的必然要求。法律只有充分体现人民的利益和意志，人民才会把它转化为内在的行为规则而去自觉遵守和维护法律，法律的价值才能充分体现。一方面，只有认真对待公民权利的法律，才能赢得人民的尊重、支持、依赖和遵守。另一方面，也是更为重要的，现代法治所要求的依法办事已不仅仅是一般公民依法办事，而是所有人，特别是国家机关及其工作人员必须依法办事，这是现代法治的精髓。在民主政治下，公民享有法定的政治权利，国家权力的产生、转移、行使，都是公民行使政治权利的结果，这样就能有效地制止以权代法、以权压法、以权废法等破坏法治的行为，强有力地保障法律的实行，真正实现法治。

（二）法治是民主的体现和保障

1. 法治是民主的确认形式。法治是民主的事实和成果在法律上的确认。在社会主义社会，即是确认人民的民主权利，使人民的民主以法律形式确认下来，其根本上是人民管理国家的权力制度化和法律化。

2. 法治是民主的实现方式。法治通过将民主制度化、法律化，使民主的实现具有合法的形式，同时对破坏民主的行为予以必要约束。法治为正确行使民主权利指明了方向。在社会主义社会，既要发扬社会主义民主，又要反对极端民主化，反对无政府主义，防止破坏民主现象的发生。

3. 法治是民主的可靠保障。如果民主缺乏法治作保障，民主就不会具有稳定性，就会因领导人的改变或领导人注意力的改变而改变，这在历史实践中已经得到了充分的证明。实行法治，就可以有效地防止这一点。因为法治不仅要求政治行为在法律的轨道上运行，而且要求法律必须具有稳定性。在法治条件下，作为民主政治运作所必需的规则和程序才能稳定，才能确保民主政治的正常运转。在社会主义社会，要通过法治建设，使民主的实现具有国家强制力的充分保障，确保社会主义民主稳定健康发展。

（三）民主与法治相统一

民主与法治是相互制约、相辅相成、不可分离的。法治离开了民主，就失去了存在的依据；民主离开了法治，则没有了正确的导向和保障。因此，民主与法治只有紧密结合，才能相互促进，同步发展。在我国，要发展社会主义民主，实行社会主义法治，只有做到民主法治化与法治民主化相统一，才能使二者得到共同发展。

"民主法治化"是指社会主义民主的基本内容要用法律确认和保障。要在法律制度层面上使之具有稳定性、连续性和极大的权威性，不因领导人的更迭和领导人看法的改变而改变。使民主的原则通过法律化、制度化确认和固定下来，既能保障民主正常运行，又能使民主受到必要的制约，从而防止个人的独断专行或极端民主化和无政府主义行为，使民主得到不断发展。

"法治民主化"是指法治，尤其是其赖以实现的法律制度以及立法、司法、执法、守法与法律监督各个环节都充分体现民主的精神原则。从而保障我国的法律具有社会主义的性质，使法治在其运行和实现过程中，能充分体现人民的意志和利益，最大程度上体现人民当家做主的精神，从而调动一切积极因素，推动社会主义民主深入发展。

三、法治与法制

(一) 法制的概念

法制即法律制度的简称。1997 年中共十五大"提出依法治国，建设社会主义法治国家"的治国方略之前，我国法学界对法制一词通常有三种理解。

1. 从广义上、静态意义上来理解，法制是指国家的法律和制度，或法律制度的简称。在这种意义上，只要有国家制定法律和制度，就有法制。

2. 从狭义上、动态意义上来理解，法制是指依照法律来治理国家的一种治国方式、原则和制度，也就是不仅有法可依，而且一切国家机关、政党和社会组织、公民都把宪法和法律作为最高的行为准则，依法办事。这种意义上的法制与"法治"含义相同，它是同近代资产阶级民主一起产生的。

3. 从静态与动态相结合的意义上来理解，法制既包括国家创制的法律制度，又包括法律在现实中运行和实现的过程，是立法、执法、司法、守法和法律监督等环节构成的一个有机联系的整体，其中心环节是依法办事。

(二) 法制与法治的区别与联系

通过对"法制"和"法治"含义的分析可以看出，这两个概念既有联系又有区别。如果把法制的含义限定在法律制度的意义上使用，则可以说法制是法治的前提、基础和保障。只有建立了完备的法制，才能做到有法可依，才能使依法治国的主张得以实现。但法治不是法制的必然，法制与国家直接相联系，有国家就有法制；而法治与民主相联系，有国家、有法制，但不一定有法治。只有在民主国家才有法治。因此，虽然法学界很多人主张两者在依法办事的意义上可以通用，但应当认识到它们之间的区别是明显的。现代法治概念比法制有着更为深刻的政治含义。

延伸阅读

"公开处理卖淫女"是在给谁"示众"[1]

11月29日，深圳市福田警方召开两场大会，对百名卖淫女、嫖客等进行公开处理。据报道，公处大会吸引了千余名当地群众前来观看。

卖淫嫖娼，是一种不良社会现象。涉黄违法犯罪，理应得到依法严肃惩处。但是，为什么一定要召开大会集中公开处理？或许有人认为，由于卖淫嫖娼是一种为人所不齿的行为，给涉黄人员曝光，既给涉黄者以惩罚，又能教育群众，而且可以震慑潜在的违法犯罪者，收到多重效益。

实际效果是否如此呢？只要稍加分析就不难发现，无论从弘扬法治还是从教育群众的角度，公开处理卖淫女都不是一种上策。这一做法，既不合法治精神，也很难收到所预期的社会效果。

对卖淫嫖娼如何处罚，国家已有明确的法律法规，严重的可判刑（多数是针对组织或强迫他人卖淫者），一般的或劳动教养，或行政拘留，或进行教育，但从来没有要进行公开"示众"，对其进行人格侮辱的处罚规定，这种实际上的"示众"惩罚，于法无据。况且，不管涉黄者是犯罪也好，违法也罢，在被查处、抓获时，该行政拘留的行政拘留，该刑事拘留的刑事拘留，都是在案发之后马上要依法履行相关程序，怎么可能上百人同时进行处理？

从社会效果看，公开处理百名卖淫女，固然吸引了上千群众的眼球。但这种观看，究竟是一种不健康的猎奇？还是真心去接受法律教育？卖淫嫖娼固然有害于社会，但是并非像贪污受贿、抢劫杀人那样，容易引起社会公愤。甚至由于社会上仍存在许多不和谐因素，有些人对卖淫女这些身处社会底层的人报以同情。用强大的执法手段，会激起群众怎样的观感，值得推敲。

另一方面，就这些涉黄者来说，许多人的行为还没有触及刑法的"红线"，有的只是因为暂时的困境误入歧途，只要教育得法，她们完全可能重新回归社会。但是使用公开处理这种实质上等于"游街示众"的做法，势必极大地损害她们的人格尊严，有可能使她们变得自甘堕落，反而加大了改造的难度。

公开处理也有损于而不是有益于执法机关形象的树立。据报道，这百名涉黄者，都是在短短3天的"扫黄风暴"中被抓获的。这么短的时间内，抓到这么多涉黄者（而且仅仅针对的是街头招嫖和出租屋内从事色情服务者，没有扫到大的宾馆饭店），固然说明扫黄力度很大，但是也充分说明日常执法不严，容

---

[1] 载人民网2006年12月4日。

易给人造成执法机关不能依法办事、"一阵风"的印象，凸显的是执法上的巨大漏洞。人们不免会问，平时警察都干什么去了？

公开处理卖淫女，还很容易使人联想起"游街示众"这一早已被人们反对的不文明做法。游街示众是封建社会那个特殊年代里，基于侮辱人格而施行的一种"法外之刑"。时至今日，这一做法早已因其不合现代法治精神，有违维护人权原则，而遭到强烈反对。但是，虽然直接的"游街示众"已大多销声匿迹，许多变相"示众"，如所谓"公开处理"、"公捕公判"等仍然存在。一个重要的原因，是有关执法机关急于要展示其执法的"业绩"，展示其严格执法的形象。但是这样做的结果，往往暴露出执法者法治和人权意识的淡薄。

打击涉黄犯罪需要形成声势，以引起全社会的重视。但应通过正常的宣传渠道，揭示涉黄违法犯罪的危害，宣传国家的相关法律，从而取得广大社会成员对涉黄行为的警觉和抵制，支持执法机关依法采取的行动。当然，更重要的是通过完善社会管理和监控机制，减少执法漏洞，严格执行法律，从而减少涉黄行为滋生和蔓延的土壤，促进社会风气的转变，达到构建和谐社会的目标。否则，执法机关平时不能尽职尽责、依法治理，上级有要求时则靠作秀造势、摆花架子，满足于一时的效果，甚至采用一些不合法、不文明的做法，"以毒攻毒"，只能引起人们的反感，自损威信和形象。

四、法治国家的概念及其要件

法治国家也称为法治国，是指依靠正义之法来治理国家与管理社会从而使权力和权利得以合理配置的社会状态。其核心是国家权力如何配置、国家权力如何受法律控制，实质目标是为了保障人权。

法治国家与专制国家相对立。这种对立至少表现在这样的两个方面：一是民主与否的问题。法治国家是以民主作为基础和目标的。甚至可以说，民主是法治的灵魂，是法治国家的基本精神。没有民主必然没有法治，也必然没有法治国家。而在专制国家，必然是没有民主的，有的是君主或者独裁，至多也是少数人的专横。其重要的特征之一就是非法。非法既表现为不需要法律，也表现为无视法律。也就是说，它根本就无需法律；即使有法律存在，也是或取或舍概由个人或少数人擅断。二是公权力是否受到法的制约问题。在专制国家，公权力不受任何法或法律约束。在法治国家则恰恰相反，任何公权力都必须受到法律的约束。任何权力的行使都必须以法律为依据。没有法律依据的权力行使，都将被视为非法，都为法治所反对，都应当承担相应的法律责任。从根本上说，专制国家是反法治的国家，法治国家也是反专制的国家。任何专制国家都必然是人治的国家，即个人或者少数人的权力超越法律，高于法律之上。

　　法治国家最初是相对于"警察国家"或"警察国"而言的一种关于国家形式或治国方式的统称。法治国家与警察国家既相对立又相联系。警察国家是国家公权力具有至高无上地位的国家。以政府权力为代表的整个公权力都极少受到法律的拘束。它也许比绝对专制的国家要好一些，但离法治国家的要求还相当遥远，因而根本不可能与法治国家同日而语。在警察国家里，国家被迷信为绝对真理的拥有者，享有绝对权威，不可怀疑，不犯错误，不承担责任。警察国家依然是非法治的国家。

　　符合怎样的条件的国家才是法治国家？这是法治理论中的一个非常重要的问题。它涉及法治国家的共性问题。我们根据不同时期法治的原理和各国法治的实践，可以把不同法治国家共性化的标志分为法治的形式要件与实质要件。亚里士多德把法治阐述为两层含义对我们理解这个问题具有启发性意义，他所谓"已成立的法律获得普遍的服从"实际上是指法治的形式问题，"大家所服从的法律又应该是本身制定得良好的法律"实际上是从法治的实质角度出发的。

　　（一）法治国家的形式要件

　　法治国家的形式要件是指法治国家的外在表现形式以及实现法治国家的技术性条件。就形式要件而言，我们建设社会主义法治国家，应当首先从以下四个方面进行努力：

　　1. 完备统一的法律体系。这里的"完备统一"是指要建立统一完备、严谨明确、具有可操作性和可预见性的法律体系，实现从无法可依，到有法可依，再到拥有完备科学的法律体系的转变。具体是指：①避免法律之间矛盾、法律与地方立法矛盾、法律与解释之间矛盾；②法律体系是一个完整、科学、严谨的规范系统，法律体系中各部门法应当分工配套、功能协调，法律规范可预见、明确、肯定、具体和可操作；③立法机关能够积极地根据社会需要创制法律，必要情况下可以进行超前的有预见性的立法，而不是消极被动地等待立法时机；④立法存在层次和时差，因而要对立法活动进行及时审查和监督，对法律、法规、规章等法律文件进行整理、编纂及清理。

　　法治的首要含义是要有"法"，社会主义法治首先在外在形式上要求有"良法"或"善法"。具体要求是：①法律应公布，使人人知晓；②法律应明确，不含糊不清；③法律应相互协调，不矛盾冲突；④法律应稳定，不朝令夕改；⑤法律应现实，不规定不可能实现的事务；⑥法律应预见、反馈时代趋势。

延伸阅读

"重庆最牛钉子户"案与物权法"公共利益"的界定

《物权法》刚颁布，重庆就曝出最牛"钉子户"杨武和吴萍这对夫妇以捍卫公民合法财产权利为由，竭力对抗开发商拆迁的案件。事情发起于一则动迁公告，公告自2004年8月31日张贴后，项目改造区域断水断电断路，280户陆续搬迁。但杨氏夫妇竭力反对开发商拆迁其房。直至次年2月，在十余次协商未达成一致意见后，拆迁人向九龙坡区房管局提出拆迁行政裁决，要求裁决杨家限期搬迁。2006年，双方就安置意见协商未达成一致意见。事情延续到公告张贴后第三年的2007年，在行政裁决书下达、听证会召开、法院要求杨氏夫妇拆除其房屋后，杨某爬上孤房，打算一直待到解决方案达成。法院原定于3月22日前往拆除，当日却未曾见到法院进入这座号称"最牛钉子户"的二层民宅进行强拆。

2007年4月2日，历时3年较量，"最牛钉子户"风波彻底画上句号。颇受关注的重庆九龙坡区杨家坪鹤兴路旧城改造项目拆迁纠纷，即所谓"最牛钉子户"事件，终获顺利解决，当事双方达成和解，并签署了拆迁安置协议。该协议还是在当地九龙坡区法院的主持下达成的，这应该是在法律框架下达成的一份有效协议。

"最牛钉子户"案既反映出了公民私人财产权利的保护问题，也反映出了社会公共利益对公民合法财产权利的限制问题。有人将杨氏夫妇看作捍卫自身物权的维权"英雄"，也有人将其看作滥用权利的"刁民"。几间破陋的小屋，先后经过了开发商与房主的谈判、房管局的行政裁决、听证会以及法院的裁决，其命运最终尘埃落定，一切看上去似乎天衣无缝。不过以宪法保护私有财产的精神以及刚通过的《物权法》来审视这一过程，就会发现其中可能存在的瑕疵，引发出对该案件的思索。

2007年3月16日公布的《物权法》第42条第1款规定，为了公共利益的需要，依照法律规定的权限和程序可以征收集体所有的土地和单位、个人的房屋及其他不动产。也就是说，虽然仅仅是拆几间破陋小屋，但若没有明确的公共利益作为理由，之后的程序就算再公正，也无法树立拆迁的合法性，无法说服公众。那么该案件的争议的焦点实质在于该拆迁行为是否为了"公共利益"。

由此可以看出"公共利益"的界定就成为一个亟待解决的法律问题。"公共利益"究竟是什么？如何界定"公共利益"，"公共利益"与商业利益难分难解时如何正确认定拆迁行为背后的利益性质？对以上问题的回答不仅涉及包括杨氏夫妇在内的成千上万被征收人的利益，更影响"公共利益"这一问题。而《物权法》第 42 条并未对"公共利益"的内涵加以界定，对此，全国人大法律委员会副主任委员胡康生解释说，法律委员会经反复研究认为，在不同领域内，在不同情形下，公共利益是不同的，情况相当复杂。《物权法》作为民事法律，不宜也难以对各种公共利益作出统一规定。所以，法律委员会建议《物权法》对公共利益不作具体界定，由有关单行法律作规定为宜。事实上，缺了"公益界定"的《物权法》，会大大削弱对私有财产保护的意义，使得"促使一切创造社会财富的源泉充分涌流"的立法初衷难以实现，也容易导致一些地方政府滥用"公共利益"与公权力，恣意征收被征收人的私人财产，而许多被征收人的合法权益又得不到充分的行政保护与司法救济。可以说，在中国法律语境中，清晰地界定公共利益对一部《物权法》的完整及有效实施起着至为关键的作用。

2. 普遍有效的法律规则。所谓"普遍有效"是指：①法律对社会生活的概括性表述与一般性调整。法律规范设定人的行为的两种模式，把允许、肯定和鼓励的行为概括为权利，把禁止、命令和否定的行为概括为义务，所有具体与个别的行为尽收其中，不承认例外。②法律适用中的"一致性"，即"类似情况类似处理"、"类似情况反复适用"，排除执法过程中的随意性、偶然性和差别对待。③法律普遍被遵守和服从。同类主体享受相同权利，履行相同义务，特权被彻底消除。④法律在实施中发生实效，而不是把效力限于纸面上。

【案例】

2006 年 7 月 21 日凌晨 3∶30 许，朝阳区北京工人体育馆南门路口，乒乓名将孔令辉驾驶无牌照保时捷跑车与一辆出租车相撞，所幸未造成人员伤亡。交警证实孔系酒后驾车，将依法处理。身为国家乒乓队队员兼教练的孔令辉，酒后驾车本已不该。而在接受交通协管的处理时，更是大摆"名人"的架势。"孔令辉喝多了，在交警队闹了一晚上"。在 7 月 24 日召开的新闻通气会上，乒羽中心负责人在会上公布了交通部门对孔令辉酒后驾车的处罚决定。但他又反复强调，孔在事故发生后认错态度较好，而且个人需要进行训练比赛，所以经过乒羽中心向交通部门提出申请，对孔令辉的行政拘留处罚提前结束。

不知孔认错态度是如何"较好"的，"在交警队闹了一晚上"也是态度"较好"？其实，明眼人一看便知，孔的"轻微处罚拘留提前结束"，凭借的就是"名人"的资本，"名人"成了规避法律制裁的保护伞。既然身处"备战阶段"，就应全身心地投入备战，而不是深更半夜喝酒。孔能在紧张的赛前逍遥自在地喝酒，既说明了乒羽中心管理上的松懈，也暴露出了社会存在的某种"名人情结"，而这恰是助长"名人"霸道气焰的催化剂。

在法律面前，没有"名人"的概念。那么，法律就不能纵容公民成特殊群体。

3. 严格公正的执法。这里的严格公正是指：①"政府要守法"。在法治国家里，行政权力是法律赋予的，在通常情况下，行政主体必须遵循"无法定依据即无权力"的原则。这与公民的"法无规定即自由"的权利推定原则有区别。②在现代社会，法律允许行政机关在有限范围内的自由裁量行为，但必须受"合法性"和"合理性"双重原则的约束和检验。

4. 独立、公正的司法和专门化的法律职业。司法权是国家权力体系中相对独立的一部分。司法机构作为一种终极性权力机构，是社会冲突和纠纷的最后裁判所，是社会公正的最显著象征。这要求它必须中立于当事人，独立于其他权力机构。因此必须要做到：

（1）司法机关应当独立行使司法权，任何行政机关、社会团体和个人都不得进行干涉，司法机关只接受监督不接受命令，保持中立，追求公正。

（2）要坚持程序公正的司法原则，使程序符合正义的要求。司法活动有公正的程序制度，程序不仅具有消极限制权力的功能，还具有积极引导和促进权力行为合乎正义的作用。程序能够保证法律面前人人平等；程序还意味着有严格的冤案、错案责任追究制度。

（3）要走法律职业化道路。法律职业化，主要是法官、检察官、警察、律师、公证人员队伍的职业化和专门化。法律是靠人来执行的，司法的权力如果经过无知和盲从的非职业者之手，那么再神圣纯洁的法律也都会变质。法治国家要求法律职业具有强烈的职业素质和专业特征。这包括：①法律职业者应当熟谙法律原理（而不是通常所谓通晓法律规定或知识）及其运用技巧，即具备法学修养和运用法律的艺术。②法律职业具有严格的任职资格要求和考试录用制度。③具有专职性和稳定性，法官不得在行政机关、权力机关中兼任其他职务，从而保持司法的中立性。如果法官担任其他有报酬的职务，经营商业或从事其他以营利为目的的活动，那么法官所代表的法律尊严也丧失殆尽。对此应当通过职务稳定、薪俸丰厚的制度来保证法律职业的稳定性和崇高感。④法律职业内部的差别，不影响他们对正义的共同追求。律师权利应切实受到保障。在全社会都尊重法律职业的同时，法官、检察官、律师之间也都相互尊重。这种尊重程度也标志着法治国家建设水平的高低。

（二）法治国家的实质要件

法治国家的实质要件是指依据法治的精神而形成的涉及重大关系的理性化

制度的确立与运行。从实质要件看，我们建设社会主义法治国家应当着重以下制度的建设：

1. 法律与政治关系的理性化制度。包括：①大部分政治行为被纳入法律调整范围，非理性的权力习惯被立法修正为理性的政治经验，政治活动实现程序化。②国家权力受到控制，包括受法律的控制、受权力的制衡、受权利的约束。③政策或政治主张可以指导立法但不能取代立法，可以作为适用法律的参照以补充法律遗漏，但不能直接作为审判依据。④实行"依法治国"必须具备付出政治性代价的心理准备。为政者或当权者要牺牲和放弃某些希望取得并可能取得的正当目标和要求，比如行政手段、政策手段使用范围受限制，法外的地方利益、部门利益被取消，权力在质与量上的缩减，为了形式正义而在一定范围内牺牲某种个别的实质正义，部分社会危害性的行为不受法律调整，办事效率下降的可能，等等。⑤法律确认和保障民主的体制、民主的权利、民主的完善与发展。

2. 权力与责任关系的理性化制度。包括：①权力与责任相统一，国家责任无可回避。②无论哪种权力主体，不管是具体权力行为还是抽象权力行为，也不管是自己执行或是受托代行，只要启动了权力，就应预设其责任。③与权力相对应的责任除了由侵权和怠权所导致的消极责任外，还包括现代社会满足公民请求的积极责任和由管理而带来的保证责任。④立法应当持续、及时地发现和补充被遗漏的国家责任，避免权力侵害发生后却找不到归责依据的现象。

3. 权力与权利关系的理性化制度。包括：①权力的取得合法化。对于公权力而言，无授权即无权力，一般情况下只能在授权范围内行使权力。所以权力的授予实际上意味着权力的限制。②对于私权利而言，国家承认"法不禁止即自由"，自由不局限于法律，承认在法律不禁止的地方存在大量的自由，并同样予以尊重不加干涉。③权力受权利的制约。私权利的授予意味着对公权力的限制或者意味公权力主体义务和责任的增加。④当对公权力规定必要的自由裁量幅度时，必须充分考虑到并尽量避免对私权利的侵害的可能；当公权力实施自由裁量时，并不意味着可以任意对待私权利。

4. 权利与义务关系的理性化制度。包括：①权利受到平等的保障。不根据主体的身份，而是根据主体的行为平等地授予权利课以义务。在权利发生矛盾时，既要保护多数人的权利，又要保护少数人的权利，既保护基本权利，又保护一般权利。②义务的法律化与合理化。义务的设定必须通过立法机关与正当程序来进行，义务必须避免模糊措词，并充分论证义务设定之理由。③与义务的相对化。没有无权利的义务，亦没有无义务的权利。④权利与义务相统一原则被公民、立法者与执法者加以正确地理解和执行。权利是基本的，应占主导地位，在立法、执法和司法的各个环节均应关怀和尊重人权。

延伸阅读

北京司机同一地点违章被罚万元

2005 年 5 月 23 日，杜宝良发现他被处以 10 500 元的交通罚款，这相当于他白干了一年。长达 5 页的交通违法行为记录显示，在一年多的时间里，他 105 次被"电子眼"照到从真武庙路头条西口违规驶入，而这条路为从东到西的单行线。这个路口距离他的菜摊仅有几百米。电子眼的下面有一块很大的交通标志牌，上面的图案是一辆小汽车和一道杠，和"国标"略有差别的是，这道杠被压在小汽车轮子下。杜宝良以为这是允许小汽车通行的标志。

最令人窝心的是，巨额罚款单并不是由执法人交到违章者手中，而是杜宝良自己去执法站查到的。"如果你们早点告诉我违规，我就可以少被罚点了嘛。"杜宝良去和交警讲价，未果。

一时间杜宝良成为焦点人物，全中国司机中的名人，"交通违章之王"。经媒体发掘后发现，原来北京像杜宝良这样被多次在相同地点因同一原因被电子眼照下来的司机还不只他一个，杜宝良成了一种现象的代名词。前来买菜的邻居对他的遭遇表示同情，甚至要捐款帮他渡过难关。有的人则建议他不用交罚款，反正那辆长安车的价值比罚款单也高不了多少。最后，他采纳了一位律师的建议。6 月 13 日，他将西城区交管部门告上了法院，理由是该路口的交通标志根本不是国家标准规定的禁令标志，以及交管部门没有履行法定的"书面告知"义务，导致他多次重复在一个路口违规。

杜宝良也许没有想到，由他引发的这桩新闻会导致中国执法告知制度的一大进步。6 月 21 日，江苏省公安厅宣布，自 8 月 1 日起，将实行执法告知服务制度。同一车辆在同一地点的同一种交通违法行为，被"电子警察"曝光达 3 次，而交警未告知的，其后相同交通违法行为不予处罚。7 月 14 日，北京市交管局宣布，对交通管理中的非现场执法行为将增加邮寄书面告知书和街头信息亭查询服务。其后，杜宝良宣布从法院撤诉，这让本以为胜券在握的律师和许多人惊愕不已。"我起诉的目的已经达到，交警部门不是已经改了嘛。"杜宝良说。一些人认为，交通管理部门和杜宝良在私下达成了某种赔偿协议，杜宝良对此不置可否："我就一平凡人，一个卖菜的，这事过去就过去了，像我这样的人不应该老上报纸。"

在真武庙路头条西口，那个引起了杜宝良误会和社会争议的经北京市交管部门改良化的禁行标志，已经于 11 月初悄悄地改回了国家统一标准样式。

思考与练习

1. 简述法的产生的一般规律。
2. 试述资本主义两大法系的主要区别。
3. 简述法律移植的必然性和必要性。
4. 试述法与市场经济的相互关系。
5. 简述法与科学技术的相互关系。
6. 简述法与执政党的政策的主要区别。
7. 如何正确认识法与道德的主要区别？
8. 如何理解法治的含义？
9. 试述法治与民主的关系。
10. 什么是法治国家？法治国家需要具备哪些基本要件？

实务训练

一、材料分析

材料1：意大利的贝卡利亚在 1764 年因发表《论犯罪与刑罚》而名闻欧洲，被后世奉为刑事古典学派创始人。在该书中，他谴责了封建刑事制度，倡议许多进步的学说，其中之一即"罪刑法定"原则，即犯罪和刑罚应有法律明文规定，法官不能任意解释，不容许类推。1789 年的法国《人权宣言》也规定："法律只应规定确实需要和显然不可少的刑罚，而且除非根据在犯法前已经制定和公布的且系依法施行的法律以外，不得处罚任何人。" 1949 年联合国通过的《世界人权宣言》以及 1966 年联合国通过的《公民权利和政治权利国际公约》都规定了"罪刑法定"原则。

我国 1979 年制定的《刑法》，由于当时的历史条件，规定了与"罪刑法定"相对称的类推适用，1979 年《刑法》第 79 条规定："本法分则没有明文规定的犯罪，可以比照本法分则最相类似的条文定罪判刑，但是应当报请最高人民法院核准。" 1997 年修订后的《刑法》第 3 条规定："法律明文规定为犯罪行为的，依照法律定罪处刑；法律没有明文规定为犯罪行为的，不得定罪处刑。"

根据法的演进的原理，对此进行分析。

材料2：劳教制度（全称：劳动教养制度），是把违法尚不够刑罚处罚的人员，送进劳动教养管理所（场）进行强制性劳动教育改造的一种行政措施。中国的劳动教养制度是根据 1957 年 8 月 1 日全国人大常委会第 78 次会议批准颁布的《关于劳动教养问题的决定》，以及有关法律、法规建立的，依照法律规定，劳动教养不是刑事处罚，而是为维护社会治安，预防和减少犯罪，对轻微违法犯罪人员实行的一种强制性教育改造的行政措施。2013 年 11 月 15 日公布的《中共中央关于全面深化改革若干重大问题的决定》提出废止劳动教养制度。12 月 28 日全国人大常委会通过关于废止有关劳动教养法律规定的决定。

争议改革

2004 年 1 月，广东省政协委员联署由朱征夫发起要求废除劳教的提案，要求广东先行一步废除劳教制度，得到了深圳市社会科学院院长乐正教授、中山大学历史系教授邱捷、广东外语外贸大学教授王卫红、广东经济管理学院法律系教授蓝燕霞、中新社广东分社社长陈佳、《羊城晚报》总编辑潘伟文等六位政协委员的附议。

为了回应改革劳动教养的呼声，2005 年 9 月，公安部发布了《关于进一步加强和改进劳动教养审批工作的实施意见》，规定律师可以代理劳动教养案件，全面实行劳动教养委员会当面听取拟被劳教人员意见的聆询制度，并将最高刑期缩短为两年。

2005 年，全国人大就将替代劳教制度的"违法行为矫治法"纳入立法议程，2007 年初，全国人大当年计划准备在 10 月进行劳教所初审，后因故取消。之后就再也未传出任何立法消息。

2007 年底，包括经济学家茅于轼、维权律师李方平、学者胡星斗等在内的 69 位中国学者和法律界人士联名发表了公开信，呼吁取消劳动教养制度，提请全国人大对劳教制度启动违宪审查。

2008 年 3 月，全国人大代表、陕西省人大常委会委员马克宁正式提交建议，呼吁废除劳动教养制度。马认为，国务院关于劳动教养的行政法规违反《宪法》、《立法法》的规定，也违反了《行政处罚法》和《治安管理处罚法》的规定，应当废除。

2000 年 7 月 1 日，《立法法》实施，明确了"法律保留"原则，即"限制人身自由的强制措施和处罚"只能由"法律"设定，这里的"法律"，专指全国人大及其常委会制定的法律。法学界一致的观点是，有关劳教制度的两个法律文件虽然经过了全国人大常委会批准，但不符合法律实质，《劳动教养试行办法》是国务院转发的公安部文件，只能看作是部门规章。

2012 年 8 月，上访母亲唐慧被劳教事件，又一次引发了舆论对劳动教养制度的拷问。中国社科院社会问题研究中心主任于建嵘曾专门调查上访劳教案，通过分析，他认为，在一些地方劳教制度"已沦为了地方政府官员假以维稳为名、行打击报复之实的工具"，必须尽快废除。在很多学者看来，劳教是在"很短时间里、用很内部的方式，剥夺一个人的人身自由"。另外，劳教本来针对的是"不够刑事处罚"的行为，可是劳教的处罚力度却高于刑事处罚中最轻的 1

至 6 个月的拘役。

2012 年 10 月 9 日，国务院新闻办公室发表中国司法改革白皮书。中央司法体制改革领导小组负责人姜伟介绍情况时称，劳教制度是由中国立法机关批准的法律制度，有法律依据。劳教制度为维护中国的社会秩序发挥了重要作用。

2013 年 7 月 15 日，从多地公安司法部门了解到，全国多地已经停止劳教审批，不再新增劳教人员，现有劳教场所也在逐步实现职能转型，逐渐以强制戒毒为主。

制度废止

2013 年 11 月 15 日，《中共中央关于全面深化改革若干重大问题的决定》公布，其中提出将废止劳动教养制度。至此，经年争议终于尘埃落定。这一旨在回应民意锐意改革的"历史性决定"，被视作中央决意尊重和保障人权所迈出的关键一步。

2013 年 12 月 28 日闭幕的全国人大常委会通过了《关于废止有关劳动教养法律规定的决定》。《决定》规定，劳教废止前依法作出的劳教决定有效；劳教废止后，对正在被依法执行劳动教养的人员，解除劳动教养，剩余期限不再执行。

根据法治基本原理，分析劳教制度废止的重要意义。

二、案例（事例）分析题

案例 1：美国公民约翰想在中国投资，成立电脑软件开发公司。在工商局对约翰的投资申请进行审批时发现，约翰欲成立的外资公司注册资本为人民币 60 万元，其中以知识产权和专有技术出资作价 15 万元，超过了公司总注册资本的 20%。根据我国调整外资企业的有关法律规定，外国投资者以工业产权、专有技术作价出资时，其作价金额不得超过该外资企业注册资本的 20%，故工商局对约翰的投资申请未予批准，决定不予登记注册。

根据法与市场经济的相互关系理论，对此进行分析。

案例 2：姜某长期患有支气管炎，导致多痰，又由于个人卫生习惯不好，有随地吐痰的恶习，有时在公共场所随地吐痰，招致众人的批评，姜某对此屡教不改。2003 年 3 月，中国大规模爆发非典型肺炎，其传染性极强。为防止疾病通过痰液传播，当地省政府根据法律制定并于 2003 年 3 月 15 日颁布地方性法规，规定对随地吐痰者可以由稽查人员责令其自行擦净痰液并处以 100 元罚款。2003 年 4 月 16 日，姜某在马路上随地吐痰被稽查人员当场查获，被责令擦净痰液并被处以 100 元罚款。

根据法与道德的相互关系理论，对此进行分析。

参考文献

书籍类

1. 沈宗灵主编：《法理学研究》，上海人民出版社 1990 年版。

2. 张文显：《法哲学范畴研究》，中国政法大学出版社 2001 年版。

3. 季卫东：《法治秩序的建构》，中国政法大学出版社 1999 年版。

4. 刘星：《法律是什么》，中国政法大学出版社 1998 年版。

5. 徐显明主编：《公民权利和义务通论》，群众出版社 1991 年版。

6. 宋冰主编：《程序正义与现代化》，中国政法大学出版社 1998 年版。

7. 沈宗灵主编：《法理学》，北京大学出版社 2001 年版。

8. 张文显主编：《法理学》，高等教育出版社 2003 年版。

9. 张文显主编：《法理学》，法律出版社 2004 年版。

10. 付子堂主编：《法理学初阶》，法律出版社 2005 年版。

11. 付子堂主编：《法理学进阶》，法律出版社 2005 年版。

12. 刘星主编：《法理学导论》，法律出版社 2005 年版。

13. 舒国滢主编：《法理学》，中国人民大学出版社 2005 年版。

14. 范辉清主编：《法理学》，暨南大学出版社 2006 年版。

15. 张光杰主编：《法理学导论》，复旦大学出版社 2006 年版。

16. 孙国华、朱景文主编：《法理学》，中国人民大学出版社 1999 年版。

17. 王丽英主编：《案例法理学评析》，中国人民公安大学出版社 2005 年版。

18. 朱力宇主编：《法理学原理与案例教程》，中国人民大学出版社 2007 年版。

19. 徐国栋：《民法基本原则解释——成文法局限性之克服》，中国政法大学出版社 1992 年版。

20. 周旺生：《立法论》，北京大学出版社 1994 年版。

21. 李步云、汪永清主编：《中国立法的基本理论和制度》，中国法制出版社 1998 年版。

22. 张文显：《二十世纪西方法哲学思潮研究》，法律出版社 1997 年版。

23. 孙笑侠：《法的现象与观念》，山东人民出版社 2001 年版。

24. 黄建武：《法的实现》，中国人民大学出版社 1997 年版。

25. 刘旺洪：《法律意识论》，法律出版社 2001 年版。

26. 蔡定剑：《国家监督制度》，中国法制出版社 1991 年版。

27. 李忠：《国家监督论》，社会科学文献出版社 1999 年版。

28. 葛洪义主编：《法律方法与法律思维》，中国政法大学出版社 2002 年版。

29. 张保生：《法律推理的理论和方法》，中国政法大学出版社 2001 年版。

30. 陈金钊：《法律方法论》，中国政法大学出版社 2007 年版。

31. 梁慧星：《民法解释学》，中国政法大学出版社 1995 年版。

32. 陈金钊：《法律解释的哲理》，山东人民出版社 1999 年版。

33. 张文显、信春鹰、孙谦主编：《司法改革报告：法律职业共同体研究》，法律版社 2003 年版。

34. 〔英〕哈特：《法律的概念》，张文显、郑成良等译，中国大百科全书出版社 1996 年版。

35. 〔奥〕凯尔森：《法与国家的一般理论》，沈宗灵译，中国大百科全书出版社 1996 年版。

36. 〔美〕E. 博登海默：《法理学——法律哲学与法律方法》，邓正来译，中国政法大学出版社 1999 年版。

37. 〔美〕罗纳德·德沃金：《认真对待权利》，信春鹰、吴玉章译，中国大百科全书出版社 1998 年版。

38. 〔美〕L. 亨金：《权利的时代》，信春鹰译，知识出版社 1997 年版。

39. 〔美〕迈克尔·D. 贝勒斯：《法律的原则———一个规范的分析》，张文显等译，中国大百科全书出版社 1996 年版。

40. 〔日〕谷口安平：《程序的正义与诉讼》，王亚新、刘荣军译，中国政法大学出版社 1996 年版。

41. 〔英〕H. C. A. 哈特：《惩罚与责任》，王勇、张志铭、方蕾译，华夏出版社 1989 年版。

42. 〔美〕罗·庞德：《通过法律的社会控制——法律的任务》，商务印书馆 1984 年版。

网站

1. 法理学精品课程网站，http：//jpkc. legaltheory. com. cn.

2. 法学名家讲座视频网，http：//vod. legaltheory. com. cn.

3. 马克思主义法学数据库，http：//marxist. legaltheory. com. cn.

4. 法律与全球化数据库，http：//global. legaltheory. com. cn.

5. 法律数据库，http：//www. lexisnexis. com/cn.

6. 中国理论法学研究信息网，http：//www. legaltheory. com. cn.

7. 理论法学图书馆，http：//lib. legaltheory. com. cn.

图书在版编目（ＣＩＰ）数据

法理学 /印荣主编. —北京：中国政法大学出版社，2014.8（2025.10重印）
ISBN 978-7-5620-5459-7

Ⅰ. ①法… Ⅱ. ①印… Ⅲ. ①法理学 Ⅳ. ①D90

中国版本图书馆CIP数据核字(2014)第154237号

出 版 者	中国政法大学出版社
地　　址	北京市海淀区西土城路 25 号
邮　　箱	fadapress@163.com
网　　址	http://www.cuplpress.com (网络实名：中国政法大学出版社)
电　　话	010-58908435(第一编辑部) 58908334(邮购部)
承　　印	北京鑫海金澳胶印有限公司
开　　本	720mm×960mm　1/16
印　　张	17
字　　数	314 千字
版　　次	2014 年 8 月第 1 版
印　　次	2025 年 10 月第 10 次印刷
印　　数	27001～30000 册
定　　价	29.00 元